Eduard Hanslick:
Vom Musikalisch-Schönen
Teil 2

SCHOTT
Musikwissenschaft

Dietmar Strauß

Eduard Hanslick:
Vom Musikalisch-Schönen

Ein Beitrag zur Revision der Ästhetik in der Tonkunst
Teil 2: Eduard Hanslicks Schrift in textkritischer Sicht

SCHOTT
Mainz · London · New York · Paris · Tokyo

Bestellnummer: ED 7650

© B. Schott's Söhne, Mainz, 1990
Umschlaggestaltung: Günther Stiller, Taunusstein
Printed in Germany · BSS 46 621

ISBN 3-7957-0205-4

Inhalt

Vorbemerkung

Diese Arbeit beruht auf der vom Verfasser 1983 vorgelegten Staatsexamensarbeit. Unter dem Titel *Vom Musikalisch-Schönen. Eduard Hanslicks Traktat in textkritischer Sicht* wurde sie 1987 als Dissertation angenommen. Sie wurde angeregt von meinem ehemaligen Kollegen Dr. B. Appel in Zusammenhang mit einem Musikästhetikseminar. Wie die Vielzahl der Dissertationen und Aufsätze zu Hanslick lehrt – einige entstanden noch zu Lebzeiten des Verfassers des polemischen Traktats „Vom Musikalisch-Schönen" und wurden in Form einer Replik in den Traktat integriert –, scheint das Thema Hanslick „überforscht". Bereits in den zwanziger Jahren klagte man, daß die „Hanslickiade" nicht aufhöre. Dem wird mit vorliegender Arbeit insofern erneut Vorschub geleistet, als sie auf einer hier erstmals vorgelegten historisch-kritischen Ausgabe der Abhandlung *Vom Musikalisch-Schönen* fußt, welche ja die Bewegung im 19. Jahrhundert in Gang setzte. Tatsächlich gründet die bisherige Diskussion größtenteils auf einem ungesicherten Text, zu dem es viele Varianten gibt. Diesen Text in eine wissenschaftlich verwendbare kritische Ausgabe zu bringen und zu kommentieren, war Sinn dieser Arbeit.

Um neues Material dazu zu beschaffen, konnte ich zwei Forschungsreisen nach Wien unternehmen. Viele handschriftliche Quellen und unveröffentlichte Kritiken aus der Zeit vor der Entstehung des Traktats konnte ich ausfindig machen, einen erwarteten Briefwechsel zwischen Hanslick und seinem Freund Robert Zimmermann, der die Entstehung kommentierte, jedoch nicht. Den Mitarbeitern der Wiener Institutionen, der Österreichischen Nationalbibliothek, der Wiener Stadt- und Landesbibliothek, dem Universitätsarchiv, hier vor allem Herrn Dr. K. Mühlberger, bin ich zu Dank verpflichtet für die gewährte Unterstützung.

Auch meinen Saarbrücker Freunden und Kollegen, vor allem Anne Schneider, die mir beim Korrekturlesen und Dechiffrieren mancher Handschrift behilflich war, schulde ich Dank.

Meiner Frau Ruth danke ich für die Nachsicht über Jahre und ihre Hilfe beim Korrekturlesen.

Saarbrücken, im Oktober 1986   Dietmar Strauß

Einführung

Als Eduard Hanslick (1825–1904) nach der gescheiterten Revolution von 1848 seine Abhandlung *Vom Musikalisch-Schönen* 1854 in Buchform veröffentlichte, konnte er nicht voraussehen, welche Revolte in der Diskussion um musikästhetische Fragen er auslöste. Dabei wollte er lediglich auf eine schlechte Praxis des Musikhörens und Urteilens antworten, die vom Objekt, dem Werk absehend nur eigene Gefühle in dieses projizierte. Dadurch wurde der Hörer der Leistung enthoben, sich selbst ins Objekt zu versenken, wie es noch der im 19. Jahrhundert lange maßgebliche Hegel gefordert hatte. Anstelle eines Verstehens objektiver Strukturen trat eine aus vielen Quellen gespeiste Identifikation mit herrschenden Vorurteilen. Ob man nun romantisch Musik als „Ahnung des Absoluten" oder, der älteren Musikanschauung folgend, in der Musik abgebildete Affekte oder Auslöser von Affekten vorfand, führte dies zu einem emotionalen oder passiven Hören, wie es in den einschlägigen neueren Hörertypologien beschrieben wird[1]. Die musikgeschichtlich verhängnisvolle Tendenz, die Hanslick in seiner Schrift unbewußt angedeutet hat, war, daß Werk und Rezeption immer weiter auseinandertraten. Durch die Absage an die Tonalität in der Neuen Musik wurde die Kluft schließlich deutlich. Das Verstehen hatte sich nicht am Objekt orientiert, sondern an vom Subjekt gemutmaßten Normen wie der der Tonalität. Als mit dieser gebrochen wurde, war auch keine Verständigung mehr mit dem auf Gefühlsprojektion festgelegten Hörer zu erwarten.

Diese Kluft zwischen Hörer und Werk hat Hanslick schon weit vor ihrer Entstehungsphase beschrieben und angegriffen. Besucht man heute die Foren Neuer Musik, so wird Hanslicks Aktualität offenbar. Nicht nur die Komponisten, die abstrakter als ehedem komponieren, fühlen sich genötigt, dem Hörer assoziative, emotionale, biographische oder pseudokompositionstechnische Hilfen zu geben. Auch ästhetische Schriften versuchen den Bruch zu glätten, indem sie etwa aufgrund des aufgelösten Werkbegriffs und des Auseinandertretens von Werk und Rezeption eilfertig anbieten, dem Problem mit „imaginativem Hören" beikommen zu können[2], was im Grunde beliebige, austauschbare Assoziationen zur Folge hätte. Vollends schließlich liquidierte das, was „Neue Subjektivität" oder „Neue Einfachheit" genannt wird, objektive Tendenzen und kam dem Bruch nach, indem sie sich dem Hörverhalten oder seinen Bedürfnissen anpaßte.

Heutige Musikästhetik wird dem gerecht, indem sie musikästhetische Thesen wie die Hanslicks nur noch als Teil eines historischen Prozesses begreift[3]. Das heißt, daß geschichtliche Prozesse, die auch die Gegenwart beträfen und für Unruhe sorgten, lediglich als Geschichte – also distanziert – zu verstehen sind. Hanslicks Kritik, die am emotionalen oder zerstreuten Musikhören ihr Recht hätte, würde zu einer historischen Größe verringert. Die wütenden Reaktionen auf Hanslick bis heute bezeugen aber das Gegenteil. Die aktuelle Praxis zwingt zur Beschäftigung mit ihm.

Freilich ist das historische Modell notwendig: der geschichtliche Standort des Verfassers ist an seiner Schrift abzulesen. Für Hanslicks Abhandlung hieße dies nicht nur, ihren Bezug zum Zeitgeist zu berücksichtigen, sondern auch ihren Wandel, der sich in vielen Textveränderungen bekundet, geschichtlich nachzuvollziehen.

Diese Varianten wurden von der Forschung mehrfach diskutiert. Schon früh wurde die Forderung nach einer historisch-kritischen Ausgabe laut[4].

---

1 Vgl. Th. W. Adorno: *Typen musikalischen Verhaltens*, in ders.: *Einleitung in die Musiksoziologie*, a. a. O., S. 14.
  H. Besseler: *Das musikalische Hören der Neuzeit*, a. a. O., S. 104–173
2 Vgl. T. Kneif: *Ideen zu einer dualistischen Musikästhetik*, a. a. O.
3 Vgl. C. Dahlhaus: *Musikästhetik*, a. a. O.
4 So bei R. Schäfke (a. a. O., S. 27) und Fr. Blume (*MGG*-Artikel *Hanslick*, Sp. 1485).

Dem gegenüber stand Hanslicks Bemerkung in seiner Autobiographie, die sein späteres Desinteresse an ästhetischen Problemen zu artikulieren schien: *Ich hatte ein paar Jahre lang so viele „Ästhetiken" studiert, so viele Abhandlungen über das Wesen der Tonkunst, zuletzt über meine eigene Schrift gelesen, daß ich übersättigt war von diesem Philosophieren über Musik, müde des Arbeitens mit abstrakten Begriffen. Ich fand dagegen eine Rettung und einen unerschöpflichen Genuß in der Geschichte der Musik. Dieses Studium brachte mir die Überzeugung, daß eine wirklich fruchtbare Ästhetik der Tonkunst nur auf Grundlage eindringender geschichtlicher Erkenntnis, oder doch nur Hand in Hand mit dieser möglich sei. Was ist schön in der Musik? Ja, das haben verschiedene Zeiten, verschiedene Völker, verschiedene Schulen ganz verschieden beantwortet. Je mehr ich mich in historisches Musikstudium vertiefte, desto vager, luftiger zerflatterte die abstrakte Musikästhetik, fast wie eine Luftspiegelung, vor meinen Augen. Es wollte mir scheinen, daß eine diesen Namen verdienende „Ästhetik der Tonkunst" derzeit noch unausführbar sei.*[5] Diese Auskunft wurde verschiedentlich als Beweis für die im Traktat noch vorherrschende historische Indifferenz des Hanslickschen Schönheitsbegriffs genommen, ohne die in der Abhandlung vorfindbaren historisierenden Aussagen zu beachten. Daß man diesen Passus nicht beim Wort nehmen kann, zeigen auch die vielen Änderungen, die Hanslick später, als er nur noch geschichtliche Interessen vorgab, anbrachte. Sie stehen im Blickpunkt der vorliegenden Arbeit, die neben der historisch-kritischen Ausgabe des Traktats deren Editionsprobleme, den Forschungsstand über Hanslicks Texteingriffe, den Vergleich vorher veröffentlichter Kapitel des Traktats mit ihrer Fassung in der Erstausgabe, den Vergleich bisher unveröffentlichter Kritiken mit ihrer teilweisen Übernahme im Traktat sowie einen Kommentar wichtig scheinender Varianten zum Gegenstand hat.

[5] E. Hanslick: *Aus meinem Leben*, a. a. O., I. S. 242f.

I. Editionstechnik

1. Zu dieser Ausgabe

Historisch-kritische Ausgaben von zusammenhängenden Texten oder Traktaten sind bislang in der Musikwissenschaft kaum vorzufinden. Editionsprobleme treten vor allem bei kritischen Gesamtausgaben von Kompositionen auf. Daher mußte sich diese Hanslick-Edition an ähnlichen Projekten der Literaturwissenschaft oder benachbarter Disziplinen orientieren. Doch auch hier gab es Schwierigkeiten, weil es dort meist um die Edition poetischer Texte geht. Es gilt dort, Handschriften, Drucke, die mit oder ohne Genehmigung des Autors ediert sind, zu sammeln und zu sichten (recensio), diese im Hinblick auf Echtheit zu prüfen (examinatio) und einen als echt angenommenen Text nach Beseitigung von Fehlern zu konstituieren (emendatio).

Dabei sind sowohl in der Geschichte als auch vom Gegenstand her sicherlich die jeweiligen Absichten der Herausgeber verschieden. Die Rekonstruktion eines Urtextes, dessen Original verschollen ist und nur in fehlerhaften Abschriften existiert, die Darstellung einer Textgenese, wenn ein Autor Texteingriffe vorgenommen hat, die Interpretation aus der semiotischen Sehweise der Polyvalenz des ästhetischen Zeichens, der rezeptionsästhetische Aspekt einer an den Textvarianten dingfest zu machenden Interaktion zwischen Autor und Leser, all dies sind Motivbündel einer historisch-kritischen Ausgabe. In unterschiedlicher Dichte waren sie auch für die vorliegende Ausgabe maßgeblich.

In der literaturwissenschaftlichen Textkritik haben sich so seit dem 19. Jahrhundert, wo es in erster Linie um die Ausgabe von mittelalterlichen Texten ging, verschiedene Modelle von Lesartenapparaten ausgeprägt: der Werkstellenapparat, der Schichtenapparat und der synoptische Apparat[1].

In den dafür repräsentativen Ausgaben konnte allerdings kein Orientierungsmodell gefunden werden, an das sich diese Ausgabe halten konnte.

Auch in historisch-kritischen Ausgaben philosophischer Texte gab es keine neuen Hinweise. So hält sich die Akademieausgabe der Kantschen *Kritik der reinen Vernunft* (1781/1787) an das alte System des Lesartenapparates, der separat vom konstituierten Text gedruckt ist und durch Lemmata die Varianten aufzeigt[2].

Dies konnte kein Maßstab sein, allein schon, weil Hanslick seine Abhandlung in zehn verschiedenen Fassungen veröffentlicht hat. Daneben kam der Argwohn auf, ein abgesonderter Apparatteil, der mit vielen Symbolen arbeitet, erschwere das Lesen und sei schließlich nur Spezialisten nach langem Einlesen zugänglich. Neuere literaturwissenschaftliche Befunde haben dies bestätigt. Die Verschiedenheit der jeweiligen Ausgaben habe zu einer *babylonischen Verwirrung in der editorischen Terminologie*, einer *Geheimwissenschaft*, schließlich zur Isolation geführt[3].

In der Literaturwissenschaft sind inzwischen neben dem Werkstellenapparat auch Paralleldrucke und Synopsen bekannt. Für die edierten poetischen Texte hat sich dabei durchgesetzt, die Werkstufen untereinander abzudrucken[4]. Dies konnte für einen diskursiven Text wie den Hanslicks nicht in Frage kommen.

Eine andere Anregung gab die Bibelsynopse[5]. Es geht hier allerdings darum, Textstellen von mehreren Autoren in Parallele zu setzen, um eventuelle Textabschriften, die Genese und die Datierung festzustellen.

---

[1] Vgl. H. Boetius: *Textkritik und Editionstechnik*, a. a. O., S. 80.
[2] I. Kant: *Kritik der reinen Vernunft*, Akademieausgabe, a. a. O.
[3] E. Weidl: *Das Elend der Editionstechnik*, a. a. O., S. 191
[4] Vgl. E. Höpker-Herberg: *Überlegungen ... a. a. O.*
[5] Vgl. F. J. Schierse: *Patmos-Synopse*, a. a. O.

Schließlich mußte entschieden werden, welche Fassung der historisch-kritischen Ausgabe zugrundegelegt werden sollte, die Erstauflage oder die Fassung „letzter Hand". Auch hier gab die literaturwissenschaftliche Editionsdiskussion Hilfestellung. Nachdem lange Zeit das Prinzip geherrscht hatte, der Fassung „letzter Hand" den Vorrang einzuräumen, wurde in jüngster Zeit unter dem Einfluß der Rezeptionsästhetik die Erstausgabe wieder bevorzugt. An deren Varianten konnte das sich verändernde Verhalten des Autors zum Leser und zur ebenfalls sich verändernden Gesellschaft dokumentiert werden.

In der vorliegenden Ausgabe lassen sich diese rezeptionsästhetischen Postulate konkretisieren. An etlichen Stellen ist nachweisbar, wie Hanslick auf den Zeitgeist, sei es Kritik, Polemik oder neue Publikationen einging und seine Abhandlung veränderte.

Stand das Prinzip „letzter Hand" unter den Nachwehen einer Ästhetik des Originalgenies und ihrer historischen Abwandlungen, nach der die Autorintention alleiniger Maßstab der retrospektiv verfahrenden Edition war, so sind die neueren Ausgaben unter rezeptions- und produktionsästhetischen Aspekten entstanden[6]. Unter diesen Bedingungen wollen sie, auf dem Ersttext basierend, die Textgenese nachvollziehen.

Dem folgte, nicht aus Modernismus, sondern aus sachlicher Notwendigkeit, diese historisch-kritische Ausgabe des Hanslickschen Traktats *Vom Musikalisch-Schönen*. Eine Ausgabe „letzter Hand" wäre sinnlos gewesen, weil man die fortlaufenden Änderungen nicht chronologisch hätte ablesen können. Immerhin entstand das „Unternehmen" *Vom Musikalisch-Schönen* mit allen Eingriffen in einem Zeitraum von fünfzig Jahren, auch wenn Hanslick in seiner Autobiographie kundgab, er hätte das Interesse an Musikästhetik später durch das an Musikgeschichte ersetzt[7].

Daher wurde die Erstausgabe des Traktats von 1854 in der historisch-kritischen Ausgabe unverändert übernommen. Dieser sind die Varianten in einer horizontal zu lesenden Synopse beigefügt. Druckfehler und Orthographie blieben auf dem Stand von 1854 ohne Anpassung an die moderne Orthographie. Lediglich an Stellen, wo in späteren Auflagen Einschübe erfolgten, wurde der Text auseinandergezogen, so daß Lücken entstanden. Dieses Verfahren war auch dann notwendig, wenn der Variantenteil über eine Zeile hinausging. Größere Einschübe sind zusätzlich durch ein Häkchen (V) im Text der Erstausgabe gekennzeichnet. So ist ein besserer Überblick gewährleistet. Auch die Stellen im Ersttext, an denen später Veränderungen angebracht wurden, sind durch Häkchen markiert. Dabei steht ein sich öffnendes Häkchen (⌈) für den Beginn, ein sich schließendes (⌉) für den Schluß des Eingriffs. Varianten innerhalb von Varianten wurden durch Umkehrung der Häkchen verdeutlicht (⌊ ⌋).

Die Praxis der philologischen Textkritik, mit womöglich ständig wechselnden Siglen (H = Handschrift, D = Druck etc.) zu arbeiten, wurde nicht übernommen. Es ging um eine gut lesbare Ausgabe, in der nicht zuerst ein Codesystem erlernt werden muß, ehe man sie benutzen kann. Statt dessen wurden die Änderungen stets konkret mit der Nummer der Auflage und dem Publikationsjahr, jeweils in Kursivdruck, angegeben (z. B. *²1858*). Dabei traten zwei Möglichkeiten auf: einmal Varianten, die ab einer bestimmten Auflage beibehalten wurden, dann solche, die nur in einer oder mehreren Auflagen zu finden sind. Daher wurde den Datierungen je nach Fall die Präposition „in" oder „ab" beigefügt (also: in *²1858*; in *²1858–³1865*; ab *²1858*).

Die ursprüngliche Intention war, in den Text nicht durch kommentierende Zusätze außer den Datierungen einzugreifen. Doch ließ sich dies bei einigen Stellen nicht vermeiden, wenn etwa längere Passagen erst in einer späteren Auflage neu konzipiert wurden, Veränderungen am Ersttext aber vorausgingen, so daß diese dem Ersttext synoptisch beigefügt werden mußten und der neue Text separat abgedruckt wurde. In solchen Fällen wurden zwischen eckigen Klammern im Kursivdruck Hinweise auf die Anschlußstellen angebracht (z. B. [*s. o.*] siehe oben; [*s. u.*]; [*s. 1*] siehe Abschnitt 1 dieses Kapitels). Auch der Hinweis „Absatz" wurde so zusätzlich eingebaut. Daneben mußten Varianten innerhalb von Varianten in der Synopse gekennzeichnet werden. Dies

---

6 Vgl. W. Haubrichs: *Einleitung*, a. a. O., S. 7.
7 E. Hanslick: *Aus meinem Leben*, a. a. O., I. S. 242 f.

wurde durch eckige Klammern im fortlaufenden Text, innerhalb deren Datierung und Inhalt der Änderung stehen, sichtbar gemacht. Die Eingriffstelle wurde auch hier durch Häkchen (⌐ ¬) gekennzeichnet. Fachausdrücke (z. B. *basso continuo*) sind in dem in Fraktur gedruckten Original durch Antiquaschrift abgehoben. Hier wurden sie kursiv abgesetzt.

Um die Übersichtlichkeit zu wahren und die Bezüge für Hinweise kenntlich zu machen, wurden die Abschnitte der Erstausgabe pro Kapitel durchnumeriert. Dadurch kann sich der Leser selbst bei längeren Einschüben, die im Ersttext eine Lücke notwendig machten, über Zusammengehörigkeiten orientieren. Gelegentlich sind Anschlußstellen durch drei Punkte markiert.

2. Variantentypen

Außer auf Zusätze aus Grillparzers Aphorismen hat Hanslick in den Vorworten zu den Ausgaben auf keine Veränderungen hingewiesen. Gemeinhin faßt er sie als stilistische auf (*erweiternde Beisätze und stylistische Verbesserungen*[1]). Aus Hanslicks Kommentaren läßt sich daher keine Typologie ableiten, ebensowenig aus den in der Sekundärliteratur vereinzelt angeführten Fällen. Aus dem Auflagenvergleich der zehn von Hanslick selbst besorgten Ausgaben seines Traktates ergeben sich die im folgenden skizzierten Fälle, deren Reihenfolge nicht hierarchisch zu verstehen ist.

2.1 Orthographische Änderungen
Da sich die zehn Auflagen über einen Zeitraum von fast fünfzig Jahren erstrecken, mußten notwendigerweise Tendenzen der Schriftsprache und der Rechtschreibreformen Einfluß auf sie gewinnen.

1879 hatte Bayern erstmals eine verbindliche Rechtschreibung festgelegt. Die anderen Länder zogen bald nach. 1880 veröffentlichte Konrad Duden sein *Vollständiges orthographisches Wörterbuch der deutschen Sprache*. 1901 versammelten sich Delegierte aller deutschsprachigen Länder in Berlin und hielten eine „Orthographische Konferenz der deutschen Länder"[2] ab. Allgemein maßgebliche Normen, unter anderem die Beseitigung überflüssiger Th-Schreibung, wurden gesetzt. Die siebte Auflage des Dudenschen Wörterbuches hielt sich an diese Richtlinien und etablierte sich damit zum maßgeblichen Handbuch der deutschen Rechtschreibung.

Diese Bestrebungen machen sich bei Hanslick vor allem in der achten Auflage des Traktats von 1891 bemerkbar. Fremdwörter, die aus dem Lateinischen kommen, sind ab dieser Ausgabe in der heute üblichen Schreibweise vorzufinden. So wurde aus dem lateinischen „c" ein „k", aus dem Suffix „ire(n)" ein „iere(n)" (correspondiren – korrespondieren).

Dasselbe gilt für die Abwandlung der älteren th-Schreibung in „t" (Thier – Tier), sowie der ie-Schreibung in „i" (giebt – gibt). Die Anpassung an die Normierung erfolgte bei Hanslick nicht generell. Schon in der zweiten Auflage sind widersprüchliche Schreibweisen zu finden (sowohl „giebt" als auch „gibt", „Subject" und „Subjekt" etc.). Der Abschaffung der th-Schreibung ist Hanslick auch nicht in allen Fällen gefolgt. So findet sich in der zehnten Auflage immer noch „That".

Diese Minimaländerungen wurden in der vorliegenden Ausgabe nicht eigens vermerkt, weil sie inhaltlich nicht von Wichtigkeit sind, höchstens von sprachgeschichtlicher Bedeutung. Es sei daher hier pauschal auf die Änderung und Anpassung an die noch heute gebräuchliche Schreibweise in der achten Auflage von 1891 verwiesen.

Des weiteren wurde in der Zeichensetzung einiges verändert. Klammern, Gedankenstriche entfielen, Doppelpunkte wurden zu Strichpunkten umgewandelt, Fragezeichen zu Punkten, Kommata wurden weggestrichen, an anderen Stellen wurden neue gesetzt. Solche Änderungen sind in dieser Ausgabe nur dann angegeben, wenn sie Sinnänderungen nach sich zogen (so etwa die Abänderung von Fragezeichen zu Punkt).

---

[1] Vgl. vorliegende historisch-kritische Ausgabe S. 12.
[2] Vgl. W. König: *dtv-Atlas zur deutschen Sprache. Tafeln und Texte*. München 1978, S. 109.

12

Die besondere Hervorhebung einzelner Worte oder Satzgruppen durch Sperrdruck findet sich in der ersten Auflage sehr häufig. Dieser wurde oft in Normaldruck zurückverwandelt, besonders ab der vierten Auflage von 1874. Umgekehrt wurden auch zunächst zusammengedruckte Worte später im Sperrdruck wiedergegeben. Für diese Verfahrensweise fällt keine Auflage besonders ins Auge. Solche Varianten wurden in der historisch-kritischen Ausgabe stets kenntlich gemacht. Druckfehler wurden nicht emendiert, der Text der Erstausgabe wurde unverändert übernommen, nicht nur aus Gründen der Werktreue, sondern weil sich an einigen Stellen Sinnfehler ergaben, die der Leser der Erstausgabe so rezipieren mußte. Die Verbesserungen in den darauffolgenden Auflagen wurden natürlich angezeigt. Sinnstörende Druckfehler der späteren Auflagen, auch wenn sie später verbessert wurden – was nicht immer der Fall war – wurden ebenfalls im synoptischen Teil abgedruckt.

Obwohl die Herausgeber der postumen elften Auflage von 1910 sich auf die achte Auflage beziehen, haben sie Änderungen der neunten und zehnten Auflage übernommen, nur die Druckfehler, allerdings nicht alle, beseitigt. Dies wurde in den gegebenen Fällen gekennzeichnet.

2.2 Stilistische Veränderungen

Hanslicks Erläuterungen zu seinen Eingriffen in den Vorworten der einzelnen Auflagen verschleiern die Tatsachen, wenn man sie in dem engeren Sinn nimmt, der – wie Hanslick naheleg – besagt, daß inhaltlich keine Veränderung stattfand, nur am sprachlichen Ausdruck gearbeitet wurde. Faßt man den Begriff etwas weiter, so fallen freilich auch größere Umstellungen darunter.

Stilistische Varianten in der von Hanslick beschriebenen Bedeutung nehmen in jeder Beziehung den geringsten Raum ein. Darunter fällt etwa die Eindeutschung von Fremdwörtern, eine Tendenz, die sich von einem nationalsprachlichen Purismus gegen Ende des 19. Jahrhunderts herleiten läßt[3]. Hier erlag Hanslick dem Zeitgeist, hatte er auch einst gegen Modeströmungen polemisiert. So deutsche er etwa „Association" in „Verbindung", „adäquat" in „entsprechend" ein. Alle diese Fälle sind ab der achten Auflage (1891) vorzufinden.

Als weitere Gruppe stilistischer Varianten sind kleinere Umstellungen und der Austausch von mißverständlichen Worten und Zusammenhängen zu nennen. Diese Eingriffe sind allerdings oft auch inhaltlich bedingt, wie die Varianten in den Prädikationen zu Berlioz beweisen[4]. Es handelt sich oft um Mischfälle, die nicht klar zu deuten sind. Des öfteren streicht Hanslick zum Beispiel das Adjektiv „geistreich", zum einen, weil er inzwischen dieses Attribut nicht mehr für gerechtfertigt hält, zum anderen wegen der Stilregel, die eine oftmalige Wiederholung des gleichen Wortes untersagt[5].

2.3 Umstellungen

Dieser Variantentyp findet sich vor allem im ersten Kapitel. Einige Passagen sind in späteren Auflagen so weit von ihrem ursprünglichen Ort entfernt neu einmontiert worden, daß sie auf den ersten Blick nicht zu identifizieren und sogar in dieser synoptisch verfahrenden Ausgabe nicht sofort auszumachen sind. Durch diese Umstellung erhält der oft in sich selbst kaum veränderte Text eine neue Bedeutung, weil er in einem neuen Kontext verankert ist. Der Übergang zur stilistischen Veränderung ist fließend. Wenn Hanslick etwa Teile aus dem Haupttext herausnimmt und als Fußnote drucken läßt oder umgekehrt Anmerkungen in den Haupttext rückt, so könnte man dies als stilistischen Eingriff deuten. Gleichwohl zeigt es den Stellenwert an, den Hanslick dem Geänderten beimißt, vielleicht auch eine geänderte Haltung dem Gesagten gegenüber[6].

---

3 Solche Puristen versammelten sich etwa im 1885 gegründeten „Allgemeinen deutschen Sprachverein".
4 Vgl. vorliegende Ausgabe S. 86.
5 Ibid. u. a. S. 101 und 120
6 Hegels Urteil über die Empfindung und ihre Untersuchung, die in den ersten fünf Auflagen im Haupttext zu lesen ist (vorliegende Ausgabe S. 34), wird ab der sechsten Auflage als Fußnote abgedruckt (ibid. S. 28), woraus sich auf eine veränderte Einstellung zu Hegel schließen ließe.

Andererseits haben diese Umstellungen, wie die Eingriffe im ersten Kapitel zeigen, größte Nähe zu inhaltlich wesentlichen Neuerungen, wodurch ihre Zwischenstellung erkennbar wird.

2.4 Austausch

Viele Passagen oder Fußnoten sind in späteren Auflagen durch neue ersetzt worden, was nicht immer eindeutig erklärbar ist. So hat Hanslick im zweiten Kapitel einige Notenbeispiele und Musikbezüge, die Belege zur These von der Beliebigkeit der Beziehung zwischen Wort und Ton liefern sollen, gestrichen und an ihre Stelle andere gesetzt[7]. Einer Fußnote über R. Wagner, die er zunächst in Varianten aktualisiert hatte, hat Hanslick später eine über Mozart vorgezogen[8]. Es ließen sich noch mehr Beispiele anführen. Deutlich wird allerdings, daß es sich nicht mehr um stilistische Eingriffe handelt.

2.5 Zusätze

Daß der Traktat durch einige Anmerkungen erweitert worden ist, gibt Hanslick in den Vorworten seiner späteren Auflagen bekannt. Er bezieht sich dabei vor allem auf Zitate aus Grillparzers Musikschrifttum, das er selbst in einem größeren Essay gewürdigt hatte[9]. Andere Fußnotenzusätze, die dazu dienen, Thesen des Haupttextes zu erhärten, bleiben hier unbenannt. Oft sind es Schriften, die erst nach 1854 publiziert wurden. Daneben werden aber auch in den Haupttext neuere Publikationen oder Forschungsergebnisse, die die von Hanslick erörterten Probleme behandeln, einbezogen. Hanslicks Zusätze wurden von Fr. Blume[10] insofern überschätzt, als er den Zuwachs an Seitenzahlen für das Ausmaß der Veränderungen als bezeichnend ausgab, während tatsächlich eher drucktechnische Gegebenheiten für das Anschwellen verantwortlich waren.

Vor allem liegen die Schriften Jahns, Wagners, Helmholtz', Marx', Thayers, Zimmermanns diesen Erweiterungen zugrunde. Nach der sechsten Auflage von 1881 hat Hanslick seinen Traktat nicht mehr mit Hinweisen auf Neupublikationen verändert.

Daneben gibt es auch Zusätze, die nicht aus Zitaten oder Belegen aus neueren Forschungen bestehen. Sie ergeben sich aus dem Text, helfen ihn erläutern oder sind als Reaktion auf Kritik oder Polemik erklärbar.

2.6 Streichungen

Blumes Begründung der Notwendigkeit einer historisch-kritischen Ausgabe des Hanslickschen Traktates bezog sich vor allem auf die Zusätze. Die Proportion 2 : 1, die sich bei der Seitenzählung zwischen der zehnten und ersten Auflage ergibt, spiegelt die realen Veränderungen aber nicht. Freilich hat Hanslick einige neue Texte eingearbeitet, doch sind die Streichungen oft von größerer Wichtigkeit. Sie sind erklärbar durch scharfe Reaktionen der Kritiker des Traktats oder milde der Freunde (etwa R. Zimmermann), die Widersprüche nachweisen. Diese Erläuterung ist allerdings insofern einseitig, als sie Hanslicks Eingriffe lediglich als Reaktion auf von außen kommende Kritik festmacht, nicht die Möglichkeit einräumt, Hanslick habe einige Widersprüche selbst erkannt. Einige Stellen, die Hanslicks Ausgang von der idealistischen Ästhetik und der Musikanschauung der Romantik nicht verleugnen, wurden auf Kritik hin gestrichen, andere gleichen Inhalts belassen. Als gemeinsamer Nenner für die Streichungen könnte daher zwar die Beseitigung von Widersprüchen konstruiert werden, doch steht dem wiederum die Widersprüchlichkeit der Endfassung entgegen.

Auch die Streichungen treten nicht isoliert auf, sondern gemischt mit anderen Variantentypen. Bei vielen Fällen wäre zu fragen, ob die Streichung vorrangig ist oder der Austausch durch aktuellen Stoff.

---

7 Vgl. vorliegende Ausgabe S. 55–60.
8 Ibid. S. 67 f.
9 *Grillparzer und die Musik*, abgedruckt in: *Musikalische Stationen*, a. a. O., S. 331
10 Vgl. Fr. Blume, Art. *Hanslick*, a. a. O.

2.7 Neukonzeptionen

Die inhaltlich gewichtigen Änderungen nehmen sowohl in der Reihenfolge der Auflagen als auch in der der einzelnen Kapitel ab. Als neukonzipiert dürfte vor allem das erste Kapitel gelten, das Hanslick ab der zweiten Auflage in völlig neuer Form vorlegte. Auch die Unterteilung in zwei Abschnitte entfiel dort. Dies dürfte auch rezeptionspsychologisch erklärbar sein. Der Anfang eines Buches wird meist von Autor und Leser besonders beachtet.

Daneben sind auch Zusätze und Umformulierungen, sobald sie inhaltlich das Frühere zurücknehmen oder radikalisieren, als neukonzipiert einzustufen. Auch dieser Variantentyp ist nicht trennbar.

Diese Aufstellung von verschiedenen Variantenfällen ist idealtypisch zu verstehen. Es wäre im einzelnen zu zeigen, welcher Aspekt zwischen den Polen des Stileingriffs und der Neukonzeption jeweils überwiegt. Daneben bleibt ein letzter, spekulativer Fall unberücksichtigt: die Frage, warum Hanslick bestimmte Stellen, die er aus der Gesamtsicht der Eingriffe hätte umarbeiten müssen, in der alten Fassung beließ. Solche potentiellen Änderungen kann natürlich eine historisch-kritische Ausgabe nicht erfassen, bestenfalls ihr Kommentar andeuten.

3. Editionstechnik im Überblick

Verzeichnis von Variantenfällen und ihrer Edition

Orthographische Varianten:

Sie sind bei Sperrdrucken, Druckfehlern und sinnverändernder Zeichensetzung vermerkt.

Beispiel 1: Sperrdruck
und die ⌈E i n h e i t⌉ beider sind Bedingungen des   *ab* ⁶*1881:* Einheit

Beispiel 2: Druckfehler
⌈vergeblichen⌉ „D a r s t e l l e n eines Affectes   *ab* ²*1858:* vorgeblichen

Beispiel 3: Zeichensetzung
wird, untersuchen. Hier mußte blos theoretisch
festgestellt werden, ob die Musik fähig sei, ein
bestimmtes Gefühl ⌈d a r z u s t e l l e n ?⌉ Die Frage   *ab* ⁷*1885:* d a r z u s t e l l e n.

Absätze:

In einigen Fällen wurde ein Absatz in späteren Auflagen neu angebracht. Umgekehrt wurden auch Abschnitte später zusammengezogen. Diese Varianten wurden anhand der Eckwörter verdeutlicht. Bei neuen Absätzen kam zusätzlich der Verfasserhinweis Absatz hinzu.

Beispiel 1: Neuer Absatz
ohne Berufung auf das räthselhafte ⌈G e f ü h l.
W a r u m⌉ die häufigen Quintsext-Accorde, die   *ab* ²*1858:* G e f ü h l. [*Absatz*]
W a r u m

Beispiel 2: Zusammengezogene Abschnitte
nunftthätigkeit, eine Stelle ⌈finden.   *ab* ⁴*1874:* finden. Nur

---

    *) „Geist in der Natur," 3. Band, deutsch von
Kannegießer. S. 32

40   Nur⌉ eine wirklich positive, schaffende Kraft

Austausch von Einzelwörtern oder längeren Passagen:

Die geänderte Passage wurde in beiden Fällen im Ersttext durch Häkchen kenntlich gemacht. Man muß also beim Lesen die rechts abgedruckten neuen Formulierungen in den von Häkchen begrenzten Teil einsetzen.

Beispiel 1: Austausch von einzelnen Wörtern
Verhältnisse ⌐zurückführe,⌐ sind sie überzeugt,   *ab ⁴1874: zurückführen lassen,*

Beispiel 2: Austausch von längeren Passagen
Resignation eines in sich versöhnten Gemüthes auffassen, und ⌐so fort bis zur Ahnung des Absoluten steigen.⌐   *ab ²1858:* kann vielleicht ⌐so fort⌐ [*ab ³1865:* sofort] bis zur Ahnung eines ewigen jenseitigen Friedens aufsteigen.

Streichungen:

Die Eckwörter, zwischen denen der getilgte Text liegt, wurden im Variantenteil zusammengezogen. Auch hier verdeutlichen Häkchen im Ersttext die Eingriffsstelle.

Beispiel 1: Streichung kleiner Zusammenhänge
den Sitz ⌐des besondren Geistes⌐ und Gefühls einer   *ab ²1858: des Geistes*

Beispiel 2: Streichung größerer Abschnitte
Erfindung eines ⌐Tonstücks. Es ist Regel, daß die   *ab ⁶1881: Tonstücks [Absatz]* Wir

Composition ⌐rein musikalisch⌐ erdacht wird, und ihr Charakter kein Ergebniß der persönlichen Gefühle des Componisten ist. Nur ausnahmsweise extemporirt dieser die Melodien als Ausdruck eines bestimmten, ihn eben erfüllenden Affectes. Der Charakter dieses Affectes, einmal vom Kunstwerk aufgesogen, interessirt aber sodann ⌐nur⌐ mehr als musikalische Bestimmtheit, als Charakter des Stücks, nicht mehr des Componisten.
    ab ⁵1876: rein musikalisch

    in ⁵1876: nun

7 ⌐Wir⌐ haben die Thätigkeit des Componirens als

Umstellungen:

Umstellungen über einen größeren Raum hinweg konnte diese Ausgabe wegen des Prinzips der Synopse nicht darstellen. Es wurde daher im Variantenteil auf die entsprechende Abschnittsnummer des Kapitels hingewiesen ([*s. 1*]).

weise brechen, welche die Untersuchung lediglich mit Rücksicht – beinahe a u s Rücksicht – für die dadurch hervorgerufenen Gefühle vornahm, und die Philosophie des S c h ö n e n als eine Tochter der E m p f i n d u n g (*αἴσϑησις*) aus der Taufe hob.

von den tausendfältig wechselnden Eindrücken, das Bleibende, Objective sei. [*s. 1*]
    Die Poesie und die bildenden Künste sind in ihrer ästhetischen Erforschung und Begründung

Zusätze:

Bei kleineren Zusätzen wurde der Eingriff durch Häkchen und eine Lücke im Ersttext verdeutlicht. Bei größeren Zusätzen wurde eine Lücke gelassen und ein Auslassungszeichen eingesetzt.

16

Beispiel 1: kleiner Zusatz

stellen. Dies ⌐sind unmittelbar alle diejenigen,⌐   *ab* ⁶*1881:* sind, entsprechend dem sie aufnehmenden Organ, unmittelbar alle diejenigen Ideen,

welche auf hörbare Veränderungen der Zeit, der

Beispiel 2: längerer Zusatz

rechtigte der Schönheit stelle, V   *ab* ⁶*1881:* – da nicht das Gefühl, sondern die Phantasie, als Thätigkeit des reinen Schauens, das Organ ist, aus welchem und für welches alles Kunstschöne zunächst entsteht –

so behaupten
doch die affirmativen Aeußerungen des Fühlens

Varianten der Varianten:

In einigen Fällen hat Hanslick bereits geänderte Passagen später nochmals umformuliert. Diese Fälle wurden im Synopseteil durch eckige Klammern vom fortlaufenden Text abgehoben.

das Musikalisch-Schöne eine höhere Analogie etwa in ⌐einem⌐ [*ab* ⁴*1874:* der Architektur, dem] menschlichen Körper oder einer Landschaft finden, die auch eine primitive Schönheit der Umrisse und Farben (abgesehen von der Seele, dem geistigen Ausdruck) haben.

In seltenen Fällen mußten auch im Ersttext Varianten innerhalb von Varianten gekennzeichnet werden. Das geschah durch Umkehrung der Häkchen.

Erfindung eines ⌐Tonstücks. Es ist Regel, daß die   *ab* ⁶*1881:* Tonstücks. [*Absatz*] Wir

Composition ⌐rein musikalisch⌐ erdacht   *ab* ⁵*1876:* rein musikalisch
wird, und ihr Charakter kein Ergebniß der persönlichen Gefühle des Componisten ist. Nur ausnahmsweise extemporirt dieser die Melodien als Ausdruck eines bestimmten, ihn eben erfüllenden Affectes. Der Charakter dieses Affectes, einmal vom Kunstwerk aufgesogen, interessirt aber sodann ⌐nur⌐ mehr als musikalische Bestimmtheit, als   *in* ⁵*1876:* nun
Charakter des Stücks, nicht mehr des Componisten.

7   Wir⌐ haben die Thätigkeit des Componirens als

Neukonzeptionen:

Diese Art des Eingriffs ließ sich nicht generalisieren und wurde dem Kontext nach behandelt. Oft wurde der neukonzipierte Text dem alten synoptisch beigegeben. In einigen Fällen, wenn Varianten am Ersttext selber vorausgingen, mußte der neue Text abgesetzt werden.

17

Beispiel 1: Synopse von Neukonzeptionen

⌈I.⌉   *ab* ⁸*1891:*

I.
Die Gefühlsästhetik

—————

1 ⌈Die Zeit jener ästhetischen Systeme ist vorüber, welche das Schöne nur in Bezug auf die dadurch wachgerufenen „Empfindungen" betrachtet haben. Der Drang nach objectiver Erkenntniß der Dinge, soweit sie menschlicher Forschung vergönnt ist, mußte eine Methode stürzen, welche von der subjectiven Empfindung

ab ²*1858:*

Die bisherige Behandlungsweise der musikalischen Aesthetik leidet fast durchaus an dem empfindlichen Mißgriff, daß sie sich nicht sowohl mit der Ergründung dessen, was in der

Beispiel 2: Abgesetzte Darstellung von Neukonzeptionen

Die Vernachlässigung des musikalischen Theils wird uns immer weit empfindlicher ⌈treffen.*)⌉

ab ⁶*1881:* treffen.*)

*) Ungemein charakteristisch ist, was Mozart über die Stellung der Musik zur Poesie in der Oper sagt. Ganz im Gegensatz zu Gluck, der die Musik der Poesie untergeordnet wissen will, meint Mozart, daß die Posie der Musik gehorsame Tochter sein solle. Er ⌈vindicirt⌉ [*ab* ⁸*1891:* weist] in der Oper der Musik, wo sie zum Ausdruck der Stimmung verwandt wird, entschieden die ⌈Herrschaft.⌉ [*ab* ⁸*1891:* Herrschaft zu.] Er beruft sich auf das Factum daß gute Musik die elendesten Texte vergessen lasse, – ein Fall, wo das Umgekehrte Statt fand, dürfte kaum anzuführen sein –; es folgt aber auch unwidersprechlich aus dem Wesen und der Natur der Musik. Schon dadurch daß sie unmittelbar und mächtiger als jede andere Kunst, die Sinne ergreift und ganz in Anspruch nimmt, macht sie den Eindruck, welchen die poetische Darstellung durch die Sprache hervorbringen kann, für den Augenblick zurücktreten; sie wirkt ferner durch den Sinn des Gehörs in einer, wie es scheint, noch nicht aufgeklärten Weise unmittelbar auf die Phantasie und das Gefühl mit einer erregenden Kraft ein, welche ebenfalls die der Poesie momenten überflügelt. (O. Jahn „Mozart", III. 91).

*) Specifisch dramatische Tendenz im Gegensatz zur musikalischen verfolgt R i c h a r d Wa g n e r in seinem „L o h e n g r i n“. Wir werden uns an dem geistreichen Betonen des vorgeschriebenen Ausdrucks und Wortes erfreuen, doch nicht ohne die Erkenntniß, daß die Musik, abgelöst von ihrem Texte, eine sehr geringe Befriedigung gewähre. Dies wird überall der Fall sein, wo die Charakterisirung des Einzelnen die große Form zersprengt. Aus s e i n e m Princip, dem rücksichtslos dramatischen, muß Wa g n e r gleichwohl den „Lohengrin“ für sein bestes Werk erklären. Wir stellen den „Tannhäuser“ unbedingt höher, in welchem der Componist den Standpunkt echt m u s i k a l i s c h e r Schönheit zwar noch nicht erklommen, aber Gottlob auch

noch nicht überwunden hatte.

in ^{2}*1874–*^{5}*1876:* seinen späteren Werken.

in ^{2}*1858–*^{5}*1876:* gewährt.

in ^{4}*1874–*^{5}*1876:* „Tristan und Isolde“

in ^{4}*1874–*^{5}*1876:* keineswegs völlig erreicht, aber gottlob

Synoptischer Variantendruck:

Der Text der ersten Auflage wurde links abgedruckt. Rechts befinden sich die Varianten. Am linken Rand wurden die einzelnen Abschnitte des jeweiligen Kapitels der Erstausgabe durchnumeriert.

Zeichen:

Diese Ausgabe versucht, überflüssige Symbole zu vermeiden. In einigen Fällen ließen sie sich jedoch nicht umgehen. Folgende Zeichen mußten hinzugesetzt werden:
- Datierung und Auflagennummer:
  Dies wurde dem bekannten Verfahren angepaßt: Die hochgestellte Ziffer bezieht sich also auf die Auflagennummer, die Jahreszahl auf das Erscheinungsjahr dieser Auflage (^{3}*1865* bedeutet also: dritte Auflage, 1865).
- Endgültige und zeitweise Varianten:
  Die Mehrzahl der Änderungen Hanslicks war endgültig. Diese wurden durch ein der Datierung vorangestelltes „ab“ gekennzeichnet (also: *ab* ^{2}*1858*). Varianten, die nur in einigen Auflagen auftraten und später wieder zurückgenommen wurden, wurden durch ein vorangestelltes „in“ verdeutlicht (also: *in* ^{2}*1858*; *in* ^{2}*1858–*^{3}*1865*).
- Anschluß:
  Um den jeweiligen Anschluß an den Ersttext zu verdeutlichen, sind im Text von 1854 Häkchen angebracht.
- Varianten der Varianten:
  Diese sind vom fortlaufenden Text durch eckige Klammern abgehoben. In der Klammer erfolgt zunächst im Kursivdruck die Datierung der Variante, dann die Variante selbst.
- Eingriffsstelle:
  An welcher Stelle im Ersttext Hanslick eingegriffen hat, wurde durch ein sich öffnendes und sich schließendes Häkchen verdeutlicht (⌐ ⌐). Bei Passagen, wo im Ersttext längere Lücken gelassen wurden, war dies nicht notwendig.
- Zusätze:
  Zusätze wurden durch eine Lücke im Ersttext und ein Auslassungszeichen (V) gekennzeichnet. Lücken im Ersttext treten aber auch bei längeren Varianten auf.
- Hinweise des Herausgebers:
  Hinweise auf andere Abschnitte oder auf Absatzbildung sind durch eckige Klammern abgehoben. Der Hinweis selbst ist kursiv gedruckt. Beim Vermerk, daß es sich um die Widmungen handelt, konnte auf die eckigen Klammern verzichtet werden.

II. Hanslicks Varianten im Spiegel der Forschung

Es blieb der Forschung nicht verborgen, daß Hanslick von dem Vorabdruck von 1853 über den Erstdruck des Traktats von 1854 bis zu den neun darauffolgenden Auflagen, die er zu Lebzeiten noch selbst besorgte, stets Veränderungen anbrachte. Ihnen wurde jedoch selten großes Gewicht beigemessen. Ablesbar ist dies an den Ausgaben, auf die sich die Autoren jeweils bezogen: manchmal war es die erste Auflage, dann die jeweils greifbare letzte, schließlich die Ausgabe letzter Hand und deren Nachdrucke.

Angesichts der Vielzahl der Änderungen ist daher anzunehmen, daß in den Interpretationen aus Unkenntnis der Eingriffe Fehler unterlaufen sind. Man kann sich nicht auf eine Passage der Erstausgabe berufen, die später eine wesentlich andere Gestalt annahm, oder umgekehrt Stellen aus späteren Fassungen, denen andere Fassungen vorausgingen, als alleinigen Maßstab nehmen.

Klassischer Fall ist der angebliche Kernsatz des Traktats, der meist falsch zitiert wird, weil er in zwei voneinander abweichenden Fassungen vorliegt. Hieß es in der Erstausgabe noch: *Tönend bewegte Formen sind einzig und allein Inhalt und Gegenstand der Musik*, so wurde der Satz ab der dritten Auflage von 1865 abgewandelt in: *Der Inhalt der Musik sind tönend bewegte Formen.*[1] Nicht nur die Varianten wurden allerdings übersehen, sondern auch das Gleichbleibende der Formulierung. Um Hanslick den Formalästhetikern zuordnen zu können, wurde der Plural „Formen" oft zu „Form" reduziert[2].

Dies bedeutet inhaltlich, daß man nicht apodiktisch zwischen dem Hanslick des Spezifisch-Musikalischen und der Anschauung des Kritikers Hanslick zu unterscheiden hat[3], oder, als Replik darauf, eine Kontinuität der Musikanschauung herausstellen kann, dabei den Traktat aber als *Jugendschrift* abwerten[4] oder aus allen Schriften den Formalisten herauslesen kann. Hanslick ist vielmehr im Kontext seiner Varianten zu sehen. Hier ist sein Standort jeweils neu zu prüfen. Dies ist nur anhand der historisch-kritischen Ausgabe möglich.

Daß Hanslick seinen Traktat unter anderem aus einer Oppositionshaltung schrieb, ist bekannt. Uneinig sind sich die Rezensenten nur darin, wogegen sie sich richtet, gegen die Affektenlehre, die Ausdrucksästhetik, die romantische Gefühlsästhetik, gegen die Neudeutschen, speziell Wagner, oder den deutschen Idealismus, wie er von Hegel und Vischer repräsentiert wird[5]. Daß die Schrift anhaltende Diskussion auslöste, wurde ebenfalls beschrieben. Wenig bekannt ist, daß Hanslick innerhalb des Spannungsfeldes, das man als bipolaren Streit zwischen Inhalts- und Formalästhetik verkürzt hat, die Schrift in Gegenzügen erweitert und verändert hat. Nicht zuletzt daher rührt auch ihre Sprengkraft, daß Hanslick sie immer wieder auf den neuesten Stand brachte, immer wieder neue Arbeiten integrierte, Mißverständnisse, Widersprüche und Fehler beseitigte.

Eine wichtige Frage einer historisch-kritischen Ausgabe und ihres Kommentars ist daher, ob zwischen den einzelnen Auflagen grundlegende oder nur graduelle Änderungen des Standortes eintraten, ob in Zukunft zwischen dem Hanslick der ersten und der jeweils folgenden Auflage zu unterscheiden sein wird, soweit die Varianten gewichtig sind.

Bislang mußte und konnte man hinnehmen, daß Hanslick für divergierende Musikanschauungen als Gewährsmann gelten konnte.

---

1   Vgl. vorliegende Ausgabe S. 75.
2   So etwa bei Grimm, a. a. O., S. 87ff.
3   Vgl. Schäfke, a. a. O., S.69.
4   Vgl. Stange, a. a. O., S. 233.
5   D. Glatt hat die historische Indifferenz, die Hanslick seinem Angriffsobjekt entgegenbringt, erläutert, a. a. O., S. 89f. Gegnerschaft zu Hegel und dem deutschen Idealismus unterstellte R. Zimmermann (Rezension *Vom Musikalisch-Schönen*, a. a. O.). P. Bruchhagen dagegen wies die zahlreichen Parallelen Hanslicks zu Hegel und Vischer nach, a. a. O.

Die Spanne war denkbar breit: so beruft sich Fr. Blume in seiner gegen die Musik der fünfziger Jahre gerichteten Streitschrift *Was ist Musik*[6] unter anderem auf Hanslicks Satz *Das Komponieren ist ein Arbeiten des Geistes in geistfähigem Material*. H. K. Metzger, ein Verfechter Neuer Musik, sieht dagegen in Hanslick einen Vertreter einer auf den Fortschrittsbegriff ausgerichteten Musikphilosophie[7].

Die historisch-kritische Ausgabe kann diese Problematik natürlich nicht endgültig lösen. Sie kann nur die Fakten der Veränderungen darstellen, bereits der Kommentar ist oftmals auf subjektive Vermutung angewiesen. Freilich läßt sich der Ideologiecharakter der jeweiligen Rezension des Hanslickschen Traktates herauspräparieren, wenn etwa ein Rezensent nur Teile herausgreift, um seine Position zu erhärten. Polemisch heißt dies angesichts der kritischen Ausgabe, daß selbst noch die neuesten Arbeiten zu Hanslick, wenn nicht im Ganzen, so doch in vielen Details umgearbeitet werden müßten.

So behauptet Abegg, der sich auf die erste Auflage stützt – obwohl auch er an einigen Stellen Varianten erwähnt –, Hanslick gehe im Gegensatz zu seinem Freund und Kritiker R. Zimmermann nicht von einer naturwissenschaftlichen Methode aus, sondern vom *ästhetischen Genuß*[8]. Bereits C. Dahlhaus hatte anhand eines Auflagenvergleichs den Wechsel von einer metaphysisch orientierten zu einer naturwissenschaftsnahen Ästhetik dargelegt[9].

Dies betrifft natürlich nicht alle Arbeiten und Rezensionen. Wenigstens denen von Printz[10], Schäfke[11], Grimm[12] und Mehner[13] liegt ein vollständig oder teilweise durchgeführter Auflagenvergleich zugrunde und dient wesentlichen Argumentationsgängen. Dennoch unterscheiden sich die Arbeiten erheblich. Die Interpretation der Varianten ist den allgemeinen Ergebnissen, die oft ideologiebelastet sind, untergeordnet.

Es erscheint daher notwendig, unter dem Blickpunkt der historisch-kritischen Ausgabe eine Revision des Hanslickbildes, wie es die Forschung bisher entwarf, vorzunehmen. Dabei sollte zweierlei geklärt werden:

1. Inwieweit haben die Rezensenten des Traktates die Varianten beschrieben und gedeutet?
2. Sind diese Deutungen vertretbar und belegbar, oder sind gravierende Fehler oder Fehleinschätzungen unterlaufen?

Zu 1.:

Nicht alle Rezensenten haben Hanslicks Varianten beschrieben. Erst ab der Arbeit von Hostinsky[14] tauchen vereinzelt Hinweise und Vermerke auf[15]. Tendenziell sind die Varianteninterpretationen dem jeweils zugrundeliegenden allgemeinen Deutungsversuch angepaßt, so daß ein entsprechend divergentes Spektrum vorliegt.

Freilich ist insofern für die historisch-kritische Ausgabe und ihren Kommentar Vorarbeit geleistet worden, als die Autoren auch ausschlaggebende Motivationen zu den Veränderungen erkannt und benannt haben[16].

Zu 2.:

Die Auswahl der Literatur zu Hanslick mußte einer notwendigen Beschränkung unterliegen, da die frühen Rezensenten, zumal die der Erstauflage, noch nicht über Varianten berichten konnten.

Ein hierbei interessantes Phänomen bietet die erste Rezension des Traktates, die der Philosoph und Freund Hanslicks, Robert Zimmermann, noch 1854, kurz nach dessen Erscheinen vorlegte[17]. Seine Kritik führte zu massiven Eingriffen

6 Fr. Blume: *Was ist Musik? Musikalische Zeitfragen* V, Kassel 1959, S. 21
7 H. K. Metzger: *Musik wozu*. In ders.: *Musik wozu*, a. a. O., S. 194
8 Abegg, a. a. O., S. 19
9 Dahlhaus: *Eduard Hanslick* . . . a. a. O., S. 146
10 Printz, a. a. O.
11 Schäfke, a. a. O.
12 Grimm, a. a. O.
13 Mehner, a. a. O.
14 Hostinsky, a. a. O.
15 Eine Ausnahme bildet Stanges Arbeit, die dem Traktat wenig Beachtung schenkt, vielmehr Hanslicks Ästhetik aus den Kritiken ableitet (a. a. O.).
16 Besonders der Einfluß R. Zimmermanns wurde immer wieder dargestellt.
17 Am 20. November 1854, vgl. Zimmermann: *Zur Aesthetik der Tonkunst* . . . a. a. O.

am Text. Die zweite und die meisten folgenden Auflagen wurden Zimmermann gewidmet. Umgekehrt widmete Zimmermann den zweiten Band seiner *Kritiken und Studien zur Philosophie und Ästhetik* von 1870 Hanslick. Seine Rezension von 1854 übernahm er unverändert, zumindest ohne seine Kritik an Stellen, die Hanslick inzwischen geändert hatte, zurückzunehmen. Erst in einer 1885 erschienenen Rezension der siebten Auflage des Traktates verfaßte er einen neuen Text, verwies aber nirgends auf Änderungen[18].

Daher sind vor allem spätere Arbeiten und Rezensionen über Hanslicks Buch in Betracht zu ziehen. Sie sind, soweit sie auf Varianten eingehen, kritisch zu prüfen, ohne jedes Detail kleinlich auf die Goldwaage zu legen. Es sollen nur Mißdeutungen gezeigt werden, die durch genauere Kenntnis der Varianten vermeidbar gewesen wären.

Für diese Übersicht kommen folgende Äußerungen, Rezensionen, Aufsätze und Dissertationen in Frage:

1. Hanslicks eigene Bemerkungen in den Vorworten der späteren Auflagen, in seiner Autobiographie und der handschriftlichen Überlieferung.
2. O. Hostinsky: *Das Musikalisch-Schöne* . . . (a. a. O.) 1877
3. B. Croce: *Ästhetik als Wissenschaft vom Ausdruck* . . . (a. a. O.) 1902, 1930
4. P. Moos: *Die Philosophie der Musik* . . . (a. a. O.) 1902, 1922
5. F. Printz: *Zur Würdigung des musikästhetischen Formalismus Eduard Hanslicks* (a. a. O.) 1918
6. R. Schäfke: *Eduard Hanslick und die Musikästhetik* (a. a. O.) 1922
7. E. Stange: *Die Musikanschauung Eduard Hanslicks* . . . (a. a. O.) 1954
8. C. Dahlhaus: *Eduard Hanslick und der musikalische Formbegriff* (a. a. O.) 1967
   ders.: *Musikästhetik* (a. a. O.) 1967
9. St. Markus: *Musikästhetik II. Teil* . . . (a. a. O.) 1977
10. D. Breitkreuz: *Die musikästhetischen Anschauungen Eduard Hanslicks* . . . (a. a. O.) 1969
11. D. Glatt: *Zur geschichtlichen Bedeutung der Musikästhetik Eduard Hanslicks* (a. a. O.) 1972
12. W. Abegg: *Musikästhetik und Musikkritik bei Eduard Hanslick* (a. a. O.) 1974
13. S. Bimberg u. a.: *Handbuch der Musikästhetik* (a. a. O.) 1979
14. D. Altenburg: *Vom poetisch Schönen* . . . (a. a. O.) 1980
15. E. J. Danz: *Die objektlose Kunst* . . . (a. a. O.) 1981
16. Kl. Mehner: *Eduard Hanslick* . . . (a. a. O.) 1982
17. D. Borchmeyer: *Das Theater Richard Wagners* (a. a. O.) 1982
18. H. Grimm: *Zwischen Klassik und Positivismus* . . . (a. a. O.) 1982

Den früheren Arbeiten, die nicht unberücksichtigt blieben, fehlt der Überblick über die Auflagen. Dafür sind sie umso wichtiger bei der Frage nach der Motivation der Texteingriffe, etwa wenn Kritik laut wurde und Hanslick daraufhin Veränderungen vornahm.

1. E. Hanslick: *Vom Musikalisch-Schönen*, Vorwort und Haupttext der späteren Auflagen. Autobiographie. Handschriftliche Überlieferungen

Erste Quelle für Hinweise auf Varianten sind natürlich Hanslicks eigene Äußerungen in den Vorworten zu den späteren Auflagen, in seiner Autobiographie und in den auffindbaren überlieferten Dokumenten. Die Autobiographie scheidet als Quelle zu den Varianten deshalb aus, weil sie keine Äußerungen zu Eingriffen enthält. Nur einige aufschlußreiche Bemerkungen zur Entstehungs- und Wirkungsgeschichte sind darin vorzufinden, die teilweise irreführend sind. Daher bleiben nur die Vorworte und die handschriftlichen Dokumente übrig.

Aus dem Vorwort zur zweiten Auflage von 1858, die die weitestgehenden Änderungen enthält, ist nur wenig Konkretes zu entnehmen. Hanslick reduziert die tatsächlich erfolgten Ände-

---

18 R. Zimmermann: Rezension in *Vjschr. f. Mw.*, a. a. O.

rungen auf die *Hinzufügung mancher erläuternden, die Abänderung einiger mißverständlicher Sätze*[19]. Daß nicht viel geändert wurde, wird begründet mit dem Hinweis, daß das *Büchlein . . . nicht eben ein ganz anderes werden sollte*[20], was der Realität nicht entspricht.

Auch aus dem Vorwort zur dritten Auflage ist nichts Genaueres zu entnehmen: *einige weitere Ausführungen und neue Bemerkungen*[21] hat sie nach Hanslicks Angaben erfahren.

Ähnlich variieren die Beschreibungen dieser Änderungen in den restlichen Anfängen der Vorworte. In der vierten und fünften Auflage kommen *stylistische Verbesserungen*[22] hinzu. Ab der achten Auflage werden eingangs sogar nur das *passendere Format und die geschmackvollere Ausstattung* und *einige unwesentliche Verbesserungen* erwähnt[23].

Ab der sechsten Auflage ist erst im weiteren Verlauf des Vorwortes Näheres über die Zusätze benannt. Hanslick verweist dabei auf Grillparzers Aphorismen über Musik und seinen diesen Aphorismen gewidmeten Essay[24]. Zu seinen Zusätzen bemerkt er: *Einige der werthvollsten dieser Aussprüche habe ich in dieser neuen Auflage zu citiren mir nicht versagen können*[25]. Motive zu diesen Eingriffen gibt Hanslick nicht an. Nimmt man das vorangestellte Vischer-Zitat hinzu, so entsteht tatsächlich der Eindruck, als sei nichts Wesentliches geändert worden.

An einer Stelle des Haupttextes wird eine Variante angedeutet. In der dritten Auflage (1865) fügt Hanslick dem 31. Abschnitt des dritten Kapitels eine Fußnote hinzu. In diesem Absatz hatte er, besonders auch für Beethoven, eine musikimmanente Interpretation gefordert, was offensichtlich auf Kritik gestoßen war. In der angefügten Anmerkung schreibt er daher: *Diese Zeilen haben Beethoven-Auguren wie Herrn L o b e u. A. sehr entsetzt. Wir können ihnen nicht besser antworten als mit folgender, unserer Ansicht vollkommen zustimmenden Ausführung O t t o J a h n s . . .*[26] Textimmanent ist aus dieser Kontroverse zu schließen, daß dieser Absatz mit einem längeren Zitat aus einem Beethovenaufsatz O. Jahns später hinzugesetzt worden ist.

Im ganzen verschweigt Hanslick seinen Lesern das tatsächliche Ausmaß der Veränderungen. Freilich ist ein Autor auch nicht gehalten, genaue Einsichten in seine Werkstatt zu geben. Dies bleibt mühsamer Philologie vorbehalten.

Der einzige handschriftliche Hinweis Hanslicks auf seine Schrift entstammt seinen Wiener Habilitationsunterlagen. Hanslick hatte dort 1856 die erste Auflage des Traktates als Habilitationsschrift eingereicht. Er mußte ein Habilitationsgesuch vorlegen und sein Ansinnen genau begründen sowie Unterlagen und einen handgeschriebenen Lebenslauf beifügen. In diesem Zusammenhang beschreibt Hanslick seine Schrift und ihren Erfolg[27]. Auch weist er auf die Vorbereitung der zweiten vermehrten und verbesserten Auflage hin und bittet um Erlaubnis, diese dem Professorenkollegium nach Erscheinen nachreichen zu dürfen[28]. Auf die Art der „Vermehrung" und „Verbesserung" weist Hanslick nirgends hin. Dennoch wird hier dokumentiert, daß Hanslick die e r s t e Auflage einreichte, so daß die Vermutung, er hätte die zweite Auflage im Hinblick auf seine Habilitation so stark bearbeitet, falsch ist. Weitere Aufschlüsse vermittelt das Dokument über die alte Streitfrage, ob Hanslick von Herbart abhängig sei, dessen Theorie zumindest gekannt habe oder nicht. Hanslick schreibt nämlich, nachdem er erläutert hat, daß er seine Ästhetik aus der Natur des Gegenstandes und nicht aus der Metaphysik schöpfe: *Am nächsten stehe ich jedoch dem philosophischen System Herbarts, das ich als bevorzugter Schüler Exners genau kennen zu lernen*

---

[19] Vgl. vorliegende Ausgabe S. 9.
[20] Ibid.
[21] Ibid. S. 11
[22] Ibid. S. 12
[23] Ibid.
[24] E. Hanslick: *Grillparzer und die Musik*. In ders.: *Musikalische Stationen*, a. a. O., S. 331
[25] Vgl. vorliegende Ausgabe S. 15.
[26] Ibid. S. 65. Jahns Aufsatz heißt: *Beethoven und die Ausgaben seiner Werke*.
[27] Vgl. Materialteil S. 136ff.
[28] Ibid. S. 141f., 144

Gelegenheit hatte.[29] Als Beleg führt er Zimmermanns Rezension und einen Passus aus Ambros' Buch *Die Gränzen der Musik und Poesie* an, die Hanslick als Herbartianer ausgeben.

Es zeigt sich also, daß diese wichtigen Dokumente manche neue Erhellung über Hanslick bringen, über die Varianten und ihre Motive allerdings keine.

2. O. Hostinsky: *Das Musikalisch-Schöne und das Gesamtkunstwerk vom Standpunkte der formalen Ästhetik.* Leipzig 1877

Ottokar Hostinsky bezieht sich in seinem Buch von 1877 auf die vierte Auflage des Traktates, die 1874 erschienen war. Er unternimmt nach einer Zeit ständiger Polemik als erster den Versuch, der Ästhetik Hanslicks gerecht zu werden, will sie aber mit Wagners Idee des Gesamtkunstwerkes in Einklang bringen. Dies brachte ihm umgekehrt die Kritik Hanslicks ein, der im Vorwort zur sechsten und siebten Auflage, beim Problem der konträren Musikparteien seiner Zeit angelangt, anmerkt: *Eine paradoxe Ausnahme bildet allerdings die interessante und fleißige Studie von O. Hostinsky . . ., der im ersten Abschnitt die Prämissen vollkommen und entschieden mit mir zu theilen scheint, später jedoch bei dem Begriff „Kunstverein" angelangt, sie dermaßen wieder einschränkt, wendet und interpretirt, daß er gerade zu den mir entgegengesetzten Resultaten gelangt.*[30] Ab der achten Auflage (1891) erscheint dieser Zusatz nicht mehr.

Hostinsky, ein guter Kenner der als formalistisch angesehenen Philosophie Herbarts, rechnete Hanslick zwar zur Formalästhetik, nicht jedoch, wie Zimmermann nahegelegt hatte, zur Herbartnachfolge.

In einer Fußnote scheint durch, daß Hostinsky einige der Hanslickschen Eingriffe gekannt hat. Im Haupttext hatte er behauptet, daß Hanslick nicht im Namen der Formalästhetik gegen die Gefühlseinmischung des Hörers protestiert habe, sondern *im Namen der Psychologie*, die dafür zuständig sei[31].

Die Anmerkung dazu, die Hanslicks Unabhängigkeit von Herbart und die frühe Zugehörigkeit zur idealistischen Ästhetik darlegen will, lautet: *Überhaupt kann man von HANSLICK gar nicht sagen, dass er gerade vom philosophischen Standpunkte HERBART'S ausgegangen wäre. Er beruft sich vielmehr gelegentlich auf HEGEL und auf VISCHER, hat auch erst in den späteren Auflagen seiner Schrift gewisse beiläufige Bemerkungen ausgelassen, die nichts weniger als „Herbartisch" klangen.*[32]

Die Streichungen, auf die Hostinsky anspielt, sind die Stellen, die R. Zimmermann in seiner Rezension gerügt hatte. Vielleicht bezog Hostinsky aus Zimmermanns *Geschichte der Ästhetik als philosophischer Wissenschaft*[33] sein Wissen. Dort merkt nämlich Zimmermann in seinem Herbartkapitel zur These, daß *alle Schönheit sowie die musikalische nur in Formen beruht*[34], an: *Eduard Hanslicks scharfsinnige Schrift „Vom Musikalisch-Schönen . . ." hat dafür in Bezug auf die musikalische Ästhetik einen neuen Beleg geliefert, der umso mehr Beachtung verdient, als der Verfasser ursprünglich von Herbart ganz entgegengesetzter philosophischer Grundlage ausgegangen, durch die Macht der Thatsachen auf Resultate geführt wird, die mit obiger Lehre Herbarts vollkommen zusammenstimmen . . .*[35].

Inhaltlich gleichen sich die Anmerkungen Hostinskys und Zimmermanns, nur daß Zimmermann die Streichungen Hanslicks nicht erwähnt. Hostinsky hat die Varianten offenbar selbst ent-

---

29 Vgl. Materialteil S. 142, 145.
30 Vgl. vorliegende Ausgabe S. 15.
31 Vgl. Hostinsky, a. a. O., S. 8.
32 Hostinsky, a. a. O., S. 8
33 Zimmermann, a. a. O.
34 Ibid. S. 784
35 Ibid.

deckt, denn in der Hanslickliteratur bis 1877 hat darüber niemand berichtet, selbst Zimmermann nicht, der den Wiederabdruck seiner Rezension nur unwesentlich veränderte. Dieser Text war Hostinsky gleichfalls bekannt[36]. Vielleicht konnte er aus den dort kritisierten Stellen, die Zimmermann zitierte, und dem Vergleich mit der späteren Fassung die Änderungen erkennen, ohne die erste Auflage herangezogen zu haben.

Art, Umfang und Motivation der Änderungen beschreibt Hostinsky nicht. Der Sinn seiner Aussage wird daher nur mit der Folie eines Auflagenvergleichs verständlich.

In einem anderen Zusammenhang bespricht Hostinsky Hanslicks Kritiker. Eine der ersten großen Schriften, die Kritik übte, war A. W. Ambros' *Die Gränzen der Musik und Poesie*[37] von 1856. Dieser bemängelte vor allem Hanslicks Formbegriff und seinen Vergleich der schönen Formen mit der Arabeske. Ambros unterstellte, daß bei einem so gearteten, rein formalen Prinzip die Stücke, die demselben Formprinzip entsprungen seien, identisch sein müßten.

Diese Folgerung bezeichnet Hostinsky als Mißverständnis. Er belegt seine Behauptung allerdings nicht, sondern verweist auf ein Drittes: *Und diese irrige Ansicht ist bei A m b r o s um so auffallender, als er an einer anderen Stelle seines Buches HANSLICK'S Ansicht dahin erklärt, als hätte das Musikalisch-Schöne mit dem Architektonischen nichts zu thun – was übrigens abermals ungenau ist (wenigstens hinsichtlich der späteren Auflagen des Buches „Vom Musikalisch-Schönen")*[38].

Auch hier gibt Hostinsky keine weiteren Einzelheiten über die ihm bekannten Varianten der späteren Auflagen preis. Daneben begeht er einen Fehler in der Chronologie: Naturgemäß konnte Ambros um 1856 noch nichts von den erst ab 1858 veröffentlichten Änderungen Hanslicks wissen.

Ambros' angebliche Fehlinterpretation[39] bezieht sich auf die Differenz von Musikalisch-Schönem und Architektur, die Hanslick im dritten Kapitel seines Traktats postulierte[40].

Die Varianten dagegen, die Hostinsky meint, stehen in einem völlig anderen Zusammenhang. Offenbar aufgrund der Polemik und Kritik aus verschiedenen Richtungen gegen den Vergleich der schönen Formen mit Arabeske und Kaleidoskop setzte Hanslick zunächst in der zweiten Auflage von 1858 *eine höhere Analogie* hinzu. Die Beispiele sah er *etwa in einem menschlichen Körper oder einer Landschaft*[41]. Erst ab der vierten Auflage (1874) kam als dritte Analogiemöglichkeit die Architektur hinzu[42].

Der Schluß hätte eigentlich auch für Hostinsky naheliegen müssen, daß die Zusätze vermutlich Reaktion auf Kritik waren. Seine Deutung, daß einer der potentiellen Verursacher dieser Varianten den Traktat mißverstanden habe, übersieht die rezeptionsgeschichtliche Wechselwirkung zwischen Autor, Leser und Rezensent[43].

Hostinskys Absicht läßt sich auf zwei Punkte zusammenziehen:

1. Er ergreift für die Formalästhetik Partei, der Hanslick ebenfalls zugeordnet wird, ohne ihn allerdings den Herbartianern zuzurechnen.
2. Dennoch versucht Hostinsky als erster, die Fronten zwischen der Ästhetik Wagners und Hanslicks zu schlichten. Er sieht dies begründbar im jeweils zugrundeliegenden Ideal von Vokal- oder Instrumentalmusik. Als formgebende Instanz von Vokalmusik betrachtet er die Poesie, so daß am Ende Wagners Idee des Gesamtkunstwerks trotz Hanslicks Verdikt der Formlosigkeit zu retten ist.

[36] Vgl. Hostinsky, a. a. O., S. 77.
[37] Ambros, a. a. O.
[38] Hostinsky, a. a. O., S. 14
[39] Vgl. Ambros, a. a. O., S. 11.
[40] Vgl. vorliegende Ausgabe S. 94.
[41] Ibid. S. 76
[42] Ibid.
[43] Der Grund zu diesen Varianten liegt allerdings weniger in Ambros' Kritik als in einem Brief D. Fr. Strauss', dessen Vorschläge zur Analogiebildung Hanslick wörtlich übernimmt, vgl. die Ausführungen S. 103f. „Architektur" geht wohl allein auf Ambros zurück, nur ist es verwunderlich, daß diese neue Analogie erst 1874 hinzugezogen wurde.

In diesem Gesamtkonzept spielen die Varianten nur eine untergeordnete Rolle, weder in den Argumentationsgängen noch als Illustration sind sie wichtig. Die beiden Stellen, in denen Varianten erwähnt werden, sind nur anhand eines Auflagenvergleiches verstehbar. Der Ansatz, Hanslick von der formalästhetischen Schule Herbarts und Zimmermanns zu trennen, hat sich allerdings in der späteren Rezeptionsgeschichte durchgesetzt[44].

3. B. Croce: *Ästhetik als Wissenschaft vom Ausdruck*. 1902

Unabhängig von der deutschen Forschung widmet Benedetto Croce in seinem 1902 publizierten Buch[45] einen Abschnitt der Musikästhetik Hanslicks.

Croce versucht darin, Hanslicks Theorie von der Formalästhetik Herbarts und Zimmermanns abzutrennen und ihre eigenständige Richtung herauszuarbeiten. Beide werden kritisiert, wobei Hanslick nicht so scharf angegriffen wird wie Herbart und Zimmermann. Croces Kritik bezieht sich auf die angebliche Systemlosigkeit und mangelnde Generalisierbarkeit des Hanslickschen Traktats[46].

In diesem Zusammenhang scheint auch Croces Kenntnis einiger Varianten durch. Um das Verhältnis zwischen Hanslick und den Formalästhetikern zu skizzieren, erläutert er, daß Hanslicks Grundprinzip des Musikalisch-Schönen die Form sei[47]. Die Herbartianer seien daher *überaus zärtlich gegen ihn als einen tüchtigen, unverhofften Bundeshelfer*[48] gewesen. Hanslick habe deshalb *in Erwiderung ihrer Höflichkeiten*[49] sich verpflichtet gefühlt, *in den späteren Auflagen seines Buches Herbart und dessen getreuen Jünger Robert Zimmermann zu erwähnen, der (wie er sich ausdrückt) „das große, das formale Prinzip in strenger Konsequenz" durchgeführt hatte*[50].

Die Zugehörigkeit Hanslicks zur Herbartschule, die sich in diesen wenigen Textzusätzen bekundet, sieht Croce also nur in Äußerlichkeiten. Ansonsten geht er nicht auf Varianten ein. Erst F. Printz hat aufgrund der Varianten die Abhängigkeit von Herbart zu widerlegen versucht.

4. P. Moos: *Die Philosophie der Musik von Kant bis Eduard von Hartmann*. Berlin ¹1902, ²1922

Genauere Angaben über Hanslicks Texteingriffe gibt P. Moos in seiner monumentalen Übersicht über die Musikästhetik. Moos ordnet diese, der Praxis seiner Zeit folgend, nach Oberbegriffen aus der Philosophie, denen jeweils eine musikästhetische Unterdisziplin entspricht. So gehört zur philosophisch-formalistischen Richtung mit Herbart und Zimmermann die spezifisch-musikalische mit Hanslick als Vertreter. Ein eigener Abschnitt ist den Gegnern Hanslicks eingeräumt. Moos, abhängig von der idealistisch gefärbten Philosophie E. v. Hartmanns, den er den essentiellsten Gegner Hanslicks nennt[51], teilt dessen Gegnerschaft.

---

44 Vor allem in den Arbeiten Croces, Printz' und Schäfkes, a. a. O.
45 Italienisch: *Estetica come scienza dell' espressione e linguistica generale.*
46 *Alle diese Bemerkungen zeugen von scharfsichtigem Einblick in das Wesen der Kunst, ob schon sie nicht immer in strenge Formeln gebracht sind und nicht zu einem System zusammengeschlossen erscheinen. Der Glaube, daß sie sich auf besondere Eigentümlichkeiten der Musik und nicht allgemein auf das bezögen, was jeder Art von Kunst gemeinsam und wesentlich ist, hinderte Hanslick an weiterem Vordringen.* Croce, a. a. O., S. 432. Gerade dagegen hatte sich Hanslick verwahrt, indem er für *Forschung* statt „System" plädierte, für die Erkenntnis der spezifischen Technik der einzelnen Künste. Vgl. vorliegende Ausgabe S. 23.
47 Croce, a. a. O., S. 431
48 Ibid.
49 Ibid.
50 Ibid. Diese Rückübersetzung stimmt nicht mit dem Original überein. Vgl. vorliegende Ausgabe S. 160.
51 Vgl. Moos, a. a. O. ²1922, S. 547.

26

Dennoch unternahm Moos einen partiellen Auflagenvergleich. Er hat sogar als erster Gründe zu Veränderungen aufgezeigt. So weist er im Abschnitt über Zimmermann auf dessen Rezension der Hanslickschen Ästhetik hin, wobei er sich auf die Wiederveröffentlichung der Rezension von 1870 bezieht. Moos erkennt, daß die Streichung des Traktatschlusses auf Zimmermann zurückzuführen ist und schreibt: *Der vierte Abschnitt des Buches enthält Aufsätze zur Musikästhetik: zuerst eine Abhandlung über Hanslicks „Vom Musikalisch-Schönen", worin der Freund den Freund nachdrücklich in allen fundamentalen Irrtümern bestärkt und noch überbietet. Zimmermann ist nicht damit zufrieden, daß Hanslick überhaupt von musikalischen Ideen spricht oder gar den Hörer in den Werken menschlichen Talents zugleich das Unendliche fühlen läßt. Für Zimmermann ist damit die Grenze der Wissenschaft überschritten, und sein unheilvoller Einfluß scheint stark genug gewesen zu sein, sich durchzusetzen. Hanslick nahm sich den Tadel offenbar zu Herzen, denn er hat zwar nicht die musikalischen Ideen, wohl aber das Fühlen des Unendlichen und damit den Schluß seiner ganzen Arbeit später gestrichen.*[52]

Moos benennt nicht die genaue Chronologie, so daß der Leser zu glauben geneigt ist, Hanslick hätte die Veränderungen erst nach 1870 vorgenommen. Die Streichung des Schlusses vollzog sich nicht so radikal, wie Moos, der sich offensichtlich an den Vergleich der ersten und letzten verfügbaren Auflage[53] gehalten hat, suggeriert[54]. Moos behandelt nur eine der mindestens vier Passagen, die aufgrund Zimmermanns Rezension geändert wurden. In dem Hanslickkapitel nimmt er allerdings keinen Bezug mehr darauf, womit der Hinweis auf diese Variante verlorengeht. Seine Absicht wird deutlich: Er will Hanslick einer radikalen Formalästhetik zuweisen.

Dies tritt auch in dem Hanslick gewidmeten Kapitel zutage. Moos greift dort den Arabeskenvergleich auf und leitet ihn von H. G. Nägeli[55] ab. Er vermerkt, daß Hanslick den Vergleich später modifiziert habe: *Die Vergleiche treten zwar neuerdings nicht mehr mit derselben Zuversicht auf wie früher. Während in der ersten Auflage die Arabeske das Wesen der Musik „recht treffend" bezeichnete und ihm „sehr nahekam", kommt sie ihm in der achten Auflage nur noch „einigermaßen" nahe und wird ihm nur „entfernt" gerecht. Die ganzen Vergleiche fallenzulassen hat Hanslick aber nicht die Selbstüberwindung besessen. Anstatt zuzugeben, daß sie die Musik nicht weniger herabwürdigen als jede andere Kunst, meint er noch immer, sie seien für deren Verständnis von Wert und können nur „gefühlvolle" Musikfreunde unangenehm berühren.*[56]

Obwohl Moos vorher Ambros' Angriffe gegen Hanslick erwähnte, stellt er keinen Zusammenhang her zwischen dieser und womöglich anderen Kritiken und Hanslicks Eingriffen. Deren Datierung auf die achte Auflage ist im übrigen falsch. Die betreffenden Stellen wurden in der sechsten Auflage von 1881 geändert[57]. Moos übersieht wie seine Vorgänger, daß Hanslick den Begriff Arabeske ausdrücklich als Analogie betrachtet, nicht als Realität. Ebenso verschweigt er, obwohl er Hanslicks Satz von der Herabwürdigung der Kunst durch diese Analogien paraphrasiert, daß Hanslick schon ab der zweiten Auflage von 1858 andere Analogien (menschlicher Körper, Landschaft; ab der vierten Auflage kommt zusätzlich noch die Architektur hinzu) für möglich hält, den Vergleich mit dem Kaleidoskop aber wegen des gemeinsamen tertium comparationis, des Ablaufens in der Zeit und der Bewegung, bevorzugt[58].

---

[52] Vgl. Moos, a. a. O., ²1922, S. 260.

[53] Moos benutzte, wie aus dem Hanslickkapitel ersichtlich wird, die achte Auflage von 1891.

[54] Hanslick kürzte in zwei Korrekturgängen. In der zweiten Auflage von 1858 entfiel der Schluß, den Moos unter dem Stichwort *Fühlen des Unendlichen* zusammenfaßte. Die Teilhabe der Musik an *andern großen Ideen* blieb zunächst stehen. Sie fiel erst in der dritten Auflage von 1865 dem Rotstift zum Opfer. Dafür erhielt die Definition des Komponierens *als der freien Schöpfung des Geistes aus geistfähigem Material* eine besondere Schlußwirkung, wobei das Attribut „begriffslos" gestrichen wurde. Vgl. vorliegende Ausgabe S. 171.

[55] H. G. Nägeli: *Vorlesung über Musik mit Berücksichtigung des Dilettanten.* Stuttgart-Tübingen 1826. Die Ableitung des Begriffs wurde von Printz, Schäfke, Glatt und Abegg vervollständigt, a. a. O.

[56] Moos, a. a. O. 1922, S. 235.

[57] Dabei ist Ambros, wie auch die zeitliche Distanz beweist, nicht allein für die Eingriffe verantwortlich.

[58] Vgl. vorliegende Ausgabe S. 76.

Um zu beweisen, daß Musik entgegen Hanslicks Auffassung doch einen Gefühlsinhalt hat und Hanslick dies später eingesehen habe, zeigt Moos mehrere Veränderungen im zweiten Kapitel an. Dort hatte Hanslick an einigen Beispielen aus der Vokalmusik darlegen wollen, daß der zugehörige Text, der einen begrifflich faßbaren Inhalt benennt, sehr gut vertauschbar ist, die zugehörige Musik also keinen präzis nennbaren Inhalt hat[59]. Durch den Austausch dieser Beispiele, so Moos, habe Hanslick zugegeben, daß dennoch ein bestimmter Gefühlsausdruck möglich ist. Er schreibt: *Die krassesten dieser Beispiele hat Hanslick in Erkenntnis ihrer Unhaltbarkeit nachträglich selbst aufgegeben. Er bedient sich jetzt nicht mehr des charakterlosen Motivs aus den Hugenotten, um zu beweisen, daß Liebe und Zorn denselben musikalischen Ausdruck finden, und behauptet auch nicht mehr, das Duett aus Fidelio „O namenlose Freude" könne ebensogut Pizarros Wüten illustrieren. . . . In den neuen Auflagen weist er auf die Arie aus Glucks Orpheus hin: „Ach ich habe sie verloren", die ebensogut die Freude über das Wiederfinden Eurydikes ausdrücken könne wie den Schmerz über ihren Verlust. Diese Vertauschungsmöglichkeit mag zugegeben werden, nicht aber der Schluß, den Hanslick daran knüpft. Niemals hätten urteilsfähige Hörer in Glucks Melodie den Ausdruck schmerzlichster Traurigkeit, höchsten Schmerzes[60] gefunden, sondern immer nur den einer zarten innigen Wehmut, die als solche ein dem Schmerz und der Freude gemeinsames Element bildet.[61]*

Moos' Rede von der *Unhaltbarkeit*, die Hanslick eingesehen habe, suggeriert, daß dieser der Musik später einen bestimmten Gefühlsausdruck zugebilligt habe. Bei dem Gluckbeispiel flüchtet sich Moos, um Hanslick zu widerlegen, zu einer Art Übergefühl, das den angenommenen entgegengesetzten Gefühlen gemeinsam sei. Er resümiert schließlich, daß bei vielen Stücken, die einen eindeutigeren Gefühlsinhalt des Textes aufweisen, die Vertauschung unmöglich sei, Hanslick bewußt vage Beispiele seiner Theorie zugrundegelegt habe.

In der Tendenz zeigt sich aber, daß Hanslick seine selbst gesetzten Beispiele getilgt und durch solche ersetzt hat, für die er Gewährsleute nennen kann, so daß die Beispiele nicht konstruiert erscheinen. Dies ist eher als Motiv des Austauschs zu nennen als Moos' *Erkenntnis ihrer Unhaltbarkeit*. Auch Hanslicks weitere Zusätze, die das Verfahren der Umtexierung bei G. Fr. Händel und J. S. Bach für seine These der Vertauschbarkeit in Anspruch nehmen, sind so begründbar: als Vollzug dieser These in der Musikpraxis selbst. Diese Zusätze hat Moos nicht beschrieben.

Als weiteres Motiv könnte die bei Hanslicks Zeitgenossen beliebte Berufung auf das „dramatische Prinzip" bei Gluck ins Feld geführt werden, der Hanslick Gegenbeispiele aus dem Werk des Gewährsmannes entgegensetzt[62].

Sonstige Varianten deutet Moos in seinem Hanslickkapitel nicht an. Bei der Besprechung der Gegner Hanslicks allerdings kommt er auf Fr. Stades Dissertation von 1871[63] zu sprechen. Dieser hatte Kritik geäußert an Hanslicks Auffassung von der Rolle des Subjekts in Komposition und Reproduktion. Hanslick hatte die Möglichkeit der Subjektsentäußerung nur für den reproduzierenden Künstler eingeräumt, für den Komponisten zwischen mehr subjektiv und mehr objektiv orientierter Kompositionsweise unterschieden[64]. Mozart gehörte demnach zunächst zu den objektiven, Beethoven zu den subjektiven Komponisten. Quintessenz des Abschnittes ist, daß subjektive Momente prinzipiell untergeordnet sind, daß Musik als reine Musik, nicht aber als reines Gefühl sich vorstellen lasse[65].

---

[59] Vgl. vorliegende Ausgabe S. 54ff.

[60] Hanslickzitate wie diese stehen in der ersten Auflage von Moos' Buch noch in Anführungsstrichen.

[61] Moos, a. a. O., 1922, S. 236

[62] Im Zuge der Zusätze, die Beispiele Händelscher Umtexierungen für den *Messias* (ab der dritten Auflage von 1865) und Bachscher für das *Weihnachtsoratorium* (ab der sechsten Auflage von 1881) bringen, werden auch Glucksche Umtexierungen beschrieben (ab [6]1881). Vgl. vorliegende Ausgabe S. 59f.

[63] Stade, a. a. O.

[64] Vgl. vorliegende Ausgabe S. 106f.

[65] Ibid. S. 107

Nach Moos hat Hanslick diese Passage aufgrund der Kritik Stades später geändert und teilweise gestrichen. Moos deutet dies so: *Die Berechtigung dieser Einwände Stades hat Hanslick selbst dadurch zugegeben, daß er in späteren Auflagen die Behauptung von der prinzipiellen Unterordnung des subjektiven Moments und von einer Musik, die bloß Musik sein soll, strich. Die Wurzel seines Irrtums vermochte er aber nicht zu beseitigen.*[66] Auch hier datiert Moos die Änderung nicht, die erst in der sechsten Auflage von 1881 stattfand, daher nicht unbedingt als unmittelbare Reaktion auf Stades Kritik gedeutet werden muß[67].

Moos' Deutung der Varianten ist im Zusammenhang mit seiner gesamten Argumentation zu sehen, die Hanslick aus idealistischer Sicht negativ bewertet. Die Variantenbeschreibung dient nur zum Beweis, daß Hanslicks Theorie unhaltbar sei und er dies schließlich eingesehen habe. Andere Motive für Texteingriffe werden gar nicht erst erwogen[68], Moos argumentiert versteckt psychologisch: Sobald die Varianten ein Index für die Einsicht Hanslicks in seine Irrtümer sind, fällt der ganze Traktat, für den *Wurzel seines Irrtums* steht, unter dieses Verdikt. Das Detail der Varianten hat dabei eine nicht zu übersehende suggestive Wirkung in dieser Argumentation.

Das zeigt sich auch im Resümee, das Hanslick zu diabolisieren versucht: *Umso mehr mußte es immer den lebhaften, ja leidenschaftlichen und erbitterten Widerspruch derer finden, die seine Gefährlichkeit und innere Haltlosigkeit durchschauten. Es lag daran die natürlichste Reaktion des in seinen heiligen Überzeugungen gekränkten gesunden künstlerischen Gefühls.*[69] Hierbei bedarf es keiner großen sprachanalytischen Untersuchung, ein biologistisches Argumentationsschema zu entdecken, das zwischen krank und gesund, heilig und blasphemisch, moralisch und unmoralisch unterscheidet, wobei klar ist, auf welcher Seite der Rezensent Moos und auf welcher Seite Hanslick steht. Die Geschichte hat schließlich solche rhetorischen Vorübungen eingeholt.

5. F. Printz: *Zur Würdigung des musikästhetischen Formalismus Eduard Hanslicks*. München 1918

Sehr präzise Angaben über Hanslicks Varianten und ihre Gründe gibt Felix Printz in seiner Dissertation von 1918.

Es geht ihm um den Nachweis, daß Hanslick nicht von Herbart, sondern von Nägeli beeinflußt war. Auch er ordnet Hanslick der Formalästhetik zu. Zunächst wendet er sich gegen die Zuweisungen zu Herbart, wie sie etwa Moos und E. v. Hartmann vorgenommen hatten. Er beruft sich dabei auf die schon besprochene[70] Anmerkung O. Hostinskys, wo dieser Hanslicks Ausgang von der spekulativen Ästhetik und seine späteren Streichungen einiger dieser Stellen angedeutet hatte. Auch Hanslicks Replik auf Hostinskys Arbeit im Vorwort zur sechsten und siebten Auflage wird von Printz erwähnt. Im Zusammenhang seiner Beweisführung, wonach Herbartsches Denken erst später in den Traktat Einlaß fand und idealistisches Denken verdrängte, erläutert er drei idealistisch gefärbte Stellen der Erstauflage, die später aufgrund der Kritik R. Zimmermanns geändert oder gestrichen wurden.

Die erste Stelle, die Printz bespricht, befindet sich im zweiten Kapitel des Traktates[71]. Der idealistisch klingende Schluß des Passus, wo die Rede von der *Ahnung des Absoluten* ist, wurde nach Zimmermanns Kritik in der zweiten Auflage verändert. Printz zitiert allerdings falsch. Der

---

66 Moos a. a. O., 1922, S. 366
67 Erst Schäfke fiel diese zeitliche Distanz auf; Schäfke, a. a. O., S. 31
68 Beim letzten Beispiel hätte das bedeutet, den Kontext mitzulesen, das ganze Ausmaß der Veränderungen zu erkennen. So wäre vielleicht der Verdacht aufgekommen, Hanslick wäre durch die Neupublikationen Thayers und Marx' auf die Widersprüchlichkeit dieses Abschnittes gestoßen und hätte ihn daher geändert.
69 Moos, a. a. O., 1922, S. 245
70 Vgl. S. 24.
71 Vgl. vorliegende Ausgabe S. 45f.

entsprechende Satz lautet in der Erstfassung: *Die Phantasie ... wird ... bis zur Ahnung des Absoluten steigen.*[72] Die Fassung der zweiten Auflage von 1858 modifiziert: *Die Phantasie ... kann vielleicht bis zur Ahnung eines ewigen jenseitigen Friedens aufsteigen.*[73] Dies erscheint bei Printz als Erstfassung[74]. Vorher hatte er, um den Zusammenhang zu schildern, eine längere Passage, die der später gestrichenen vorausgeht, zitiert, wo Hanslick musikalische und absolute Idee in Beziehung gesetzt hatte[75]. Dies wurde von Hanslick allerdings nicht geändert. Durch Printz' Schilderung wird aber dieser Eindruck erweckt, wenn er, nach dem Zitat der Kritik Zimmermanns, schreibt, daß *jenes Aufsteigen bis zur Ahnung des Absoluten ... in Fortfall kommt*[76], was man, da er die tatsächlich gestrichene Stelle nicht original zitiert, auf diesen Passus beziehen muß.

Als zweites Beispiel nennt Printz einen Abschnitt aus dem dritten Kapitel, unmittelbar vor dem Satz von den *tönend bewegten Formen*[77], in dem Hanslick dem Tonmaterial *musikalische Ideen* als Ausdruck zuordnet[78], dann im Nebensatz zugesteht, daß die musikalische Idee *in hohem Grad jene symbolische, die großen Weltgesetze wiederspiegelnde Bedeutsamkeit besitzen kann, welche wir in jedem Kunstschönen vorfinden*[79]. Robert Zimmermann kritisierte diesen Zusatz als *überflüssige Konzession an eine falsche Ästhetik*[80], worauf der Satz ab der zweiten Auflage entfiel.

Als dritten Beleg führt Printz den Schluß des Traktats an, den Hanslick, ebenfalls auf Zimmermanns Kritik hin, in zwei Korrekturgängen verkürzte, wie Printz richtig anmerkt.

Eine weitergehende, detailliertere Deutung dieser Stelle gibt Printz nicht. Alle diese Varianten dienen zum Beweis, daß Hanslicks Ästhetik zunächst noch idealistische Relikte enthalten hatte, die dann unter Zimmermanns Einfluß getilgt wurden, ohne daß Hanslick dazu von der Formalästhetik Herbarts etwas hätte wissen müssen.

Die Unabhängigkeit von Herbart will Printz an zwei weiteren Varianten verdeutlichen:
- ab der dritten Auflage von 1865 erscheint unter den Philosophen, auf die sich Hanslick beruft[81], erstmals der Name Herbart. Dazu wird in einer Fußnote auf Zimmermanns *Ästhetik als Formwissenschaft* verwiesen, die Herbarts Ideen weiterführe. Printz folgert, daß für diese Fußnote nicht unbedingt das Studium der Herbartschen Ästhetik vonnöten gewesen sein muß, daß eher Zimmermann Hanslick an Herbart herangeführt habe bzw. die Lektüre des Zimmermannschen Ästhetikbuches[82]. Übersehen hat Printz dabei, daß Hanslick den Namen Vischer für Herbart herausgenommen hat, was seine Argumentation noch gestützt hätte.
- Zwingend bewiesen glaubt Printz seine These dadurch, daß Hanslick erst ab der sechsten Auflage von 1881[83] einen eigenen Abschnitt mit einem Herbartzitat, das diesen als Vorkämpfer gegen die Gefühlsästhetik ausweist, in das erste Kapitel einfügt[84].

Die Tendenz der Arbeit ist damit angedeutet. Nachdem Printz diffizil anhand der Varianten den Nachweis erbracht zu haben glaubt, daß Hanslick nicht von Herbart beeinflußt war und später auch nicht in dem bisher angenommenen Maße Herbartianer wurde[85], kann er zu seiner

---

[72] Vgl. vorliegende Ausgabe S. 45f.
[73] Ibid.
[74] Printz, a. a. O., S. 7
[75] Vgl. vorliegende Ausgabe S. 45f.
[76] Printz, a. a. O., S. 7
[77] Vgl. vorliegende Ausgabe S. 75.
[78] Ibid.
[79] Ibid.
[80] Vgl. Printz, a. a. O., S. 7.
[81] Vgl. vorliegende Ausgabe S. 160.
[82] Printz, a. a. O., S. 8
[83] Printz datiert sie irrtümlich auf 1885, a. a. O., S. 9.
[84] Vgl. vorliegende Ausgabe S. 37f.
[85] Dabei erwähnt er nicht zuletzt auch Hanslicks in der Autobiographie bekundete Ästhetikverdrossenheit nach Abfassung seines Buches; vgl. Printz. a. a. O., S. 9. Übersehen wird gerade auch von Printz, der einen Auflagenvergleich seiner Arbeit zugrundelegte, daß Hanslick noch nach 1854 intensiv an seinem Traktat gearbeitet hat. Printz wähnt fälschlicherweise, die meisten Änderungen seien schon in den ganz frühen Ausgaben gemacht worden; vgl. Printz S. 10.

Neuinterpretation fortschreiten, wonach Hanslick vor allem auf Nägeli zurückzuführen ist. Daß er dabei einem Irrtum erlegen war, zeigt das Hanslicksche Habilitationsgesuch von 1856, in dem Hanslick sich zu Herbart bekennt[86].

Um mögliche Orientierungspersonen zu diskutieren, die an die Stelle Herbarts treten könnten, geht Printz die Liste der in Hanslicks Traktat genannten Quellen durch. Dabei ist an einer Stelle textimmanent auf eine Variante zu schließen, ohne daß Printz diese bewußt gekennzeichnet hätte. Es geht um O. Jahns Aufsatz *Über die Programmusik bei Beethoven* von 1864, mit dem Hanslick sich einverstanden erkläre[87], der aber als Quelle für Hanslick nicht in Frage käme, weil er erst zehn Jahre nach dem Traktat veröffentlicht wurde. Daraus ist zu ersehen, daß Hanslick in seinem Traktat Bezug auf diesen Aufsatz nahm und ihn einarbeitete. In welchem Ausmaß dies geschah, wird von Printz nicht erläutert[88].

Printz weist erstaunliche Übernahmen aus Nägelis Buch nach, die Hanslick meist ohne Quellenangabe integrierte. Neben dem Begriff der Arabeske[89] rückt er auch den Satz von den *tönend bewegten Formen*[90] in die Nähe Nägelis. Beidesmal zitiert Printz nach der späteren Fassung in Hanslicks Traktat, ohne die grundlegenden Varianten dieser Stellen zu beschreiben[91].

Eine weitere Veränderung erwähnt Printz bei der Frage, warum Hanslick sich nur zweimal ausdrücklich auf Nägeli berufe, ab der sechsten Auflage nur noch einmal[92]. Genaueres über den Kontext der betreffenden Stelle und Hanslicks mögliches Motiv, sie zu streichen, gibt Printz nicht an. In einer Passage, in der es um den Stilbegriff geht, hat Hanslick einen Satz gestrichen, der sich auf Nägelis Nachweis der angeblichen *Styllosigkeiten* bei Mozart beruft[93]. In diesem Zusammenhang ist es auch gar nicht Printz' Absicht, Hanslicks Veränderungen und ihre Motivationen zu behandeln. Er beantwortet seine Frage, warum Hanslick Nägeli so wenig als Gewährsmann anführte, mit der Vermutung, daß er dessen Gedanken im Gedächtnis wohl unbewußt reproduziert und mit eigenen Ideen verbunden habe. Des weiteren habe er befürchtet, *man werde sich die damals schon längst antiquierten Ansichten, die Nägeli im übrigen seiner Schriften aufweist, zunutze machen und mit dem Hinweis auf die beiden Autoren, Nägeli und ihn . . . selbst als „überwunden" abzutun suchen*[94].

Im zweiten Teil seiner Untersuchung behandelt Printz Hanslicks Kritiker. Bei Stades Dissertation von 1871 angelangt, versucht er wie Moos, die Veränderungen im vierten Kapitel des Traktats auf Stades Kritik zurückzuführen[95]. Printz plädiert allerdings für Hanslick und behauptet allgemein, daß die meisten Änderungen von Mißverständnissen der Kritiker ausgelöst worden seien[96], nimmt zu dieser Stelle allerdings auch eine kritische Haltung ein, wenn er schreibt: *Ein Vergleich der beiden Fassungen dieser Stelle . . . zeigt, daß H. deren Schwäche selbst eingesehen und ausgemerzt hat.*[97]

---

86 Vgl. Materialteil S. 142, 145.
87 Vgl. Printz, a. a. O., S. 10.
88 Es geht um eine längere, später hinzugesetzte Anmerkung, in der Hanslick aus O. Jahns Aufsatz zitiert, vgl. vorliegende Ausgabe S. 89ff. Der Aufsatz heißt allerdings in Jahns *Gesammelte Aufsätze über Musik*, Leipzig 1867, S. 271 *Beethoven und die Ausgaben seiner Werke*.
89 Printz, a. a. O., S. 15
90 Ibid. S. 13
91 Vgl. dazu die vorliegende Ausgabe S. 75.
92 Printz, a. a. O., S. 17
93 Vgl. vorliegende Ausgabe S. 109. Hanslick hat den Satz durch allgemeine Formulierungen ersetzt, die Mozart, auf den er sich ansonsten stützte, nicht betrafen. Immanente Widersprüche zu beseitigen, war wohl das Motiv des Tauschs.
94 Vgl. Printz, a. a. O., S. 17.
95 Ibid. S. 25f, vgl. dazu die fragliche Stelle in der kritischen Ausgabe S. 106f.
96 *Diese Einsicht kann uns zu dem Schluß führen, es handele sich an anderen Stellen, die von Anfang an die absprechende Kritik von Seiten der Rezensenten herausgefordert, nicht um hartnäckiges Festhalten am einmal begangenen Irrtum, sondern um die Überzeugung, daß er im Recht und die ihm vorgeworfenen „Wiedersprüche" nur ein Ergebnis falscher Interpretation seien.* Printz, a. a. O., S. 26
97 Ibid.

Auch hier verfährt Printz ungenau. Als geänderten Text führt er unter anderem an: *Einmal vom Kunstwerk aufgesogen, interessieren aber diese Charakterzüge nunmehr als musikalische Bestimmtheit, als Charakter der Komposition, nicht des Komponisten ...*[98]. Dieser Text stammt aber, mit kleinen Abweichungen, aus der Erstfassung, nur daß Hanslick ihn etwas umgestellt hat[99]. Gestrichen hat er dagegen die Formulierung, die Beethoven als subjektiven, Mozart als *klar Formenden* Komponisten ausgibt, sowie die Zuspitzung: *es läßt sich daher wohl eine Musik denken, welche blos Musik, aber keine, die blos Gefühl wäre*[100]. Die Rückführung der Änderung auf Stades Kritik ist, wie auch R. Schäfke eingewandt hat[101], wegen der zeitlichen Distanz von zehn Jahren, die zwischen der Veröffentlichung von Stades Dissertation und dem Texteingriff liegt, fragwürdig. In den zwei dazwischenliegenden Auflagen von 1874 und 1876 hätte Hanslick bereits die Möglichkeit gehabt, die Stelle zu verändern. Nach Printz' Darstellung ist die zeitliche Distanz freilich geringer, denn er datiert versehentlich die Variante auf die fünfte Auflage von 1876[102].

Das Motiv zu der Änderung muß also woanders gesucht werden als in Stades Kritik, die wohl eher am Rande auslösend wirkte. Auf den Zusatz einer Fußnote zu diesem Abschnitt, die A. W. Thayers Quellenuntersuchungen zu Beethoven gegen A. B. Marx' Beethovenmonographie ausspielt, stieß niemand. Durch die Quellenuntersuchungen wurden falsche Projektionen von der Biographie ins Werk nachgewiesen, dadurch diese Methode überhaupt als falsch abgelehnt. Dem widersprach Hanslicks Satz der Erstfassung, der Beethoven den subjektiv schaffenden Komponisten zurechnete. Marx' Untersuchung wurde 1859 veröffentlicht[103], Thayers dritter Beethovenband sowie eine Kritik der Beethovenforschung genau zwischen Hanslicks fünfter (1876) und sechster Auflage (1881)[104]. Die Chronologie der Änderung erscheint für diese Motivation klar. Über den Wegfall des Schlusses dieses Abschnittes kann man nur Vermutungen äußern.

Im weiteren Verlauf seiner Arbeit bringt Printz keine sonstigen Varianten zur Sprache, obwohl es bei einigen Stellen nahegelegen hätte[105].

Dennoch läßt sich zusammenfassend sagen, daß Printz' Dissertation ein entscheidender Schritt auf dem Weg zu einer historisch-kritischen Ausgabe des Traktats war, wenn er diese auch an keiner Stelle forderte. Er hat sehr viele Varianten und deren mögliche Motivationen gesammelt und sie in einen rezeptionsgeschichtlichen Kontext gebracht. Daß dabei der Auflagenvergleich zuweilen oberflächlich ausfiel, ist dadurch erklärbar, daß Printz ihn vorrangig in der Argumentation benötigte, wonach Hanslick nicht von Herbart abhängig sei. Die schon traditionelle Zuordnung zur Formalästhetik wurde trotzdem nicht aufgegeben, erfuhr vielmehr eine erneute Bekräftigung.

6. R. Schäfke: *Eduard Hanslick und die Musikästhetik.* Leipzig 1922

Eine umfassende Übersicht über Hanslicks Varianten gibt Rudolf Schäfke in seiner Dissertation von 1922. Auch hier sind die Belegstellen – die bisher genannten sind um einige von Schäfke entdeckte vermehrt – nicht zum Selbstzweck aufgezählt, sondern dienen einer bestimmten Argu-

---

98 Vgl. vorliegende Ausgabe S. 106.
99 Ibid.
100 Ibid. S. 107
101 Schäfke, a. a. O., S. 31
102 Printz, a. a. O., S. 26
103 A. B. Marx: *Ludwig van Beethoven, Leben und Schaffen*, Berlin 1859
104 A. W. Thayer: *Ludwig van Beethoven*, dt. Übs. H. Deiters, III, Berlin 1879
    Ders.: *Ein kritischer Beitrag zur Beethoven-Literatur*, Berlin 1877
105 So etwa die Fußnote zu G. G. Gervinus, dessen Kritik Printz behandelt. Vgl. vorliegende Ausgabe S. 53f.

mentation mit dem Ziel, eine vollkommen neue Hanslickinterpretation zu entwerfen. Schäfke versucht, aus dem Antagonismus von Form- und Inhaltsästhetik auszubrechen und eine dritte Richtung der Musikästhetik zu etablieren: die von Hanslick entworfene des spezifisch Musikalisch-Schönen.

Anhand der Kritiker Hanslicks differenziert er später zwischen formalistischer Ästhetik (R. Zimmermann, O. Hostinsky)[106], Ausdrucksästhetik (Fr. Th. Vischer, J. Bayer)[107], metaphysisch-symbolischer Auffassung der Musik (H. Lotze)[108], einer quasi variablen Einstellungsmöglichkeit zur Musik (Fr. von Hausegger, A. Seidl)[109] sowie einer Ästhetik des idealen Geistes- und Gefühlsgehalts (E. v. Hartmann, P. Moos, H. Goldschmidt)[110].

Bei der Musik selbst angelangt unterscheidet er zwischen drei Betrachtungsmöglichkeiten:
– Musik als Ausdruck (des *menschlichen Innenlebens*)
– Musik als Symbol (*symbolisches Bild des Universums*)
– Musikalisch-Schönes[111].

Er resümiert, daß die Erkenntnis der *Mehrseitigkeit der Funktion der Musik*[112], der sich sowohl die Ästhetik der Wagnerpartei als auch der späte Hanslick nicht verschlossen hätten, eine Lösung der ästhetischen Streitfragen bedeuten könne.

So erstellt Schäfke ein neues Interpretationsraster, wonach Hanslick ursprünglich der Inhaltsästhetik nahestand, in einem zweiten Schritt sich der Formalästhetik zuwandte und schließlich seine Idee des spezifisch Musikalischen zugunsten des *expressionistischen Standpunktes* aufgegeben habe[113].

Die Varianten des Traktats, die Schäfke gesammelt hat, sollen in diesem Sinne Hanslicks Schritt zur Formalästhetik dokumentieren, während der *expressionistische Standpunkt* aus den Kritiken herausgelesen wird.

Printz' Deutung der Varianten wird von Schäfke verworfen mit dem Hinweis, Hanslick immer noch der *Fabel*[114] der Formalästhetik zuzuordnen. Sie wird erweitert vom Nachweis her, daß Hanslick angeblich nicht der Herbartschule zugehöre, auf eine inhaltliche Aussage, die auf einem Auflagenvergleich beruht: Hanslick sei zunächst von der Gehaltsästhetik beeinflußt gewesen[115].

Trotz des genauen Auflagenvergleichs treten an manchen Stellen Ungereimtheiten auf, die darauf zurückzuführen sind, daß Schäfke seine Aussagen aus Zusammenstellungen von Passagen aus verschiedenen Auflagen bezieht. So behauptet er, Hanslick sei zunächst von der spekulativen Ästhetik Hegels und Vischers ausgegangen, hätte aber deren Metaphysik bekämpft[116]. Ersteres wird an der ersten, letzteres an der zweiten Auflage festgemacht[117]. Tatsächlich hatte sich Hanslick erst ab der zweiten Auflage gegen die metaphysisch orientierte Ästhetik gewandt und ihr eine naturwissenschaftlich ausgerichtete vorgezogen, so daß nicht von einer einheitlichen Grundhaltung[118] ausgegangen werden kann.

---

[106] R. Schäfke, a. a. O., S. 32ff.
[107] Ibid. S. 34–38
[108] Ibid. S. 38ff.
[109] Ibid. S. 40–43
[110] Ibid. S. 43ff.
[111] Ibid. S. 48
[112] Ibid. S. 50
[113] Ibid. S. 54
[114] Ibid. S. 6
[115] Ibid. S 6
[116] Ibid. S. 9
[117] Schäfke zitiert dabei Hanslicks Satz aus der veränderten zweiten Auflage, wo er sich gegen das *Anpassen des allgemeinen metaphysischen Schönheitsbegriffs* an die einzelnen Künste wendet. Vgl. vorliegende Ausgabe S. 22. C. Dahlhaus hat später zwischen metaphysischem und naturwissenschaftlichem Ansatz bei Hanslick unterschieden. Vgl. C. Dahlhaus: *E. Hanslick* . . . a. a. O., S. 146.
[118] Eine einheitliche Grundhaltung nimmt Schäfke auch an gegen die Behauptung einer Vorpublikation des Traktats, was nicht den Tatsachen entspricht.

Inhalt und Gehalt werden bei Hanslick terminologisch geschieden[119]. Schäfke verweist darauf, daß dies schon bei Schiller und Goethe, allerdings mit anderen Ergebnissen, diskutiert worden sei. Dennoch habe sich Hanslick beim Gehaltsbegriff auf Goethe berufen, seinen Irrtum aber bemerkt und die entsprechende Passage dann ab der zweiten Auflage getilgt[120]. Daß auch andere Gründe wie Goethes immanente Metaphysik oder die formale Übernahme von E. Krüger für die Streichung verantwortlich sein könnten, wird von Schäfke nicht erwogen[121]. Auch beruft sich Hanslick nicht im eigentlichen Sinn des Wortes auf Goethe, sondern erwähnt ihn eher beiläufig.

Seinen ausschnitthaften Editionsvergleich begründet Schäfke mit der Frage, *ob diese ... Richtung auf das spezifisch Musikalische von Anfang an so scharf umrissen dastand, oder ob das Buch „Vom Musikalisch-Schönen" bei der großen Zahl der bei Lebzeiten des Verfassers erschienenen Auflagen vielleicht eine die fundamentale Auffassung berührende Entwicklung durchgemacht hat*[122]. Während er zunächst fortfährt: *Hanslick hat in der Tat immer wieder an der Schrift gefeilt*[123], verkürzt er die tatsächlichen Varianten aller späteren Auflagen auf die angeblich wichtigen der zweiten: *Von der zweiten Auflage an beschränkt sich diese Arbeit allerdings wesentlich auf Änderungen in der äußeren Form (Druckfehler, Orthographie, Verdeutschung von Fremdwörtern, stilistische Korrekturen, kleine Umstellungen in der Anordnung der Darlegungen) und auf Kürzungen oder Zusätze im Sachlichen.*[124] Was mit *Kürzungen oder Zusätze im Sachlichen* gemeint ist, läßt Schäfke an dieser Stelle offen. Deutlich wird die Reduktion der Gewichtigkeit der Änderungen auf die zweite Auflage und die Abwertung der späteren als äußerlich. Natürlich ist dabei nicht zu übersehen, daß er eine Übersicht über die Arten von Varianten gibt, die in Hanslicks Traktat zu finden sind. Als erstes fordert er eine historisch-kritische Ausgabe[125]. In der Erläuterung dazu präzisiert er auch die Arten der Varianten und nennt *die erläuternden Zusätze aus Herbart, Helmholtz, Grillparzer, die Streichungen von Bemerkungen über Wagner, die interessanten Abwandlungen in dem Epitheton für Berlioz, aus denen man die sich ändernde Stellung Hanslicks zu ihm ablesen kann*[126]. Diesen Angaben geht Schäfke nicht weiter nach. Für ihn sind *wesentliche, auf die fundamentale Auffassung der Musikästhetik bezügliche Unterschiede* wichtig[127].

So behauptet Schäfke aufgrund der Varianten, Hanslick kenne zunächst keine *realistische Nachahmung von Naturstimmen* in der Musik, würde aber später in einer Anmerkung außermusikalische Anregung, wenn sie *musikalisch-künstlerisch* umgebildet würde, zulassen[128]. Genauere Ausführungen bleibt er schuldig. Ab der sechsten Auflage setzt Hanslick dem Schluß des sechsten Kapitels, das das Verhältnis von Musik und Natur zum Gegenstand hat, eine Fußnote hinzu. Im Haupttext ändert er gleichzeitig die These, daß *nie ein Componist Naturstimmen zu wirklich musikalischen Zwecken verwenden* könne, ab in *... Naturstimmen direct ...*[129]. Das heißt, auch hier relativiert Hanslick seine frühere Aussage. Die Fußnote, die sich auf Otto Jahn beruft, präzisiert im Grunde nur diese Aussage, die sich immer noch gegen realistische Naturnachahmung richtet, jedoch *Impulse zu Motiven von selbständiger Schönheit* zugesteht, wenn die Komponisten diese *künstlerisch frei concipiren und durchführen*[130]. Schäfkes Folgerung, daß Hanslick außer-

---

[119] Vgl. vorliegende Ausgabe S. 169.
[120] Schäfke, a. a. O., S. 18
[121] Vgl. die Erörterung in dieser Arbeit S. 57f.
[122] Schäfke, a. a. O., S. 27
[123] Ibid.
[124] Ibid.
[125] *Es wäre die Aufgabe einer kritischen Edition des Buches „Vom Musikalisch-Schönen", alle diese zahlreichen formalen und materialen Varianten zu bezeichnen.* Ibid.
[126] Ibid.
[127] Schäfke, a. a. O., S. 27
[128] Ibid.
[129] Vgl. vorliegende Ausgabe S. 158.
[130] Ibid. S. 159

musikalische Anregung zugebe, erscheint, wenn man zwischen den Zeilen liest, er gebe die Gleich-berechtigung von Programmmusik zu, überinterpretiert. Auch hier beharrt Hanslick auf dem Auto-nomieprinzip.

Detailliert schildert Schäfke Hanslicks Abänderungen im Bereich der Arabesken- und Kalei-doskopanalogien, deren Tradition er, weitergehend als Printz, bei Kant, Novalis und Nägeli, sowie deren pejorative Verwendung bei R. Wagner andeutet[131]. Schäfke interpretiert diese Ver-änderungen nicht im Zusammenhang mit der dagegen geführten Polemik, sondern als Hanslicks *Bemühen, den geistigen Gehalt im Musikalisch-Schönen nicht übersehen zu lassen*[132].

Auch den Austausch von Vokalmusikbeispielen im zweiten Kapitel erläutert Schäfke. Er bezieht sich allerdings nur auf die Ersetzung des Beispiels aus Beethovens *Fidelio* durch das aus Glucks *Orpheus*-Vertonung und interpretiert: *Allem Anschein nach sind Hanslick aber Zweifel ge-kommen, ob nicht in solchen relativ modernen Werken doch vielleicht schon ein zu bestimmter Ausdruck in der Musik selbst gefunden werden könnte. Er hat sich deshalb auf die ältere, für den Durchschnittsgebrauch bereits verblassende Musik zurückgezogen.*[133] Andere Motive, wie die Beru-fung auf Gewährsleute oder eine Argumentationstaktik, die mit einer Leitfigur des „dramatischen Prinzips" wie Gluck auch dessen zeitgenössische Variante treffen will, werden nicht diskutiert. Er verweist stattdessen auf sein letztes Kapitel, das anhand der Kritiken Hanslicks dessen spätere Wandlung zum *expressionistischen Standpunkt*[134] demonstrieren will.

Neben dieser Materialsammlung will Schäfke im weiteren Verlauf seiner Dissertation Grund-züge darlegen, wonach Hanslick in der Erstauflage seines Traktats noch der spekulativen Ästhetik verpflichtet war und sich später davon distanziert habe. Trotz Printz' Vorarbeiten bezieht sich Schäfke hier nur auf zwei Stellen, die nach R. Zimmermanns Kritik revidiert wurden. Dies ist der Schluß des Traktats[135] und der Passus im dritten Kapitel, der den musikalischen Ideen *in hohem Grade jene symbolische, die großen Weltgesetze wiederspiegelnde Bedeutsamkeit*[136] zu-billigt. Diese Stellen konzedieren nach Schäfke eine *metaphysisch-symbolische Bedeutung der Musik wie des Ästhetischen überhaupt*[137]. Er führt dies aber nicht weiter aus, sondern verweist auf Printz und Zimmermann. Als Folge dieses Sinneswandels sieht Schäfke Veränderungen zweier Stellen, in denen Hanslick Vischer als Gewährsmann angegeben hatte, dies später aber strich. Bei der ersten Stelle[138], in der Hanslick Vischers Phantasiebegriff als *Organ des Schönen* einführt und in einem Klammerzusatz auf dessen Ästhetik hinweist, ist einzuwenden, daß die Änderung erst in der vierten Auflage von 1874 vorgenommen wurde. Das zweite Beispiel bezieht sich auf eine Fußnote im sechsten Kapitel, wo Hanslick bekennt, seine Erörterungen des Naturschönen an Vischers Ästhetik orientiert zu haben[139]. Der Hinweis auf Vischer entfällt ab der zweiten Auflage von 1858. Der Grund ist aber nicht die plötzliche Gegnerschaft zu Vischer – Hanslick und Vischer standen sich zeitlebens wohlwollend gegenüber. Schäfke verschweigt den Nachsatz. Darin erwähnt Hanslick, daß Vischers Ästhetik noch nicht bis zur Musik gediehen sei. Als Hanslick seine zweite Auflage 1858 edierte, war das großangelegte Unternehmen der Vischerschen Ästhetik, das von 1846 bis 1858 dauerte, gerade beendet, so daß der Hinweis überflüssig wurde. Vielleicht wurde die ganze Fußnote in einem Zuge gestrichen.

---

[131] Schäfke, a. a. O., S. 27. Vorliegende Ausgabe S. 75f. Entgegen seiner sonstigen Gepflogenheit gibt Schäfke für die Rücknahme der Attribute zur Arabeske sowie die Hinzufügung der Architektur als Analogie keine Datierung an.

[132] Schäfke, a. a. O., S. 28. Diese Interpretation ist ihm vielleicht insofern zugutezuhalten, als er die Änderungen immanent erklärt, während bei nur rezeptionsästhetischem Vorgehen der Eindruck entstünde, daß Hanslicks Traktat und seine Änderungen nur von außen beeinflußt wurden.

[133] Ibid.

[134] Ibid. S. 54

[135] Vgl. vorliegende Ausgabe S. 171.

[136] Ibid. S. 171

[137] Schäfke, a. a. O., S. 28

[138] Vgl. vorliegende Ausgabe S. 28.

[139] Ibid. S. 154

Ein drittes Beispiel, das Schäfkes These untermauert hätte, wird nicht angeführt. Unter den Philosophen, auf die Hanslick sich beruft, wird zunächst auch Vischer[140] neben Hegel, Kant, Rousseau u. a. erwähnt. Ab der dritten Auflage von 1865 ist er durch Herbart ersetzt.

Weiterhin widerspricht der Schäfkeschen Hypothese, daß Hanslick ab der sechsten Auflage von 1881 das Vorwort mit einem längeren Vischerzitat beginnt. Offenbar bestanden sowohl Anziehungspunkte als auch Punkte des Gegensatzes[141].

Schäfkes größter Fund ist eine Stelle im ersten Kapitel, wo Hanslick nicht nur auf R. Zimmermanns Kritik reagiert, sondern sogar eine Passage aus dessen Rezension fast wörtlich seinem Traktat eingepaßt hat[142]. Hanslick will hier widerlegen, daß Gefühle *Zweck und Bestimmung der Musik* ausmachten[143], wogegen er ausführt, daß das Schöne *seine Bedeutung in sich selbst* habe, *zwar schön nur für das Wohlgefallen eines anschauenden Subjekts, aber nicht durch dasselbe* sei[144]. Als Beispiel nennt Hanslick die Schlange in Goethes Märchen, die *ihren Kreis in sich allein* vollende[145]. R. Zimmermann paraphrasiert und radikalisiert dies in seiner Rezension, wenn er schreibt: *Das Schöne hat überhaupt keinen Zweck, denn es ist bloße Form, welche wohl mit beliebigem Inhalt erfüllt und dadurch zu den verschiedensten praktischen Zwecken verwandt werden kann, aber an sich keinen anderen hat, als, wenn man so sagen soll, sich selbst. Wenn aus seiner Betrachtung angenehme Gefühle für den Betrachter entstehen, so gehe diese das Schöne als Solches nichts an. Ich kann wohl dem Betrachter Schönes vorführen in der bestimmten Absicht, daß er an seiner Betrachtung Vergnügen finden möge, aber diese Absicht hat mit der Schönheit des Vorgeführten selbst nichts zu thun. Das Schöne ist und bleibt schön, auch wenn es keine Gefühle erzeugt, ja wenn es weder geschaut noch betrachtet wird.*[146]

Diese Formulierungen übernahm Hanslick mit kleinen Abweichungen, strich dafür seine eigenen bis auf den Satz vom *Wohlgefallen für und durch das Subjekt*, den er an Zimmermanns Ausführungen anhängte. Schäfke interpretiert dies so: *Das viel zitierte Glaubensbekenntnis zum allgemeinen ästhetischen Formalismus (auch außerhalb der Musik) und zu einem jeglicher Beziehung auch auf die Anschauung baren, absoluten Schönen ist also ein nachträglich eingedrungener Fremdkörper, der in Wahrheit nie einen organischen Zusammenhang mit Hanslicks eigenen Anschauungen besessen hat.*[147]

War bisher noch die Rede von einem Umwandlungsprozeß in Hanslicks ästhetischen Anschauungen, so wird hier das Neue schon als *Fremdkörper* bezeichnet. Die Möglichkeit, daß Hanslick implizite Tendenzen weiterverfolgt hat, sich der früheren Leitästhetiken Hegels und Vischers entledigte, wird in diesem Zusammenhang nicht beachtet. Die Absicht, Hanslick vom Vorwurf des Formalismus zu befreien, schlägt ins Gegenteil um, Hanslick als zeitweise fehlgeleiteten Inhaltsästhetiker zu präsentieren. Letztlich beruft sich die Argumentation auf den Begriff des „geistigen Eigentums" bzw. „geistigen Diebstahls", als der der *Fremdkörper* erscheint, so daß dies nicht das eigentlich von Hanslick Gemeinte sein kann[148].

---

140 Vgl. vorliegende Ausgabe S. 160.
141 So wollte Vischer den speziellen Teil seiner Musikästhetik an Hanslick delegieren, ließ ihn aus räumlicher Nähe dann aber K. Köstlin schreiben.
142 Vgl. vorliegende Ausgabe S. 26, Abschnitt 11.
143 Ibid.
144 Ibid.
145 Ibid.
146 Schäfke, a. a. O., S. 30
147 Ibid.
148 Historisch richtiger wäre der Nachweis gewesen, daß in einer erst sich stabilisierenden Disziplin nicht der heutige Wissenschaftsbegriff angelegt werden kann. Noch bis in unser Jahrhundert wurden Zitate nicht unbedingt als solche gekennzeichnet. Daneben ist die Transplantation des Zimmermanntextes viel diffiziler vonstatten gegangen, als Schäfke glauben macht. Dabei offenbart sich mehr Hanslicksches Denken als Zimmermannsches; vgl. S. 63ff.

Die Schwäche dieser Argumentation liegt in dem zugrundeliegenden polaren Denken, das Hanslick entweder nur der Inhaltsästhetik oder der Formalästhetik zuweisen möchte, auch wenn nach außen andere Richtungen aufgebaut werden.

Die These von Hanslicks Zugehörigkeit zur spekulativen Ästhetik erhärtet Schäfke anhand einer Variante, wobei Hanslick zunächst noch die Möglichkeit einer Musik als Ausdruck eingeräumt habe. Es geht dabei um Hanslicks Äußerungen über den Kompositionsprozeß, jene schon von Moos und Printz behandelte Stelle, die zwischen mehr subjektiven und „klar formenden" Komponisten unterscheidet. Schäfke wendet gegen Printz' Rückführung der Variante auf Stades Kritik ein, daß die Änderung erst in der fünften Auflage (1876) erfolgt sei, bei direkter Reaktion auf Stades Schrift von 1871 schon in der vierten Auflage (1874) Gelegenheit dazu gewesen wäre. Tatsächlich wurde die fragliche Passage sogar erst in der sechsten Auflage von 1881 geändert, was Schäfkes Argumentation noch bestärkt[149]. Näher erläutert er diese Varianten jedoch nicht, liefert auch keine anderen Deutungsmöglichkeiten, sondern schreibt, es sei *bemerkenswert, daß Hanslick erst so spät jene Möglichkeit, die der fundamentalen Tendenz der Schrift „Vom Musikalisch-Schönen" widerspricht, getilgt hat. Er konnte sich wohl nur schwer dazu entschließen. Es war vielleicht ein Opfer, das er wider bessere Einsicht seinem eigenen Dogmatismus brachte*[150]. Angesichts der Vernachlässigung anderer Interpretationsmöglichkeiten ist die Rede von Hanslicks *Dogmatismus* überspitzt. Schäfkes Methode, anhand des Auflagenvergleichs und der Gegenüberstellung des Traktats mit willkürlich ausgewählten Kritiken Diskontinuität zu demonstrieren, wurde inzwischen grundlegend kritisiert[151].

Dem entspricht auch das Resümee dieses den Traktat und seine Varianten behandelnden Kapitels, das oft philologisch unhaltbares Material liefert: *Der Vergleich der verschiedenen Auflagen des Buches „Vom Musikalisch-Schönen" ergibt also, daß die neue Auffassung der Musikästhetik, die sich in Hanslick zum ersten Male zur Selbständigkeit durchrang, anfänglich noch verschiedene idealistische Eierschalen an sich trug, daß der Formalist Robert Zimmermann es war, der die meisten von ihnen abzustreifen half und nun seinerseits Hanslicks Lehre ein formalistisches Gewand umzuhängen sich bemühte, das ihr durchaus nicht paßte.*[152] Derselbe Vorwurf ist Schäfke zu machen, der Hanslick aus seiner Zeit heraus expressionistisch umdeutete[153].

Im weiteren Verlauf seiner Arbeit beschreibt Schäfke die Reaktion auf Hanslicks Traktat. Für diese Untersuchung ist dabei erwähnenswert, daß er eine Passage aus dem Vorwort zur zweiten Auflage des Traktats als Antwort auf eine Kritik des Philosophen H. Lotze aus den *Göttinger gelehrten Anzeigen* identifiziert. Lotze hatte fälschlicherweise unterstellt, Hanslicks Traktat richte sich gegen jegliches Gefühl im Zusammenhang mit Musik[154].

In seinem Kapitel über Hanslicks Kritiken[155] versucht Schäfke herauszuarbeiten, daß dieser nach der Abfassung seiner Ästhetik zu einer geschichtsorientierten Musikanschauung übergegangen sei und dadurch die Relativität seines Schönheitsbegriffes erkannt habe. Dabei bezieht er sich auf die Beschreibung dieses Übergangs in Hanslicks Autobiographie. Die Quintessenz lautet: *Man wird in Zukunft zwischen dem Hanslick des „Musikalisch-Schönen" und der Ästhetik des Wiener*

---

[149] Vgl. vorliegende Ausgabe S. 106f.

[150] Schäfke, a. a. O., S. 31

[151] Vor allem in den Arbeiten von E. Stange und W. Abegg.

[152] Schäfke, a. a. O., S. 31

[153] Vier Jahre vor Schäfkes Dissertation hatte A. Schering den Expressionismusbegriff in die musikwissenschaftliche Debatte gebracht; vgl. A. Schering: *Die expressionistische Bewegung in der Musik.* Leipzig 1918.

[154] Daraufhin schrieb Hanslick im Vorwort: *Man hat mir eine vollständige Polemik gegen alles, was Gefühl ist, aufgedichtet, während jeder unbefangene und aufmerksame Leser doch unschwer erkennt, daß ich nur gegen die falsche Einmischung der Gefühle in die Wissenschaft protestire...* Der Passus wurde in fast allen nachfolgenden Vorworten beibehalten; vgl. vorliegende Ausgabe S. 9–16.

[155] Schäfke, a. a. O., S. 55ff.

Kritikers zu unterscheiden haben.[156] Dabei hat Schäfke jene Fußnote Hanslicks nicht übersehen, in der er seine eigenen Kritiken von seiner Ästhetik absetzt[157].

Gegen Schäfkes Trennung von Musikkritik und Musikästhetik ist einzuwenden, daß Hanslick an wichtigen Stellen seines Traktates die historische Relativität des Schönen schon von Anfang an beschrieben hat:

- im ersten Kapitel unterscheidet er zwischen dem Ideal der Großelterngeneration und der eigenen, erkennt damit die Generationsgebundenheit des Geschmacks[158],
- im dritten Kapitel erläutert er in einem längeren Abschnitt den Verfall des musikalischen Materials[159],
- in der Gegenüberstellung von antiker und moderner Musik des fünften Kapitels billigt er der antiken elementare Macht zu, die der modernen verlorengegangen sei[160],
- in einer Nebenbemerkung hält er sogar den Fortschritt zu einem Vierteltonsystem für möglich[161],
- in einer ab der sechsten Auflage (1881) hinzugefügten Fußnote, einem Selbstzitat aus dem Vorwort zu seinem Buch *Die moderne Oper*, beschreibt er die besonders große Schnellebigkeit der Oper[162].

Diesen letzten Zusatz behandelt auch Schäfke. Er findet es *amüsant zu sehen, wie die angeführte Stelle seinen veränderten Standpunkt zeigt*[163]. Lapidar interpretiert er: *Die Sterblichkeit der Tonformen wird hier offenbar mit dem Wandel des subjektiv eingefühlten geistigen Gehalts in Verbindung gebracht.*[164] Er bezieht sich dabei auf Hanslicks Satz, daß *ein geringeres Kunstwerk über seine besseren Vorfahren* siege, *wenn dasselbe den Athem der Gegenwart, den Pulsschlag unseres Empfindens und Begehrens uns entgegenbringt*[165]. Er unterschlägt aber die Quintessenz dieser Anmerkung, in der die beschriebenen Verfallssymptome durch den Hegelschen Begriff des „Zeitgeistes" erklärt werden: *Alle Tondichtung ist Menschenwerk, Product einer bestimmten Individualität, Zeit, Cultur und darum stets durchzogen von Elementen schnellerer oder langsamerer Sterblichkeit.*[166] Der Hinweis auf Hegels *Zeitgeist* wird von Hanslick selbst gebracht: ... *die Thatsache ist unanfechtbar und der Proceß nicht aufzuhalten durch das in allen Perioden stereotype Schelten auf den bösen „Zeitgeist". Die Zeit ist auch ein Geist und schafft ihren Körper*[167]. Der von Schäfke zitierte Satz ist nicht aus seinem Kontext herauszulösen. Im Anschluß an ihn schreibt Hanslick nämlich: *Publicum wie Künstler fühlen einen berechtigten Trieb nach Neuem in der Musik und eine Kritik, welche nur Bewunderung für das Alte hat und nicht auch den Muth der Anerkennung für das Neue, untergräbt die Production.*[168] So fortschrittsoptimistisch war also der als reaktionärer Formästhetiker bezeichnete Hanslick. Die Betonung des Neuen war auch der Grund, diesen Zusatz einzufügen. Denn im Haupttext vorher, der das Verhältnis von Musikalisch-Schönem und der Symmetrie behandelt, heißt es, daß der *musikalische Sinn ... immer neue symmetrische Bildungen verlange*[169].

---

156 Schäfke, a. a. O., S. 69
157 Vgl. vorliegende Ausgabe S. 63f. Daß diese Fußnote ein Zusatz der sechsten Auflage ist (1881), gibt Schäfke nicht an.
158 Ibid. S. 32f., 36
159 Ibid. S. 86f.
160 Ibid. S. 135ff.
161 Ibid. S. 150
162 Ibid. S. 95f.
163 Schäfke, a. a. O., S. 59
164 Ibid.
165 Vgl. vorliegende Ausgabe S. 95f.
166 Ibid. S. 95
167 Ibid.
168 Ibid. S. 96
169 Ibid. S. 95

Es zeigt sich daher, daß Schäfke auch einem Systemzwang erliegt. Er zwängt Hanslick in seine Interpretation, die genauso einseitig ausfällt wie die Vereinnahmung oder Ablehnung Hanslicks als Formalästhetiker. Dem mußte Kritik antworten, die die Kontinuität von Ästhetik und Kritik erarbeitete.

7. E. Stange: *Die Musikanschauung Eduard Hanslicks in seinen Kritiken und Aufsätzen.* Münster 1954

Eberhard Stanges Dissertation beruht vor allem auf der Durchsicht der Kritiken Hanslicks. Dem Traktat ist nur wenig Platz eingeräumt. So verwundert es auch nicht, daß von den Varianten nirgends die Rede ist, obwohl Stange die Vielzahl der Auflagen mehrmals erwähnt. Wichtig ist diese Arbeit in diesem Zusammenhang nur wegen der grundlegenden Kritik an Schäfkes Interpretation. Stange will nachweisen, daß Hanslicks Kritiken tatsächlich, wie er es im ersten Kapitel des Traktates fordert, *praktischer Ausläufer* der Ästhetik sind[170]. Stange wirft Schäfke vor, von der Ästhetik ausgegangen zu sein und nur einige widersprechende Kritiken ausgewählt zu haben, wohingegen er behauptet, nur ein gründliches Studium der Kritiken könne ein vollständiges Bild von Hanslicks Musikanschauung vermitteln[171].

Umgekehrt ist Stange vorzuwerfen, daß bei dieser Anschauungsweise der Traktat als *Jugendschrift*[172] den Kritiken gegenübergestellt wird, was angesichts der späteren Varianten, der langjährigen Arbeit am Traktat, nicht haltbar ist.

Die Einordnung Hanslicks ist der Schäfkes vergleichbar. Hanslick wird einer dritten Richtung zwischen Form- und Inhaltsästhetik zugewiesen.

Am Schluß seiner Arbeit konzentriert Stange seine Ergebnisse auf zehn Punkte. Durch diese thesenhafte Verkürzung, die sonst vorteilhaft sein mag, werden in diesem Fall historische Mißverständnisse weitertransportiert, obwohl es Zeit gewesen wäre, sie abzubauen. Darunter fällt bei Stange die Theorie von Hanslicks ahistorischer Musikanschauung.

8. C. Dahlhaus: *Eduard Hanslick und der musikalische Formbegriff*, 1967. *Musikästhetik.* Köln 1967

Carl Dahlhaus' Aufsatz von 1967 behandelt Hanslicks Ästhetik unter dem leitenden Aspekt, daß Musikästhetik heute nur noch als Problemgeschichte von Modellen betrieben werden könne. So sieht er im vielzitierten Satz von den *tönend bewegten Formen* weniger ein entwickeltes musikästhetisches Paradigma als die *Pointe einer Polemik*[173], die ihrerseits lange die musikästhetische Diskussion beherrscht habe. Dahlhaus' Anliegen ist es, Hanslicks Formbegriff als polemische Antwort im Umkreis der bei Kant, Schiller, Schelling, Hegel philosophischen, bei Forkel, Koch, Nägeli, Hauptmann, Marx musiktheoretischen Beiträge historisch einzuordnen. Hanslicks Lösung wird dabei als objektivierbare Plastizität, die vor allem am Themenbegriff orientiert ist, beschrieben. Dieser Begriff fungiere als Gegenbegriff sowohl zur *abstrakten Innerlichkeit* Hegels[174] als auch zur *elementaren Macht des Tones* der Sturm-und-Drang-Ästhetik[175]. Die Objektivierbarkeit, die Hegel der Musik abgesprochen hatte, soll durch Hanslicks Formbegriff gerettet werden, somit eine wissenschaftlich gesicherte Ästhetik entstehen.

---

[170] Vgl. vorliegende Ausgabe S. 24.
[171] Vgl. Stange, a. a. O., S. 233.
[172] Ibid.
[173] Dahlhaus: *Eduard Hanslick* . . . a. a. O., S. 145
[174] Ibid. S. 153
[175] Ibid. S. 145, 153

Neben dieser problemgeschichtlich-dialektischen Einordnung ist auch neu an Dahlhaus' Hanslickinterpretation, daß er ihn nicht mehr vorrangig als Antipoden R. Wagners versteht[176].

Neu ist auch die Erarbeitung der Tendenz zur *Auflösung der Ästhetik in Historie*[177], die Dahlhaus aus Hanslicks Begriff der Musiksprache und seinen Kommentaren über das musikalische Material herleitet. Nach Dahlhaus blieb dies aber im Widerspruch stecken. Konsequenterweise hätte Hanslick dann die Gefühlsästhetik in ihren historischen, nicht zeitgenössischen Manifestationen akzeptieren müssen, während er hier auf einen rein ästhetischen, invarianten Schönheitsbegriff zurückgreifen mußte.

Dahlhaus stützt sich vor allem auf die erste Auflage des Traktats. Daraus zitiert er den später abgewandelten Satz von den *tönend bewegten Formen*, ohne die spätere Änderung zu vermerken[178] und den Terminus *verrottete Gefühlsästhetik*, der nur im Vorwort zur ersten Auflage exponiert wird[179].

Als besondere Position Hanslicks charakterisiert Dahlhaus dessen Konzessionen an Gefühlswirkung und Symbolik, die er zulasse, aber als Basis wissenschaftlicher Ästhetik negiere. Dabei beruft sich Dahlhaus auf den Schlußteil des Traktats, der in der zweiten und dritten Auflage nacheinander aufgrund R. Zimmermanns Kritik wegfiel, ohne dies zu vermerken.

Dennoch geht er auch auf Varianten ein. Er systematisiert die von ihm behandelten in zwei Punkte:
- Ersetzung von *Metaphysik* durch *Naturwissenschaft*
- Trennung der Ästhetik von Psychologie.

Dahlhaus sieht die Änderungen begründet in der Kritik an Hanslicks „Kernsatz", der von A. W. Ambros und H. Lotze[180] *als psychologischer Satz behandelt und verworfen oder eingeschränkt*[181] worden sei. Die Konsequenz daraus heißt in Dahlhaus' Formulierung: *Und Hanslick, durch den Zeitgeist beunruhigt, verleugnete schließlich selbst zwar nicht seine musikästhetischen Überzeugungen, aber deren Voraussetzungen. In den späteren Auflagen seines Buches fehlen die Sätze, die Ästhetik und Psychologie voneinander trennen, und das Wort „Metaphysik" ist durch „Naturwissenschaft" ersetzt.*[182]

Nur letzteres wird in einer Fußnote belegt anhand zweier Zitate aus der ersten und neunten Auflage. Danach beruft sich Hanslick in der ersten Auflage auf die *philosophische Behandlung der Ästhetik, welche auf metaphysischem Wege sich dem Wesen des Schönen zu nähern versucht,* später dagegen auf die naturwissenschaftliche Methode[183].

Die tatsächlichen Gegensätze entsprechen nicht Dahlhaus' Beschreibung. Schon in der ersten Auflage wird die Annäherung an die Naturwissenschaft für möglich befunden[184]. In der zweiten Auflage (1858) veränderte Hanslick das Konzept des Anfangs, polemisiert sogar gegen das *An-*

---

176 Noch neueste Forschungen, vor allem anglo-amerikanischer Provenienz, halten an dieser Gegenüberstellung fest: so E. Sams in seinem Hanslick-Artikel im *New Grove Dictionary* und in seinem Aufsatz *Eduard Hanslick, 1825–1904, the Perfect Anti-Wagnerite,* a. a. O.

177 Dahlhaus: *Eduard Hanslick,* a. a. O., S. 147

178 Ibid. S. 147

179 Dieser Terminus hat sich in der gesamten Hanslickliteratur gehalten als das, wogegen Hanslick angehe, obwohl er nur im Vorwort zur ersten Auflage auftaucht.

180 Dahlhaus führt auch H. Riemann als Kritiker an. Hier ist die chronologische Kausalkette von Kritik und Änderung allerdings ausgeschlossen.

181 Dahlhaus: *Eduard Hanslick . . .* a. a. O., S. 145f.

182 Ibid. S. 145

183 Ibid. S. 146, vorliegende Ausgabe S. 21f.

184 *Sollte sich nun immerhin auch in Behandlung ästhetischer Fragen ein Umschwung in der Wissenschaft vorbereiten, welcher an der Stelle des metaphysischen Princips eine der inductiven naturwissenschaftlichen Methode verwandte Anschauung zu mächtigem Einfluß und wenigstens zeitlicher Oberhand verhälfe . . .* Vgl. vorliegende Ausgabe S. 21. Anregung dazu gab wohl auch R. Zimmermann mit seinem 1853 edierten Essay: *Die naturwissenschaftliche Methode in der Philosophie,* a. a. O.

passen des allgemeinen, metaphysischen Schönheitsbegriffs an die Spezialästhetiken[185]. Hier war R. Zimmermann der Pate der Änderung, nicht Ambros oder Lotze, wie Dahlhaus wähnt. Es fällt ihm natürlich leicht, Widersprüche, etwa Reste von idealistischer Metaphysik, nachzuweisen[186]. Offenbar ging es aber Hanslick vorrangig um die Objektivierbarkeit von ästhetischen Aussagen, die er zunächst in der Anlehnung an die idealistische Metaphysik, dann an die Naturwissenschaft zu finden glaubte[187].

Auch daß Hanslick die Trennung von Ästhetik und Psychologie später aufgehoben hat, ist nicht so radikal zu sehen wie in Dahlhaus' Beschreibung. Sein Bezugspunkt ist Hanslicks Satz: *Das Verhalten unserer Gefühlszustände zu einem Schönen ist vielmehr Gegenstand der Psychologie als der Aesthetik.*[188] Der Satz wurde zwar, wie Dahlhaus richtig bemerkt, später gestrichen, jedoch nicht als einzelner Satz. Vielmehr hat Hanslick einige Passagen in der sechsten Auflage (1881) umgestellt, einiges gekürzt, auch den Satz von der Trennung von Psychologie und Ästhetik gestrichen. Der intendierte Sinn allerdings, man könne die subjektiven Stimmungslagen, die historisch und individuell ständig wechseln, nicht zur Grundlage des ästhetischen Urteils machen, dies sei vielmehr Gegenstand der Psychologie, wurde beibehalten. Möglich ist, daß Hanslick die Formulierung aufgrund Hostinskys These herausnahm, wonach er *im Namen der Psychologie* spreche[189]. Auch chronologisch wäre diese Vermutung nachvollziehbar, weil die Schrift Hostinskys von 1877 der Änderung von 1881 unmittelbar vorausging, die Kritiken Ambros' von 1856 und Lotzes von 1855 bzw. 1868 viel weiter zurücklagen.

Daher ist die Tilgung dieses Trennungspostulats nicht so stark zu bewerten und daraus Hanslick Widersprüche, beibehaltene psychologische Sätze, vorzuwerfen, wie Dahlhaus es unternimmt[190].

In seiner *Musikästhetik* von 1967 geht Dahlhaus dem *Streit um den Formalismus* nach[191]. Hanslick wird zwar nicht der Formalästhetik zugeordnet, vielmehr wird seine besondere Leistung in der Synthese von Form- und Inhaltsästhetik gesehen, wobei allerdings das historische Mißverständnis, daß er als Formalästhetiker genommen wurde, in den Vordergrund gestellt wird[192]. Dahlhaus stellt seinen Überlegungen ein Zitat aus der ersten Auflage voran[193], überlagert jedoch im folgenden die verschiedenen Werkschichten, ohne sie konkret zu benennen. So sieht er Hanslicks Autonomiepostulat auf einen Aphorismus Grillparzers gestützt[194], obwohl Grillparzerzitate erst ab der sechsten Auflage von 1881 Eingang in den Traktat gefunden haben[195]. Ebenso wird die *zum Ruin* führende Berufung auf die Naturwissenschaft ohne Differenzierung als Kriterium der Hanslickschen Ästhetik angeführt[196].

Darstellung und Interpretation der Varianten war allerdings nicht Dahlhaus' Absicht, nur Nebenprodukt seines problemgeschichtlichen Ansatzes. Auf seine Hanslickinterpretation ist noch zurückzukommen[197].

---

185 Vgl. vorliegende Ausgabe S. 22. Vgl. auch die Ausführungen S. 93f.
186 So etwa alle Formulierungen über die *musikalische Idee*, die auf Hegel verweisen.
187 In seiner Musikästhetik spricht Dahlhaus nur noch von dieser Tendenz der Hanslickschen Schrift: *sie führt in der Ästhetik vermutlich eher zum Ruin als die verrufene Spekulation.* Vgl. Dahlhaus: *Musikästhetik*, a. a. O., S. 81.
188 Vgl. vorliegende Ausgabe S. 34.
189 Vgl. O. Hostinsky, a. a. O., S. 8.
190 Dahlhaus: *Eduard Hanslick . . .*, S. 146
191 Dahlhaus: *Musikästhetik*, a. a. O., S. 79–86
192 *. . . ist demnach das Paradox, mit dem Hanslick die herrschende Ästhetik provozierte, auflösbar, so soll andererseits nicht verkannt werden, daß die wahre Meinung eines Autors, wenn sie verborgen und unverstanden bleibt, historisch von geringerer Bedeutung ist als ein Mißverständnis, das in die Geschichte eingreift.* Vgl. Dahlhaus: *Musikästhetik*, a. a. O., S. 82.
193 Den Satz von den *tönend bewegten Formen* und sein idealistisch geprägtes Vorfeld aus der ersten Auflage.
194 Vgl. Dahlhaus: *Musikästhetik*, a. a. O., S. 84f.
195 Vgl. vorliegende Ausgabe S. 70ff., 79.
196 Dahlhaus: *Musikästhetik*, a. a. O., S. 81
197 Vgl. S. 93f.

9. St. A. Markus: *Musikästhetik* II. Teil. *Die Romantik und der Kampf ästhetischer Richtungen.* Kapitel: *Hanslick als Musikkritiker und kämpferischer Theoretiker des musikalischen Formalismus.* Moskau 1968, Leipzig 1977

Wie schon die Überschrift dieses im Osten als grundlegend geltenden Werkes zur Musikästhetik besagt, geht es weniger um die diffizile philologische Erfassung und Beschreibung der Varianten des Hanslickschen Traktats als um die Darlegung von Grundpositionen, die unter orthodox-marxistischem Blickwinkel ausgelegt werden. Es erscheint vor allem daher wichtig, weil sich alle folgenden Beiträge aus dem Ostbereich auf dieses Standardwerk stützen oder sich mit ihm auseinandersetzen mußten. Der Grundirrtum des 19., teilweise auch des 20. Jahrhunderts, wird hier wiederholt und verstärkt. Hanslicks Schrift wird als *bis heute das grundlegende theoretische Dokument des musikalischen Formalismus* ausgegeben[198].

An der bisherigen „bürgerlichen" Untersuchung der Hanslickschen Musikästhetik kritisiert Markus, daß sie nur Hanslicks musikästhetische Ansichten referiere, nicht aber seine *weltanschaulichen Widersprüche und ihre gesellschaftlichen Ursachen* zu erklären bemüht sei[199]. Daneben erscheint es ihm paradox und verdächtig, daß Hanslick neben dem Traktat keine weitere musikästhetische Schrift verfaßt habe.

Im Verlauf der Darstellung, die mit einem biographischen Abriß beginnt, wird Hanslick gleich des chauvinistischen und reaktionären Handelns gezogen wegen seiner politischen Haltung während und nach der Revolution von 1848, obwohl sich die schlagendsten Gegenbeweise liefern ließen[200]. So berichtet Markus über eine von Hanslick in seiner Autobiographie selbst wiedergegebene Episode, wonach er nach der Erhängung des Kriegsministers Latour nach Hause gelaufen sei und sich mit Goethe-Lektüre „reingewaschen" habe, was Markus als *markantes Beispiel spießbürgerlicher Haltung* charakterisiert[201]. Daß Hanslick seine Schrift *Vom Musikalisch-Schönen* als Habilitationsschrift einreichte, wird von Markus ebenfalls politisch gedeutet und verunglimpft: *als begabter Musikkritiker, der mit einer revisionistisch-reaktionären Schrift an die Öffentlichkeit getreten war*[202], konnte Hanslick sein Anliegen bei dem ähnlich gesonnenen Unterrichtsminister Thun durchbringen.

Ebenso kritisiert er das Werk Hanslicks. *Vom Musikalisch-Schönen* sei demnach *nur der Entwurf zu einer geplanten, aber nicht verwirklichten größeren Arbeit*[203]. Hier sitzt Markus der Mißinterpretation der Fußnote eines vorveröffentlichten Kapitels aus dem Traktat auf, die er auf den Traktat als solchen bezieht[204]. Daneben behauptet er, daß Hanslick der systematischen Darstellung auf dem Gebiet der Musikgeschichte und -ästhetik nicht fähig war, seine Domäne vielmehr die Kritik gewesen sei. Hier gesteht Markus antiformalistische Praxis zu und führt sogar Beispiele an[205]. Zuweilen nimmt Hanslick in Markus' Augen, vor allem in Fragen nationaler Komponisten wie Tschaikowsky, jedoch die *Position eines kämpferischen Reaktionärs*[206] ein.

Gleich zu Beginn der Besprechung der Hanslickschen *Broschüre*[207] *Vom Musikalisch-Schönen* macht Markus seinen distanzierten Standort deutlich: *keine andere literarische Arbeit zur Verteidigung des Formalismus ... hat so breite Resonanz gefunden*[208]. Hanslick gilt somit als Mitbe-

---

[198] Markus, a. a. O., S. 367
[199] Ibid.
[200] Diese führt, aus dem gleichen „Lager", etwa K. Mehner an, a. a. O., S. 20.
[201] Markus, a. a. O., S. 370
[202] Ibid. S. 371
[203] Ibid.
[204] Vgl. Materialteil S. 115.
[205] Markus, a. a. O., S. 372ff.
[206] Ibid. S. 376
[207] Ibid.
[208] Ibid.

gründer und Bewahrer des musikalischen Formalismus, eine Aussage, die spätestens seit Schäfkes Arbeit von 1922 revidiert war[209]. Dennoch bezeichnet Markus den Traktat geradezu als *das theoretische Manifest des musikalischen Formalismus*[210]. Neben den vielen Pauschalvorwürfen ist dabei besonders problematisch, daß nirgends der Formalismusvorwurf, wie er hier erhoben wird und Schule machte, näher erläutert wird. Im Zusammenhang einer Übersicht über kritische Äußerungen zu Hanslicks Schrift – Brahms und Riemann kommen zu Wort – wird wieder konstatiert, *daß Hanslick in seiner Schrift bewußt auf polemische Weise die Prinzipien des musikalischen Formalismus begründete, ... in der Absicht, diese in breiten Kreisen der Musiker ... populär zu machen*[211]. Weder werden die berufenen Prinzipien genannt noch, was Hanslick angeblich daraus machte – eine sehr unwissenschaftliche Argumentationspraxis für eine Ideologie, die sich stets darauf beruft und deren Vertreter sich so radikal gibt in seiner Linientreue.

Daß die Varianten nicht berücksichtigt wurden, führte zu Fehlinterpretationen. So weist Markus die Aussage aus dem Riemann-Musiklexikon zurück[212], wonach der Satz von den *tönend bewegten Formen* mißverstanden worden sei: *Damit wird Hanslicks Formalismus auf ein „Mißverständnis" zurückgeführt, das angeblich auf falscher Interpretation einer einzigen Formulierung beruht.*[213] Tatsächlich sind es aber zwei Formulierungen dieses Satzes, die jeweils eine eigene Interpretation zulassen[214]. In ähnlichem Sinne wirft Markus dem Einsteinschen Lexikon vor, es *vertusche den prinzipiell reaktionären Charakter der Hanslickschen Theorie des Formalismus sowie die feindselige Haltung Hanslicks gegenüber den fortschrittlichen Ideen des 19. Jahrhunderts*[215]. Genau das Gegenteil, daß Hanslick fortschrittliche Ideen verfocht, könnte man ebenso aus dem Traktat ableiten[216]. Hier zeigt sich die Befangenheit des Autors in dem vom 19. Jahrhundert übermittelten dualistischen Denken.

Der Inhalt des Traktats wird von Markus nur gestreift. Meist gibt er nur Kernsätze wieder, ohne sie in den Zusammenhang einzuordnen. Wichtiger scheint ihm offenbar, die Sekundärliteratur zu Hanslick des gleichen Formalismus zu bezichtigen oder ihr Vertuschung des Hanslickschen Formalismus vorzuwerfen. Markus zitiert aus einer späteren, ins Russische übersetzten Ausgabe, ohne auf frühere Formulierungen einzugehen. Dies hätte womöglich das Bild vom reaktionären, unflexiblen Hanslick grundsätzlich zerstört.

Markus versucht, mit seiner dogmatischen Argumentation den Leser zu manipulieren. So behauptet er, der Schluß des Traktats, wo Hanslick sich auf Philosophen berufe, solle bekunden, daß Hanslick kein Formalist sei[217]. Gerade die als Formalisten geltenden Philosophen Zimmermann und Herbart, der sogar als Stammvater des Formalismus gilt, sind aber hier genannt.

Nach Markus' Auffassung sind Hanslicks Ideen bis heute unangefochten geblieben, so daß dies von Seiten des Marxismus nachgeholt werden muß: *jedenfalls ist Hanslicks ästhetische Position im 19. Jahrhundert weder in Zweifel gezogen noch grundsätzlich kritisiert worden.*[218] Nicht nur von der – oft hochgespielten – Seite des Wagnerianertums, sondern auch von wissenschaftlicher Seite ist Hanslicks Schrift schon sehr früh angegriffen worden, wobei die Kontroverse bis heute anhält, so daß die folgende Bemerkung Markus' erst recht unverständlich bleibt: *In unseren Tagen, da sich der Einfluß des Formalismus auf alle Zweige der bürgerlichen Kunst verstärkt, hat auch die bürgerliche Musikwissenschaft die Propaganda für die Hanslickschen Ideen intensiviert.*[219]

---

[209] Vgl. Schäfke, a. a. O.
[210] Markus, a. a. O., S. 376
[211] Ibid. S. 377
[212] Er bezieht sich dabei auf die 12. Auflage von 1954.
[213] Markus, a. a. O., S. 377
[214] Vgl. vorliegende Ausgabe S. 75 und oben S. 20.
[215] Markus, a. a. O., S. 377
[216] Vgl. S. 38.
[217] Markus, a. a. O., S. 380
[218] Markus, a. a. O., S. 383
[219] Ibid.

Nach den langen Ausführungen gibt Markus den Bezugspol für seinen Formalismusvorwurf bekannt, ohne auch hier Näheres mitzuteilen: Grundlage für Hanslicks *Formalismus* sei der I. Kants. Er gibt dann auch Beispiele im Traktat Hanslicks wie die berühmte Prometheusanalyse[220], ohne zu registrieren, daß Hanslick das Formalistische an dieser Analyse im gleichen Atemzug zurückgenommen hatte[221].

Grundproblem der Ästhetik Hanslicks ist für Markus, sie mit seiner Kritikertätigkeit in Einklang zu bringen. Die Hanslickrezeption teilt Markus unter seinem vom Formalismusvorwurf verstellten Blickwinkel in zwei Gruppierungen:
1. solche, die Hanslick als maßgeblichen Formalisten sehen,
2. solche, die den Hanslickschen Formalismus „bürgerlich" tarnen.
Zum Schluß seines Hanslickartikels sagt Markus der „bürgerlichen" Musiktheorie und -ästhetik den Kampf an, gestützt auf den *Kampf in der Musikästhetik gegen die Hanslickschen Theorien und ihre heutigen Verfechter*[222], wobei er in den Westen „schielt". Die Deutung Hanslicks als Formalisten war lange Zeit in „real-sozialistischen" Ländern vorherrschend. Markus' musikästhetische Darlegungen waren oft Orientierungspunkt, und es gehörte Mut dazu, diese orthodoxe Grundhaltung zu durchbrechen, die zwar im philologischen Detail ungenau war, die Grundhaltung in „sozialistischen" Ländern aber von mehreren Jahrzehnten widerspiegelt.

Diese ist etwa in der ersten DDR-Dissertation spürbar, die sich mit ästhetischen Fragen dieser Zeit befaßt und Hanslicks Ästhetik ebenfalls behandelt: M. Elßner, *Zum Problem des Verhältnisses von Musik und Wirklichkeit in den musikästhetischen Anschauungen der Schumannzeit*[223]. Sie bringt keine Neuigkeiten zu Hanslicks Traktat, behandelt die Texteingriffe an keiner Stelle, geht vielmehr aus orthodox-marxistischer Sicht auf Hanslicks angebliche oder konstruierte Widersprüche ein, so die Stellen, die idealistisch gefärbt sind und im Widerspruch stehen zu den von R. Zimmermann geprägten[224]. Den vom sozialistischen Realismus geforderten Wirklichkeitsbezug der Kunst habe Hanslick in seiner Ästhetik *liquidiert*[225]. In diesem Sinne ist Hanslick Vorreiter der Ideen der spätbürgerlichen Gesellschaft: *Hiermit gibt Hanslick der ganzen spätbürgerlichen Musikästhetik das Rezept, wie man die Musik von aller Erd-, Zeit- und Klassengebundenheit befreit.*[226] Noch radikaler als bei Markus fällt das Resümee Elßners aus: *Die reaktionäre bürgerliche Musikästhetik fand ihre Hauptthesen bei Hanslick vorgeformt. Sie sind der Tenor seines Werkes, obwohl sie der Seitenzahl nach vielleicht von fortschrittlich-bürgerlichen Reminiszenzen überwuchert scheinen.*[227]

Nach dieser Darstellung wäre die Auflösung der Musikästhetik überhaupt das Ziel der Hanslickschen Musikästhetik, denn Musikästhetik habe, nach marxistischer Grundüberzeugung im Verhältnis von Kunst und Realität ihren Gegenstand. Daher schließt Elßner ihren Hanslickteil nicht, ohne das alte Vorurteil von der Diskrepanz von Musikästhetik und Musikgeschichte bei Hanslick wiederholt zu haben: *Mit seiner hermetischen Abriegelung der Musikgeschichte von der Musikästhetik hat Hanslick statt eines Beitrages zur Revision der Ästhetik der Tonkunst einen Beitrag zur Zerstörung der Ästhetik der Tonkunst geleistet.*[228]

10. D. Breitkreuz: *Die musikästhetischen Anschauungen Eduard Hanslicks und ihre Gültigkeit in der Gegenwart*. Halle 1969

In dieser bislang umfangreichsten Dissertation zu Hanslicks Ästhetik wird zum ersten Mal der Versuch unternommen, die Hanslickrezeption in den „sozialistischen" Ländern von bestimmten, ideologisch vorgeprägten Interpretationsmustern zu befreien, wie dem Vorwurf des Formalismus, verbunden mit dem der politischen Reaktion. Breitkreuz setzt sich aber auch mit dem Vorurteil auseinander, Hanslick sei von Nägeli beeinflußt (Printz 1918), sowie mit anderen Richtungen der Hanslickrezeption (Elßners Suche nach Wirklichkeitsbezügen; der Gruppe, die Hanslick

---

[220] Vgl. vorliegende Ausgabe S. 49f.
[221] Ibid. S. 50
[222] Markus, a. a. O., S. 388
[223] a. a. O.
[224] Ohne Varianten ist die Darstellung dieses Problems schlechterdings nicht möglich; Elßner, a. a. O., S. 73f.
[225] Ibid. S. 76
[226] Ibid. S. 79
[227] Elßner, a. a. O., S. 79
[228] Ibid. S. 81

mangelndes Eingehen auf die Rolle des Gefühls vorwirft). Des weiteren hebt Breitkreuz die Wichtigkeit des Kritikers Hanslick hervor, was bei der Hanslickrezeption vernachlässigt worden sei.

Nach diesem Forschungsbericht untersucht Breitkreuz vier Punkte:

1. den Begriff des Schönen
2. den Begriff des geistigen Gehalts und seinen Bezug zum Ausdruck
3. den Begriff des geistigen Gehalts und seinen Bezug zur Rezeption des Kunstwerks
4. die Beziehungen zwischen dem Zimmermannschen Formalismus und der Musikästhetik Hanslicks.

Varianten des Traktats werden häufig erwähnt (so die Änderungen aufgrund Zimmermanns Rezension[229], die Streichung der Berufung auf Goethe beim Gehaltbegriff[230], Hanslicks Abwehr des Vorwurfs der Gefühlsleugnung[231], das Herbartzitat ab der sechsten Auflage von 1881[232]). Dennoch sind einige Fehler unterlaufen. Die Informationen über die Änderungen schöpft Breitkreuz zumeist aus den Arbeiten Printz' und Schäfkes. Auch deren Interpretationen werden, leicht abgeändert, übernommen. Neu ist, daß wichtige Veröffentlichungen Hanslicks und Zimmermanns wie die Teilveröffentlichung des Traktats in den *Österreichischen Blättern*[233] und dort von Zimmermann veröffentlichte Aufsätze und Rezensionen mit berücksichtigt werden. Dabei wird fälschlich Zimmermanns Rezension des Traktats auf die Vorveröffentlichungen Hanslicks bezogen[234] trotz des Hinweises *Fragment einer größeren Arbeit*[235] in der Vorveröffentlichung. Dies wird so gedeutet, als habe Hanslick gar nicht die Absicht gehabt, *Vom Musikalisch-Schönen* als Buch herauszugeben. Trotz des Hinweises auf D. Fr. Strauss' Kritik an Hanslicks Kaleidoskopmodell[236] wird nicht registriert, daß Hanslick gerade aufgrund dieser Kritik Strauss' Vergleichsvorschläge in seine Varianten aufgenommen hat[237].

Ebenso falsch ist die Berufung auf einen von A. Wilhelmer Hanslick zugesprochenen Aufsatz über ältere und neuere Musikwissenschaft[238]. Dieser unter dem Pseudonym „Eusebius" edierte Aufsatz ist nicht aus Hanslicks Feder. Sowohl inhaltlich wie stilistisch sind Differenzen festzustellen. Des weiteren ist anzuführen, daß Hanslick sämtliche Aufsätze, die er nicht unter seinem Namen veröffentlichte, mit dem Davidsbündlernamen „Renatus" signierte[239].

Überraschend ist an dieser Arbeit, daß nirgendwo der Versuch gemacht wird, die erwarteten orthodox-marxistischen ideologischen Raster anzulegen. Die sicherlich notwendige Kritik spielt sich vielmehr im begrifflichen Bereich ab, in dem einige Fehler Hanslicks aufgedeckt werden. Für die Interpretation der Varianten werden weder neues Material noch neue Entdeckungen geliefert.

11. D. Glatt: *Zur geschichtlichen Bedeutung der Musikästhetik Eduard Hanslicks*. München 1972

Dorothea Glatt versucht in ihrer Heidelberger Dissertation von 1969, Hanslicks Theorie in neue historische Perspektiven zu bringen. Sie weist Bezüge zu J. G. Herder, zur Romantik und zum wissenschaftlichen Objektivismus des 19. Jahrhunderts nach und stellt Roman Ingardens *Onto-*

---

229 Breitkreuz, a. a. O., S. 225ff.
230 Ibid. S. 42
231 Ibid. S. 11
232 Ibid. S. 225
233 Vgl. Materialteil S. 115ff.
234 Breitkreuz a. a. O., S. 231
235 Vgl. Materialteil S. 115.
236 Breitkreuz, a. a. O., S. 244f.
237 Breitkreuz, a. a. O., S. 244f., vgl. vorliegende Ausgabe S. 76.
238 Vgl. Wilhelmer, a. a. O., S. 39. Der Eusebius-Aufsatz lautet im vollen Titel: *Die Musikwissenschaft der neueren Zeit in ihrem Unterschied von der älteren*, Beilage zum Morgenblatte der Wiener Zeitung Nr. 63, 65; 25. u. 30. 5. 1850.
239 Vgl. dazu auch Tschulik, a. a. O., S. 604f.

logie des Musikwerks[240] als Antwort auf die *in der Theorie Hanslicks enthaltenen Aporien* [241] dar.

Die Arbeit zeigt Hanslicks indifferente Kritik der Gefühlsästhetik, der er Affektenlehre, Nachahmungslehre, Ausdrucksästhetik und romantische Gefühlsästhetik gleichermaßen subsumiert, ohne ihre qualitativen Unterschiede und historischen Bedingtheiten zu charakterisieren[242]. Dennoch ist auch hier Hanslicks Position nicht eindeutig zu bestimmen. An dieser Stelle ihrer Argumentation zitiert sie einen Passus, der der Einschätzung einer historischen Indifferenz grundlegend widerspricht[243]. Glatt deutet dies so: *Das Autonomieprinzip betrachtet die Geschichte der Musik als ein Reservoir von Formphänomenen, die es auf den Begriff zu bringen gilt.*[244] Hanslicks Zusatz: *Modulationen, Cadenzen, Intervallfortschreitungen, Harmoniefolgen nützen sich in 50, ja 30 Jahren dergestalt ab, daß der geistvolle Componist sich deren nicht mehr bedienen kann und fortwährend zur Erfindung neuer, rein musikalischer Züge gedrängt wird*[245] macht aber deutlich, daß es nicht um Formphänomene geht, sondern um musikalisches Material schlechthin, das historischen Prozessen unterliegt, so daß der Vorwurf von Hanslicks indifferenter Sicht zu korrigieren ist.

D. Glatt legt ihrer Arbeit keinen Auflagenvergleich zugrunde[246]. Dies führte auch zu Fehlern wie dem Zitat des Kernsatzes von den *tönend bewegten Formen* als *tönend bewegte Form*[247], was verschiedene Dinge sind. Nach Glatt stünde der Arabesken- und Kaleidoskopvergleich im unmittelbaren Kontext zu Hanslicks Erläuterung des Formbegriffes, was so nicht stimmt. Gerade durch Formen, wie sie in Arabesken und im Kaleidoskop entstehen, soll der Inhalt von Musik bestimmt werden können. Daraus erhellt, daß es an dieser Stelle nicht um die Herausarbeitung des Formbegriffs, sondern nur um die Heranziehung zweier Analogien zur Musik geht, polemisch vielleicht, ohne es zu sagen, gegen einen programmusikalisch fixierten Inhalts- und Gegenstandsbegriff, wobei Hanslick erst ab der dritten Auflage (1865) der Differenz von Inhalt und Gegenstand gewahr wurde und in den Text eingriff[248]. Daraus sind die Irrtümer ersichtlich, die durch den falschen Textbezug entstehen können.

An einigen Stellen merkt Glatt dennoch Varianten an, wobei sie auf Printz' und Schäfkes Vorarbeiten zurückgreifen kann. So interpretiert sie die Schlußsätze des letzten Kapitels aus der Erstausgabe als der romantischen Ästhetik nahestehend: *Schließlich ist einer der letzten Sätze der Abhandlung, der durch seine Stellung im Text eine ganz pronconcierte Bedeutung bekommt, von demjenigen irgend eines romantischen Musiktheoretikers schlechterdings nicht mehr zu unterscheiden.*[249] In der Fußnote dazu gibt sie die Tilgung der Stelle *auf die Veranlassung von Robert Zimmermann*[250] an. Die Änderung wird nicht datiert, auch versucht sie nicht, aus Hanslicks Perspektive die Änderung zu motivieren, sondern aus der Zimmermanns: *Seine Streichung und damit die „Verwischung der Spuren"*[251] *erfolgte auf Veranlassung eines Mannes, der sich darüber im klaren*

---

[240] Deutsche Übersetzung in ders.: *Untersuchungen zur Ontologie der Kunst.* Tübingen 1962.

[241] Glatt, a. a. O., S. 103

[242] Ibid. S. 89f.

[243] *Es gibt keine Kunst, welche sobald und so viele Formen verbraucht wie die Musik* . . . Vgl. vorliegende Ausgabe S. 86f.

[244] Glatt, a. a. O., S. 89

[245] Vgl. vorliegende Ausgabe S. 86.

[246] Sie benutzte die erste und neunte Auflage des Traktats, wobei die erste offensichtlich dominierte. Eine für die Abhandlung als Ganzes unwichtige, diese Behauptung schlagkräftig beweisende Passage dies: In dem Kapitel *Kunst als Äußerungsform des Geistes* (S. 43ff.) erörtert Glatt die Idee der Einheit der Künste in der romantischen Ästhetik. Dazu wird aus C. Dahlhaus *Musikästhetik* R. Schumanns Satz *Die Ästhetik der einen Kunst ist die der anderen; nur das Material ist verschieden* zitiert (Glatt S. 49). Genau gegen diesen Satz hatte sich Hanslick, im Bestreben nach Spezialästhetiken, ab der sechsten Auflage (1881) in einer längeren Fußnote ausgesprochen. Vgl. vorliegende Ausgabe S. 23f. Dies hätte die Argumentation Glatts, Hanslick als Romantiker darzustellen, gestört.

[247] Vgl. Glatt, a. a. O., S. 51, vorliegende Ausgabe S. 75.

[248] Vgl. vorliegende Ausgabe S. 75.

[249] Glatt, a. a. O., S. 59

[250] Ibid.

[251] Diese Formulierung bezieht sich offenbar auf Dahlhaus' Aufsatz.

war, daß diese Sätze von einem geschärften wissenschaftlichen Bewußtsein nicht mehr legitimiert werden können. Zugleich sah Zimmermann hierin eine zu große Abhängigkeit von Hegel.[252] Daß Hanslick selbst die Widersprüchlichkeit dieser Sätze zu seinem eigenen Wissenschaftspostulat erkannte, wird nicht erwogen. Neu ist Glatts Interpretation, *daß es sich um allgemeine romantische Grundüberzeugungen handelt*[253], die Hanslick später strich.

In ihrem Kapitel über Hanslicks Verhältnis zu Hegel[254] behandelt sie die drei bei Printz schon beschriebenen hegelianisch klingenden Stellen, zitiert ausführlich Zimmermanns Kritik, referiert aber die Änderungen selbst nur ungenau. Im Gegensatz zu ihren Vorgängern versucht sie nicht, daraus eine eigene Interpretation abzuleiten, die in ein Gesamtkonzept, etwa einer Zuordnung zu Formal- oder Inhaltsästhetik, paßte, sondern begründet die Änderungen, Zimmermann dabei textimmanent folgend, aus inneren Widersprüchen, die dieser aufgedeckt habe. An anderer Stelle spricht sie freilich von der *Uminterpretation*[255] durch R. Zimmermann, die die Rezeption des Traktates als Formästhetik gezeigt habe.

Vom philologischen Standpunkt wären der Arbeit Glatts noch manche Irrtümer nachzuweisen, was zur Pedanterie führen und den neuen Ansatz vollkommen verkennen würde. Der besteht in der Einordnung der Hanslickschen Musikphilosophie in den historischen Kontext, was Dahlhaus als erster anregte. Daraus resultiert, daß es nicht mehr um die Einteilung in musikästhetische Richtungen geht, sondern um historische Prozesse, deren Folgen bis in die Gegenwart reichen.

12. W. Abegg: *Musikästhetik und Musikkritik bei Eduard Hanslick.* Regensburg 1974

Anders als D. Glatt, die sich anscheinend Schäfkes Forderung nach der Trennung von Hanslicks Ästhetik und Kritik zu eigen gemacht und die Ästhetik in den Vordergrund gerückt hatte, befaßt sich W. Abeggs Dissertation mit Ästhetik u n d Kritik. Grob läßt sich diese Arbeit als Zusammenfassung der vorangegangenen Hanslickforschung unter systematischen Gesichtspunkten beschreiben. Folgerichtig spricht Abegg nicht mehr von Hanslicks Ästhetik, sondern seiner Musikanschauung allgemein, die aus allen Schriften sich addiere, wobei Kritik und Ästhetik sich wechselseitig durchdrängen, die Kritik aber erst das ganze Spektrum der Hanslickschen Musikanschauung eröffne. Das Prinzip des *Musikalisch-Schönen*, das er als die positive Tendenz der ansonsten polemischen Schrift von 1854 hervorhebt, sieht Abegg mit geringfügigen Abweichungen in allen anderen Schriften verwirklicht, was Hanslick in Widerspruch zu den herrschenden Richtungen seiner Zeit gebracht hätte[256]. Sehr diffizil hat Abegg in diesem Zusammenhang den Begriff des *Musikalisch-Häßlichen* herausgearbeitet, den Hanslick als Gegenbegriff zum *Musikalisch-Schönen* zur Ablehnung von Gegenparteien gebrauchte[257]. Dem Leitbegriff der Phantasie – ein aus Vischers Ästhetik übernommener Begriff der ästhetischen Debatte –, die Hanslick für das dem Traktat zugrundeliegende Autonomieprinzip forderte, das sich – der Romantik verhaftet – an der reinen Instrumentalmusik orientiert, entspricht in der Vokalmusik, wie aus den Kritiken herauszulesen ist, der Begriff des Gemüts[258].

---

252 Glatt, a. a. O., S. 59

253 Ibid.

254 *Die Auseinandersetzung mit Hegel und das Problem der musikalischen Idee*, S. 75–79

255 Ibid. S. 97

256 Der Aspekt des Antipoden zur Neudeutschen Schule wird hier unter dem Eindruck einer ablehnenden Kritik an der zeitgenössischen Musik, deren Wortführer zu dieser Schule gehörten, wieder neu betont.

257 Davon ist im Traktat selbst kaum die Rede. Erst in den späten Kritiken wird häßliche mit schlechter Musik gleichgesetzt; Abegg, a. a. O., S. 73ff.

258 Ibid. S. 159

Abeggs Schrift basiert nicht auf einem detaillierten Auflagenvergleich, sondern auf der Durchsicht der ersten und achten Auflage des Traktats. Er gibt dennoch Hinweise auf Varianten und interpretiert sie gelegentlich.

So stellt er seinem Abschnitt über Form-Inhaltsproblematik eine eingehende Sprachanalyse des Kernsatzes von den *tönend bewegten Formen* voran, um die Provokation, die die Diskussion entfacht hatte, herauszuarbeiten[259]. Erst später vermerkt er allerdings die Abänderung, die dieser Satz erfahren hatte[260]. Dort gibt er auch eine Interpretation: *Die „Gefühlsästhetiker" verstanden Inhalt im Sinne von Gegenstand. Hanslick wehrt sich gegen diese Auffassung, Musik hat für ihn gerade keinen Gegenstand, sondern nur Inhalt im speziellen Sinn, die Tonformen. Die berühmteste These lautet nun „Tönend bewegte Formen sind einzig und allein Inhalt und Gegenstand der Musik", sie setzt beides gleich, widerspricht also Hanslicks ästhetischen Grundsätzen direkt. Ihr polemischer Zweck ist damit bewiesen: sie behauptet im Vokabular der „Gefühlsästhetik" das genaue Gegenteil von dem, was diese besagt. Sie ist in sich widersprüchlich, doch das wird in Kauf genommen für die nur so zu erreichende Schlagkraft. Hanslicks Auffassung aber gibt sie nicht wieder. In späteren Auflagen erscheint sie in veränderter Form „Der Inhalt der Musik sind tönend bewegte Formen". Damit wurde ihr die polemische Spitze genommen, sie ist nun ästhetischer Grundsatz.*[261] Dieser Analyse fehlt die Datierung der Änderung, die schon in der dritten Auflage von 1865 vorgenommen wurde[262]. Trotzdem blieb die Polemik erhalten, weil gerade diese These ständig weiterdiskutiert wurde, oft in verstümmelter Form, ohne die Varianten anzumerken[263].

Auch andere Texteingriffe Hanslicks sind bei Abegg erwähnt: so Robert Zimmermanns Rezension von 1854 und die daraus resultierenden Änderungen[264], die Abänderung der Arabesken- und Kaleidoskopanalogie[265], der Fußnotenzusatz über Hanslicks eigene Kritikertätigkeit[266], die Streichung des Satzes von der analytischen Tätigkeit des Komponisten[267], die Zusätze aus Helmholtz' Untersuchung[268], die ständige Arbeit am Traktat und die Abfassung neuer Vorworte[269], die späteren Anmerkungen zu Liszt[270], die Abänderungen seiner Attribute zu Berlioz[271], den Austausch einer Fußnote zu R. Wagner[272], den Zusatz von Zitaten A. v. Dommers und R. Wagners in den Anmerkungen zum Schluß des ersten Kapitels[273]. Alle diese Varianten werden eher im Vorübergehen aufgeführt, so daß ihre ungenaue Datierung und mangelnde Interpretation nicht so sehr ins Gewicht fällt, eher die Vielzahl neuentdeckter Veränderungen auffällt.

Trotz der vorausgegangenen Untersuchung C. Dahlhaus' fällt Abegg zurück in die Beurteilung der Hanslickschen Ästhetik als geschichtsfern[274]. Die Varianten des Traktats, die zahlreich erwähnt sind, führen zu keiner neuen Gesamtsicht der Hanslickschen Ästhetik, eher wird von den Kritiken ausgegangen.

[259] Abegg, a. a. O., S. 47
[260] Ibid. S. 50
[261] Ibid.
[262] Vgl. vorliegende Ausgabe S. 75.
[263] Ebenso wurde der Terminus *verrottete Gefühlästhetik* aus der ersten Auflage ständig weiterdiskutiert.
[264] Abegg, a. a. O., S. 14, 35f., 40
[265] Ibid. S. 32
[266] Ibid. S. 66
[267] Ibid. S. 72
[268] Ibid. S. 85
[269] Ibid. S. 89f.
[270] Ibid. S. 109
[271] Ibid. S. 94
[272] Ibid. S. 147
[273] Ibid. S. 164
[274] Ibid. S. 39ff., 163ff.

13. S. Bimberg, W. Kaden u. a.: *Handbuch der Musikästhetik.* Kap. 8. *Geschichte der Musikästhetik*, 8.10.2. *Hanslick* (Verfasser S. Bimberg), Leipzig 1979

Obwohl keine Varianten des Traktats erörtert werden, zeigt dieser Beitrag in dem ostdeutschen Standardwerk zur Musikästhetik einen weit flexibleren Standpunkt als etwa Markus und die Hanslickrezeption bis in die sechziger Jahre. Neben der Darstellung der Biographie und des Inhalts des Traktats wird hier der Versuch unternommen, Hanslicks Lehre vom Dynamischen des Gefühls, das in der Musik abgebildet sein kann, in eine lange Reihe von „Intonationslehren" einzuordnen, die bis Aristoteles reicht. Wenn auch philologische Fehler unterlaufen dadurch, daß der Verfasser sich auf die späteren Auflagen des Traktats bezieht – so wird etwa der Kernsatz von den *tönend bewegten Formen* nach der Fassung ab der dritten Auflage von 1865 zitiert[275] –, so wird doch vom erwarteten orthodoxen Standpunkt Abstand genommen und wider die These von Hanslicks Formalismus Stellung bezogen. Dabei verweist der Verfasser Bimberg auf Hanslicks Diktum, daß es nicht um *leere Formen* gehe, sondern um *musikalische Gedanken und Gefühle*[276], was gegen eine *Festlegung im Sinne des landläufigen Formalismus* spreche[277]. Hanslicks Verdienste und Aktualität werden unterstrichen, wenn Bimberg darauf hinweist, daß Hanslick Probleme erkannt und formuliert habe, die bis heute noch nicht gelöst seien, etwa ob Musik Selbstzweck sei oder *Mittel oder Darstellung von Gefühlen*[278], wobei Hanslick die Musikästhetik in der Behandlung dieses Problems aus einer *sentimentalen, romantisch-mystischen und rationalistisch-mechanistischen Verschleierung* herausgeholt habe[279].

Gegen den Formalismusvorwurf mit seiner langen Tradition spreche auch Hanslicks *Proklamation der Einheit von Inhalt und Form*[280] sowie Hanslicks Vielseitigkeit auch in rezeptionstheoretischer Hinsicht, wonach mit intensivem Hören Arbeit verbunden sei, ansonsten sei es pathologisch. Dies wird von Bimberg mit Brechts Angriff auf das *kulinarische Rezipieren* gleichgesetzt[281]. Hanslicks Mängel, etwa im Hinblick auf eine Intonationstheorie, werden aus Zeitbefangenheit, nicht aus politisch reaktionärer Gesinnung erklärt. Ein Blick auf die Varianten hätte dieses Reagieren auf den Zeitgeist bestätigen können. Trotz dieses Abrückens von alten Interpretationsrastern wird ein Kapitel später Hanslicks Freund und ästhetischer Berater R. Zimmermann als reiner Formalist[282] behandelt.

14. D. Altenburg: *Vom poetisch Schönen. Franz Liszts Auseinandersetzung mit der Musikästhetik Eduard Hanslicks.* Kassel 1980

Altenburgs Aufsatz ist für die Deutung des Traktats und seiner Varianten nur insofern von Belang, als er hier nachzuweisen sucht, daß Franz Liszt in der Vorgeschichte des Traktats und seiner Veröffentlichung eine wesentliche Rolle spielte. Demnach soll Hanslick Liszt darum gebeten haben, wie ein Brief bekundet, bei einem Leipziger Verleger für die Herausgabe seines Buches *Vom Musikalisch-Schönen* zu plädieren sowie ein Vorwort dazu zu verfassen. Dieser Sachverhalt

---

275 Bimberg, a. a. O., S. 396
276 Ibid.
277 Ibid.
278 Ibid.
279 Ibid. S. 396
280 Ibid.
281 Ibid.
282 Ibid. S. 397

wurde, von der Hanslickforschung unberücksichtigt, zuerst von J. Kapp 1911 mitgeteilt[283]. Folgender Brief wird von ihm übermittelt und Hanslick zugeschrieben:

Dresden, 8. Oktober 1854.

Hochverehrter Herr Kapellmeister!

Nachdem mir die Webersche Buchhandlung zu Leipzig heute das durch Ihre wohlwollende Vermittlung übermittelte Manuskript, den gewünschten Druck desselben aus dem angegebenen Vorwand größerer vorerst in Angriff zu nehmender Verlagsarbeiten ablehnend, wieder übermittelt hat, zögere ich keinen Augenblick, dasselbe (mit Ausnahme zweier Hefte, die ich in stylistischer Hinsicht noch etwas zu verbessern beabsichtige und im günstigen Antwortfalle sofort übersende) Ew. Hochwohlgeboren unter ehrerbietigster Bezugnahme auf Ihren letzterhaltenen Brief mit dem hochachtungsvollen, angelegentlichen Wunsche zu übersenden, dasselbe nunmehr, sobald es Ihnen conveniert, Herrn Hermann Böhlau dort in gleicher Absicht vorlegen zu wollen, allerdings diesmal freilich ohne Honorarbeanspruchung! Da ich von vornherein das kleine Werk vorherrschend aus wahrer, tiefer und bleibender Begeisterung unternommen und bis jetzt fortgeführt, so wird es mir auch leichter, selbst unter dem hohen materiellen Lebensdruck, unter dem ich schmachte, das Opfer des Verzichts auf Honorar zu bringen, habe ich doch die Ehre und Freude dabei erlebt, daß Männer wie Ew. Hochwohlgeboren und Herr Dr. Reißiger die kleine Sache nicht allein mit Ihrem Beifall beehren, sondern sogar in Ihrer Güte soweit gehen, um, wie dero Schreiben mir mitteilt, den Verleger durch Entnahme von 30–40 Exemplaren zum Druck animieren zu wollen! das ist zu viel Güte, ehrenwerter Herr! die Sie mir unbedeutendem, obskuren Menschen erzeigen. Aber nun zürnen Sie mir um Himmelswillen nicht ob dessen, was nun kommt! – krönen sie Ihr edles Werk durch die, die Übereichung des Ihnen beifolgenden Manuskriptes an Herrn Böhlau begleitende Mitteilung an denselben, eine nur in wenigen und einfachen Worten das lesende Publikum auf ein Werkchen aufmerksam machende Vorrede, deren schon auf dem Titel kurz gedacht würde, dazu schreiben zu wollen. Der Zauber Ihres Namens, Ihre innere wie äußere Persönlichkeit ist zu groß, rein, tief und bleibend, als daß durch eine solche Einführung des Werkchens in die Literatur allein dem Verleger schon von vornherein ein viel größerer Absatz von Exemplaren der nur so kleinen Auflage gewährleistet und das Werklein selbst gleichermaßen schon von vornherein weit mehr zum Gegenstand der Besprechung bei Freund und Feind gemacht wird. O machen Sie mir armen Teufel von deutschem Poeten diese Freude! – In den betreffenden buchhändlerischen Ankündigungen erlauben ohne Zweifel ebenso wohl Sie, verehrter Meister, wie Herr Kapellmeister Dr. Reißiger, daß auf ihr Urteil über das angekündigt werdende Werklein unter auszugsweiser Abdruckung der betreffenden Stellen Ihrer respect. Empfehlungsschreiben zu tunlichster Empfehlung des Werkchens hingewiesen werden darf. Ich habe nicht besonders noch an Herrn Böhlau geschrieben, in Ihren Händen ist die Sache in den besten Händen, Herrn Böhlau meine ergebendste Empfehlung. – Die Hälfte vom Verkauf der Exemplare (nach Kostenabzug) bleibt mir doch wohl? Nicht wahr?

Sie zürnen mir doch ja nicht wegen der neuen Bitte die Vorrede betreffend; meinen tiefstgefühlten, herzinnigsten Dank wegen Ihres so hochehrenvollsten Anerbietens die 30–40 Exemplare betreffend.

Mit größter Ehrerbietung und Ergebenheit der Ihrige

E. F. Hanslick.[284]

Bislang war der Forschung nur bekannt, gestützt auf Hanslicks Autobiographie, daß sein späterer Kollege und Herausgeber der Feuilletonbeilage der *Wiener Zeitung*, der Kunsthistoriker R. Eitelberger, der wohl auch den Vorabdruck eines Teils des Taktats redigiert hatte, der Vermittler Hanslicks zum Buchdrucker Weigel in Leipzig war. Mehrere Gründe sprechen gegen die Zuschreibung dieses Briefs an Hanslick, wie sie von Kapp zuerst vorgenommen und von Altenburg übernommen wurde:

- der Absendeort ist Dresden, nicht Hanslicks Domizil Wien;
- der Absender zeichnet *E. F. Hanslick,* was in keinem der Briefe und Unterschriften, die erhalten sind, zu finden ist;
- der Schreiber bezeichnet sich selbst als Poeten, so daß ein namensgleicher Literat zu vermuten steht;
- die geringe Zahl der angekündigten Auflage stimmt nicht mit Hanslicks Erfolgsbilanz zusammen;
- der in diesem Brief vorfindliche Stil paßt weder zu dem sonstigen Briefstil[285] noch dem Kritiken- und Traktatstil Hanslicks (der gewundene Nominalstil, Wendungen wie *Ihr Urteil über das angekündigt werdende Werklein* wären bei dem eine flüssige und gewitzigte Sprache schreibenden Hanslick undenkbar);

[283] J. Kapp: *Autobiographisches von Franz Liszt, 3. Liszt und Hanslick,* in: *Die Musik* XI 1911, S. 10, hier S. 20f.

[284] Kapp, a. a. O., S. 20f.

[285] Teilabdruck der Briefe an Vesque v. Püttlingen in H. Ibl, a. a. O.

- von der Datierung dieses Briefes bis zur ersten Zeitungsankündigung vom 17. November 1854 oder Zimmermanns Rezension des Traktats vom 20. November 1854, die teilweise schon auf das bisherige Aufsehen, das die Schrift erregt habe, aufmerksam machen, ist eine zu kurze Frist vergangen, um ein Buch wie das Hanslicks zu drucken;
- im Text des Briefes ist nirgends von einem musiktheoretischen Werk die Rede. Das nicht näher umrissene Werk soll aber den Beifall Liszts gefunden haben, was bei Hanslicks Buch kaum denkbar ist.

So bleibt festzuhalten, daß dieser Brief vermutlich Hanslick untergeschoben, dadurch allerdings eine fatale Neuinterpretation des Traktats in Gang gesetzt wurde, die in neueren Publikationen wie dem *Funkkolleg Musikgeschichte* popularisiert wurde.

Liszt schrieb die angeblich gewünschte Vorrede nicht. Hanslicks Schrift erschien und wandte sich, ohne Liszts Namen zu nennen, gegen dessen Ästhetik, die die der Neudeutschen war. Altenburg bezeichnet die Lisztsche Ästhetik als die vom *poetisch-Schönen*, die er der Hanslickschen Konzeption vom *Musikalisch-Schönen* entgegensetzt, so daß der alte Dualismus wieder auflebt. Umgekehrt erarbeitet Altenburg Liszts Reaktion auf Hanslicks Traktat. Dieser wandte sich, ebenfalls ohne Namensnennung, in drei Aufsätzen gegen Hanslicks Ästhetik. Es sind die Aufsätze:

1. *Robert Schumann*
2. *Marx: Die Musik im neunzehnten Jahrhundert*
3. *Berlioz und seine Haroldsymphonie*

Im ersten, Robert Schumann gewidmeten Aufsatz, bekennt sich Liszt gegen Hanslick zu Schumanns Postulat, Musikkritik müsse immer mehr Sache der Künstler werden[286]. Diese Aussage richtet sich gegen „Nichtkünstler" wie Hanslick. Schumann wird als Leitbild der Programmusik beschworen.

In dem 1855 erschienenen Buch von Marx über die Musik im 19. Jahrhundert sah Liszt ein Gegengewicht zu Hanslicks Schrift von 1854 mit ihrer großen Wirkung. Marx' Buch wird in Liszts Augen zum Manifest für fortschrittliche, das heißt Programmusik schreibende Komponisten hochstilisiert. Ohne Hanslicks Namen zu nennen, erklärt er hier formalästhetische Konzeptionen für überholt und die Inhaltsästhetik als Inbegriff des musikalischen Fortschritts. In solchen Nuancen, in Zeitschriftenkontroversen ohne Namensnennungen wurde also das ausgetragen, was dann fälschlicherweise als Streit von Form- und Inhaltsästhetik in die Geschichte einging.

Liszts Aufsatz über Berlioz kennzeichnen entstehungsgeschichtliche, mit Hanslick zusammenhängende Probleme. Die Geschichte dieses Aufsatzes datiert ab 1851. In der Endfassung stehen Passagen, die auf 1851 zurückgehen, neben solchen, die auf Hanslicks Schrift von 1854 Bezug nehmen. Altenburg stellt mehrere Punkte der Auseinandersetzung Liszts mit Hanslick heraus:

1. Dem Hanslickschen Postulat nach Objektivität und Wissenschaftlichkeit analog der Naturwissenschaft stellt Liszt gegenüber, daß es in der Musik nichts Normatives gebe, weil sie einem steten Wandel unterworfen sei. Gerade diese Aussage - und das übersehen sowohl Liszt als Altenburg - trifft auch Hanslick des öfteren in seinem Traktat[287]. Dennoch zieht auch Liszt oft, um seine Gedankengänge zu unterstützen, Beispiele aus der Natur heran. Die entscheidende Absage an eine auf Natur sich stützende Musikwissenschaft, die Liszt erteilt, besteht darin, daß er ihr die Fähigkeit abspricht, künftige Entwicklungen vorauszusagen. Nur Vergangenes könne sie beschreiben, während der Künstler hingegen - hier als romantischer Seher gedeutet - dies vermöge.
2. Ähnlich dem Zitatennachweis am Ende des ersten Kapitels des Hanslickschen Traktats, der Aussagen der bisherigen Gefühlsästhetik kompiliert, stellt Liszt seinem Aufsatz einen Traditionsnachweis der Programmusik seit Jannequin bei und leitet den neuen Typus der Programmusik von der Ouvertüre ab[288].

---

286 Vgl. Altenburg, a. a. O., S. 2.
287 Vgl. die Ausführungen S. 38, vorliegende Ausgabe S. 95f.
288 Vgl. Altenburg, a. a. O., S. 6.

3. Auf den Satz von den *tönend bewegten Formen* bezog sich im Hanslickschen Traktat der vielgeschmähte Arabesken- und Kaleidoskopvergleich. Seinerseits sich auf Hegels Unterscheidung von Kenner und Liebhaber berufend, will Liszt diese Vergleiche widerlegen. Ohne Hanslicks Namen zu nennen, jedoch in Anlehnung an dessen Formulierungen, versucht Liszt, *Hanslick als Wissenschaftler in Fragen der Kunst für inkompetent zu erklären*[289]:

Künstler und Kenner, die im Schaffen und Beurtheilen nur die sinnenreiche Construction, Kunst des Gewebes und verwickelte Faktur, nur die k a l e i d o s k o p i s c h e Mannichfaltigkeit mathematischer Berechnung und verschlungener Linien suchen, treiben Musik nach dem todten Buchstaben und sind Solchen zu vergleichen, welche die blätterreichen indischen und persischen Gedichte nur um der Sprache und Grammatik willen ansehen, nur Wortsonorität und Symmetrie des Versbaus bewundern, ohne Sinn, Gedanken- und Bilderfülle in ihrem Ausdruck, ohne ihren poetischen Zusammenhang, geschweige den besungenen Gegenstand, den geschichtlichen Inhalt zu berücksichtigen. Wir leugnen nicht den Nutzen philologischer und geologischer Untersuchungen, chemischer Analysen, physikalischer Experimente, grammatischer Erläuterungen – aber sie sind Sache einer Wissenschaft, nicht der Kunst.[290]

Aus diesen Tatsachen weist Altenburg nach, daß Liszt den Hauptteil seines Aufsatzes nach Lektüre der Hanslickschen Schrift überarbeitet hat.

Umgekehrt wandte sich Hanslick gegen Liszt in Varianten des Traktats, den Vorworten und einem „Verriß" der Lisztschen Symphonischen Dichtungen in *Aus dem Concertsaal.* Daß Hanslick gegen Liszt auftrat, wird dabei von Altenburg – auf die Recherchen Kapps gestützt – einseitig darauf zurückgeführt, daß Liszt nicht den Verleger für *Vom Musikalisch-Schönen* vermittelte. Die Authentizität des Briefes wird dabei nicht näher untersucht.

Der einzige Hinweis dieses Beitrags auf Hanslicks Varianten befindet sich in einer Fußnote: *Während Hanslick in seiner Schrift VMS in der Auflage von 1854 nur Berlioz und vor allem Wagner namentlich angegriffen hatte, polemisierte er in späteren Auflagen fortan auch gegen Liszt*[291].

Wie diese Angriffe gegen Liszt aussehen, wird nicht näher ausgeführt. Vor allem geschieht dies in den Vorworten der späteren Auflagen. So schreibt Hanslick im Vorwort zur zweiten Auflage: *Nun, wo ich die 2. Auflage zu veranstalten habe, sind zu W a g n e r s Schriften noch L i s z t ' s Programm-Symphonien hinzugekommen, welche vollständiger, als es bisher gelungen ist, die selbstständige Bedeutung der Musik abdanken, und diese dem Hörer nur mehr als gestaltentreibendes Mittel eingeben.*[292] Dazu führt er in der Fußnote aus: *Eben laufen die Berichte über Liszt's „Faust-Symphonie" ein, die in ihrem ersten Satz F a u s t „darstellt", im zweiten G r e t c h e n, im dritten M e p h i s t o. An dem letzten wird namentlich bewundert, daß er gar kein Thema hat, sondern als „verneinendes Princip" blos die Gedanken „Fausts" und „Gretchens" (– die Themen der beiden ersten Sätze –) verunstaltet und verhöhnt. –* [293] Diese Fußnote wurde in der dritten Auflage gestrichen. Lediglich der Satz: *Als ich die zweite Auflage veranstaltete, waren eben L i s z t ' s Programm-Symphonien hinzugekommen*[294] blieb stehen. Er enthält aber nicht die von Altenburg behauptete Polemik.

Innerhalb der Schrift selbst finden sich kaum die von Altenburg angekündigten Angriffe. Zu einer Ausführung über Berlioz ergänzt Hanslick ab der vierten Auflage von 1874: *Ihm ist L i s z t mit seinen „Symphonischen Dichtungen" nachgefolgt*[295], ebenfalls eine Aussage von wenig scharfer Polemik. Erst die Variante der Variante gewinnt pejorativen Charakter. Ab der fünften Auflage von 1876 steht zu lesen: *Ihm ist L i s z t mit seinen weit schwächeren „symphonischen Dichtungen" nachgefolgt*[296]. Daher sind Altenburgs Befunde über Hanslicks Varianten zu revidieren.

[289] Altenburg, a. a. O., S. 7
[290] Ibid.
[291] Ibid. S. 9
[292] Vgl. vorliegende Ausgabe S. 10.
[293] Ibid.
[294] Ibid. S. 11
[295] Ibid. S. 86
[296] Ibid.

15. E. J. Danz: *Die objektlose Kunst. Untersuchungen zur Musikästhetik Friedrich von Ha[u]seggers.* Regensburg 1981

In seiner umfangreichen Dissertation *Die objektlose Kunst. ...*, der, wie zu ergänzen wäre, eine subjektlose gegenüberstünde, übernimmt Ernst-Joachim Danz die aus dem 19. Jahrhundert herrührende Polarisierung von Form- und Inhaltsästhetik, wenn er in der Würdigung der Ästhetik und Biographie des Wagnerapologeten Fr. v. Hausegger diesem Hanslick gegenüberstellt und kritisch beleuchtet. Neben der ersten ausführlichen Biographie Hauseggers, die Danz vorgelegt hat, untersucht er Hauseggers Schriften und systematisiert dessen Ästhetik nach Oberbegriffen wie „Ausdruck", „Werk", „Gefühl als Kunst" und ähnlichen. Besonders im Kapitel *Das Spannungsverhältnis zwischen Ausdrucks- und Formästhetik*[297] und *Ästhetik als Polarität von Ausdruck und Form*[298] wird Hanslicks Ästhetik als Gegenposition zu Hausegger behandelt. Da es um diese Gegenüberstellung geht, überprüft Danz Hanslicks Traktat vor allem hinsichtlich seiner Methode, der Begrifflichkeit und Argumentation. Die Varianten spielen in Danz' Argumentationsgang keine wesentliche Rolle. Dennoch bietet er eine der systematischsten Darlegungen der Hanslickschen Ästhetik.

Grob skizziert spricht Danz der Hauseggerschen Ästhetik deshalb einen höheren Stellenwert zu, weil sie sowohl das Subjektive fordere als auch Postulate der Ethik integriere, daher umfassender sei als die Hanslicksche, die eben dies aussondere und beim rein Theoretischen stehenbliebe[299].

In diesem Sinne macht Danz Hanslick den Vorwurf der Isolation, in die Kunst getrieben wird, während sie bei Hausegger als Produkt von Kommunikationsbedürfnissen – ganz den Bedürfnissen der siebziger und achtziger Jahre des 20. Jahrhunderts entsprechend – erscheint[300].

Der im *Standpunkt des naivsten Positivismus*[301] verharrenden Ästhetik Hanslicks, deren Kern Danz im Begriff des *objektivierenden Gestaltens*[302] festzumachen sucht, steht das angeblich höhere Ziel der Hauseggerschen Ästhetik gegenüber, das auf einer Unzertrennlichkeit von wahrer Menschlichkeit und Kunst beruhe[303].

Freilich läßt Danz auch Hauseggers Schrift – sie kam einem Anliegen Wagners nach Widerlegung der These von den *tönend bewegten Formen* nach, die der Wagnerjünger pflichtschuldigst abstattete[304] – nicht ungeschmälert stehen. Er wirft ihr die umgekehrte Einseitigkeit vor. Beiden, Hanslick wie Hausegger, wäre diese nicht bei genauer Hegellektüre unterlaufen. Dabei übersieht Danz, daß Hanslick in entscheidenden Wendungen sich auf Hegel bezieht, was ihm ja auch dann von Zimmermann angelastet worden war.

Zwar gesteht Danz der Hauseggerschen Schrift im Gegensatz zur Hanslickschen keine große Wirkungsbreite zu, doch bleibt dahinter das „erkenntnisleitende Interesse" unverborgen, die Schrift Hauseggers zu aktualisieren. Denn Hanslicks Schrift erscheint für die Gegenwart unbrauchbar, auf einen *ästhetischen Zwischenfall auf den Rahmen des 19. Jahrhunderts* reduzierbar[305].

Dennoch muß Danz, trotz der herausgestellten Nähe von Ästhetik, Kunst und Menschlichkeit, den analog Wagner erfolgten radikalen Übergang Hauseggers zum Antisemitismus bekennen, so daß die Frage bleibt, ob diese Art von Menschlichkeit und daraus resultierender Kunst noch

---

[297] Danz, a. a. O., S. 190–225
[298] Ibid. S. 256–277
[299] Umgekehrt entspricht dies der von Hanslick angestrebten Wissenschaftlichkeit.
[300] In dieser Retrospektive ist auch der Trendwechsel der Wissenschaft in den siebziger Jahren durchspürbar, in der immer mehr Subjektivität und Kommunikation gefordert wurden.
[301] Danz, a. a. O., S. 248
[302] Ibid. S. 249
[303] Ibid. S. 250f. Dies war schon in der Antike gefordert.
[304] Brief H. v. Wolzogens vom 20. 2. 1882, vgl. Danz, a. a. O., S. 293.
[305] Ibid. S. 343

hervorgehoben zu werden verdient und aktualisiert werden soll, und nicht Hanslicks womöglich positivistischer Ansatz weitaus tragfähiger bleibt.

Danz' Bemühungen um Hausegger, mitgetragen von der neuen Subjektivität gegen Ende der siebziger Jahre, geht so weit, Hauseggers Antisemitismus in Schutz zu nehmen. Er sei bedingt durch die *geographische Lage seines Wirkens in ihrer spezifischen Situation der damaligen Zeit*[306] und angesichts des Gesamtwerks eine zu vernachlässigende Größe.

Der Gedanke der Aufhebung des Form- und Inhaltgegensatzes, die Danz schon bei Goethe und Schiller vorweggenommen sieht und die auch er im Grunde fordert, bewahrt ihn dennoch nicht davor, zwischen Hausegger und Hanslick ständig zu polarisieren, so daß er selbst der Tendenz des 19. Jahrhunderts anheimfällt. Trotz der Korrekturen in neueren Darstellungen bleibt daher Hanslick letztlich als Formalästhetiker stehen.

Außer dem Wegfall idealistisch geprägter Passagen erwähnt Danz wenige Varianten, deren genauere Erörterung vielleicht an seinem Hanslickbild gerüttelt hätte. Seiner Arbeit liegt auch kein Auflagenvergleich zugrunde[307].

Unter der Überschrift *Hanslicks heteronome Musikanschauung*[308] bespricht Danz einige Ideen Hanslicks, die der Musik trotz der grundsätzlichen Autonomieforderung Bedeutung zuerkennen, so die Ausführung über die musikalische Nachahmungsmöglichkeit der Dynamik der Gefühle. Dabei deutet Danz Hanslicks Darstellung dieser Bezugsmöglichkeiten mit neueren sprachwissenschaftlichen Termini und Theoremen wie denen der Referenzsemantik. Die „Referenten", auf die sich Tongebilde bezögen, heißen bei Hanslick *Ideen*, wobei Hanslick eine Hierarchie dieser Ideen aufstellt, in der von der Idee des Sanften bis zur *Resignation eines in sich versöhnten Gemüthes*[309] vorangeschritten werden kann. Danz macht bewußt, daß Hanslick sich hierbei in Widersprüche verstrickt. Er verweist auch darauf, daß Hanslick in der Erstausgabe seines Traktates diese Stelle noch weiter faßte und sogar von der *Ahnung des Absoluten*[310] sprach, dies aber in der fünften Auflage in die *Ahnung eines ewigen jenseitigen Friedens*[311] umgewandelt habe. Tatsächlich erfolgte die Variante schon in der zweiten Auflage von 1858 nach Zimmermanns Kritik, worauf Danz nicht eingeht. Danz interpretiert, daß der neue Passus zwar ebenso den *Bereich der Immanenz des Erscheinungshaften verläßt*[312], allerdings einen *geringfügig höheren Konkretheitsgrad*[313] besitze. Danz bleibt dabei im Bild der von Hanslick beschriebenen Hierarchie der Ideen. Wichtiger Stein des Anstoßes dürfte aber der Begriff des Absoluten gewesen sein, der zu sehr an die idealistische Philosophie erinnerte, so daß er abgemildert werden mußte.

Ebenso erwähnt Danz den Wegfall jenes Satzes, worin der Musik *jene symbolische, die großen Weltgesetze widerspiegelnde Bedeutsamkeit … welche wir in jedem Kunstschönen vorfinden* zugesprochen wird[314]. Dieser Passus entfiel ebenfalls schon ab der zweiten Auflage aufgrund der Rezension Zimmermanns.

Näher geht Danz auf den Schluß des Traktats ein, wo sich Hanslick in der ersten Auflage noch den Gedanken der Sphärenharmonie und Metaphysik verhaftet zeigt, was seinen wissenschaftlichen Anspruch zurücknimmt. Danz arbeitet die immanente Widersprüchlichkeit heraus, weist aber nicht nach, warum Hanslick diese Passage änderte. Dies geschah auf Zimmermanns Rezension hin und in Erkenntnis der eigenen Widersprüchlichkeit. Daß Hanslick den Schluß in zwei Etappen, in der zweiten und in der dritten Auflage veränderte, wird von Danz übersehen.

---

[306] Danz, a. a. O., S. 345
[307] Aus einer Fußnote geht hervor, daß er die 5., 10. und 12. Auflage des Traktats benutzt hat; vgl. Danz, a. a. O., S. 204.
[308] Ibid. S. 202ff.
[309] Ibid. S. 203, vorliegende Ausgabe S. 46
[310] Ibid.
[311] Ibid.
[312] Danz, a. a. O., S. 203
[313] Ibid., S. 204f.
[314] Vgl. vorliegende Ausgabe S. 75.

Für Danz liegt der Grund des Streichens vor allem in Hanslicks *unausgesprochenem Eingeständnis der Unvereinbarkeit der Darstellungsunfähigkeit und der Abbildfunktion der Musik*[315]. Diese Widersprüchlichkeit wird von Danz noch weiter erläutert: *Sowohl die Darstellung von psychischen und naturhaften Bewegungen als auch die Abbildung des Universums durch die Musik sind unvereinbar mit der Beschränkung der Aussagekraft der Musik auf ihre eigenen Parameter.*[316] Danz' Fazit lautet daher: *Wenn die Musik außerstande ist, begrifflich zu operieren, dann muß es auch außerhalb ihres Vermögens liegen, Bewegungen konkret benennbar darzustellen.*[317] Daß dabei zwei grundverschiedene Ebenen auf einen Nenner gebracht werden, ist offenbar.

Danz interpretiert Hanslicks Schrift von 1854 richtig als Konglomerat von thesenhaften Ausführungen, die auch in sich widersprüchlich sein konnten. Er vermerkt auch den Wechsel durch den Wegfall der heteronomie-ästhetischen Passagen zu einer noch größeren Autonomieästhetik hin. Die genauen Hintergründe der Streichungen und Änderungen werden aber an keiner Stelle beleuchtet, denn die Argumentation verfolgt vorrangig das Ziel, Hanslick gegen Hausegger zu stellen, wobei durch die erörterte Widersprüchlichkeit des Hanslickschen Ansatzes Hausegger eine größere Integrität zukommt, die Zuspitzung des 19. Jahrhunderts im Grunde aber nur fortgesetzt und mit linguistischen Termini aufbereitet wird. Durch den fehlenden Auflagenvergleich sind Fehlurteile oder falsche Zitate nicht vermeidbar. So zitiert Danz den Kernsatz von den *tönend bewegten Formen* nach der Fassung ab der dritten Auflage (1865): *Der Inhalt der Musik sind tönend bewegte Formen*, wogegen der Satz in der Erstfassung viel polemischer gehalten war[318]. Ebenso wird das Schlagwort von der *verrotteten Gefühlsästhetik*, wogegen Hanslick angehe, wieder aufgenommen, obwohl es nur im Vorwort zur Erstausgabe zu finden ist.

Anhand des „Kernsatzes" wird Hanslick der Formästhetik zugeschlagen. Danz erwähnt Hanslicks in der Autobiographie geäußerte Resignation, er habe *beseelte,* nicht die *leere* Form im Auge gehabt, aber inzwischen nachgelassen, über die *allerschwierigsten ästhetischen Fragen, „damit ist das Formproblem gemeint",* sich den Kopf zu zerbrechen[319]. Sowohl die Entstehungsgeschichte als auch das ständige Weiterarbeiten an der Schrift zeigen genau das Gegenteil:

1. Das Formproblem bildete weder den Ausgangs- noch Mittelpunkt des Traktates. Falsch ist, den „Kernsatz" auf das Formproblem ausschließlich zu beziehen, wie es in der Hanslickliteratur, auch bei Danz, immer wieder gemacht wurde.
2. Das hartnäckige Aktualisieren und Verbessern von Fehlern bekundet das stetige Interesse Hanslicks an seiner Abhandlung.

Auch Danz verfällt der Manier, den Kritiker gegen den Ästhetiker auszuspielen, wenn er Hanslicks spätere Differenzierung von *leerer Form* und *beseelter Form* anspricht[320]. Danz' Feststellung: *Was er theoretisch postulierte, hatte für ihn in der Praxis kaum Bedeutung, denn in seinen Musikkritiken war er von einer Verteidigung des formalistischen Prinzips weit entfernt*[321] trifft zwar eine Differenz von Hanslicks Ästhetik und Kritik, die Stichhaltigkeit des ästhetischen Entwurfs wird dadurch allerdings nicht entkräftet. Auch betont Danz in seiner Darstellung des Hanslickschen Formbegriffs zu sehr die Rolle der Architektur[322], die Hanslick nur als Vergleichspunkt hinzuzog, nachdem der Vergleich mit der Arabeske heftig kritisiert worden war. Er bezieht sich dabei auf eine Variante der vierten Auflage von 1874[323].

---

315 Danz, a. a. O., S. 203
316 Ibid. S. 204
317 Ibid. S. 205
318 Vgl. vorliegende Ausgabe S. 75. Gerade hier zeigt sich Danz' Fehler, keinen Auflagenvergleich zugrundezulegen. Er bezieht sich nämlich auf den „Kernsatz" als einen vielfach und vielfach falsch zitierten Satz, ohne von der Fassung der Erstausgabe Notiz genommen zu haben; vgl. Danz, a. a. O., S. 245.
319 Vgl. Danz, a. a. O., S. 247.
320 Ibid.
321 Ibid. S. 247
322 Ibid. S. 243–45
323 Vgl. vorliegende Ausgabe S. 76. Die Variante wird von Danz nicht als solche vermerkt.

Hanslicks Formverständnis hat nach Danz den Mangel, *das spezifisch Zeitliche der Musik auszu-klammern*[324], obwohl Hanslick in einer Variante ab der zweiten Auflage von 1858 gerade davon spricht, daß die Kaleidoskopanalogie durch den Ablauf in der Zeit *besonders treffend* wird[325]. Danz veranschlagt daher das architektonische Moment für Hanslicks Formbegriff zu hoch. Auch dies wäre mit Hilfe eines Auflagenvergleichs besser zu lösen gewesen.

Dadurch, daß der „objektlosen Kunst" nach der Kunstphilosophie Hauseggers die „subjekt-lose Kunst" nach der Ästhetik Hanslicks gegenübergestellt werden soll, muß auch Danz auf eine Relativierung innerhalb der Musikphilosophie Hanslicks verzichten, wie sie ein Auflagen-vergleich erzwänge. So zitiert er den radikalen Passus: *Das Schöne ist und bleibt schön, auch wenn es keine Gefühle erzeugt, ja wenn es weder geschaut noch betrachtet wird; also zwar für das Wohlgefallen eines anschauenden Subjectes, aber nicht durch dasselbe*[326], sowie den thesenhaften Kernsatz dieses Abschnittes: *Das Schöne hat überhaupt keinen Zweck, denn es ist bloße Form*[327]. Beide Formulierungen waren in der Erstausgabe noch nicht so radikal abgefaßt. Erst die Rezen-sion R. Zimmermanns zog diese Radikalisierung nach sich, wobei die schärfsten Formulierungen von Zimmermann selbst stammen und mit Abweichungen von Hanslick übernommen wur-den[328]. Wortwörtlich kann zwar Danz diesen Aussagen den *Standpunkt des naivsten Positivis-mus*[329] nachsagen, um sie richtig einordnen zu können, muß man allerdings den nur durch Text-kritik erfahrbaren Kontext mitberücksichtigen. Auch ein Verstehen aus der Zeit heraus, der an-brechenden Fortschritts- und Wissenschaftsgläubigkeit des 19. Jahrhunderts, wäre in diesem Falle angebracht gewesen.

Trotz der Polarisierung wird bei Danz' Darstellung am Ende nicht ganz klar, ob Hanslick als Vorläufer der werkimmanenten Ästhetik, als Vertreter des Positivismus oder als Formalästhetiker zu sehen ist, wenn er als Ergebnis seiner Gegenüberstellung festhält: *daß jener [= Hanslick] in rein werkästhetischer Methode das Kunstschöne als ein isoliertes Phänomen positivistisch zu erklären sucht, dieser [= Hausegger] hingegen die Wahrheit der Kunst in ihrer sozialen Funktion empirisch wie idealistisch aufzuzeigen bemüht ist, und damit einen weiter abgesteckten Gegenstand ins Auge faßt. Hanslick zieht an eben der Stelle eine Grenze, auf die Hausegger besonderes analytisches Gewicht legt, insofern jener seine Untersuchung und die Faktoren der Musik eingrenzt, die als bloße Klangerscheinungen eine schöne Kunst hervorzubringen vermögen, dieser aber seine Betrachtung der Musik auch auf deren individual- und sozialethische Aspekte ausdehnt*[330].

16. Kl. Mehner (Hg.): *Eduard Hanslick. Vom Musikalisch-Schönen. Aufsätze. Musikkritiken.* Leipzig 1982

Kl. Mehners Vorwort zu diesem Sammelband geht an einer Stelle ausdrücklich auf die Vari-anten, vor allem auf die von R. Zimmermann veranlaßten, ein. Wie aus der Dissertation H. Grimms[331] zu entnehmen ist, hatte Mehner einen Auflagenvergleich unternommen. Der Traktat wird – für DDR-Ideologie – sehr tolerant behandelt, nur an einigen Punkten biegt Mehner auf die gewohnte orthodox-marxistische Haltung in Literaturkritik und Ästhetik um. Neue Erkenntnisse über Hanslick und seine Schrift werden zwar kaum vermittelt, doch ist dies der

---

324 Danz, a. a. O., S. 245
325 Vgl. vorliegende Ausgabe S. 76.
326 Danz, a. a. O., S. 248, vorliegende Ausgabe S. 26
327 Ibid.
328 Ibid. Vgl. auch die Ausführungen S. 63ff.
329 Danz, a. a. O., S. 248
330 Ibid. S. 255
331 Grimm, a. a. O.

erste Essay überhaupt, der die überfällige Feststellung trifft, daß Hanslicks *Vom Musikalisch-Schönen* nur im Kontext seiner Varianten richtig verstanden werden kann.

Daß die Schrift bis heute ungebrochen aktuell ist, räumt Mehner ihr ein. Dies wird auch schon in der *NZfM*-Ankündigung angedeutet, wonach sie *theils ästhetischer, theils polemischer Art ist*[332], *musikologische Probleme im engeren Sinne* sowie *solche philosophisch-ästhetischer Provenienz*[333] behandle.

Auch Mehner setzt sich von dem offiziellen Formalismusvorwurf vom Schlage Markus' ab, der sich *mit schon fast penetranter Konstanz immer mehr verfestigt*[334] habe.

Bei der Wiedergabe der Biographie Hanslicks schlagen allerdings mehrfach orthodoxe Interpretationsraster durch, etwa wenn bestimmte Haltungen oder Handlungen als „bürgerlich" abgetan werden, wohingegen die Ästhetik günstig besprochen wird. Für ihr Verständnis fordert Mehner die Kenntnis der Tradition, in der sie steht[335]. Er plädiert dafür, den Traktat als Ganzes zu verstehen, nicht einige Kernsätze herauszugreifen und dann – womöglich hämisch – Widersprüche herauszustellen. Dabei verweist er auf den Kernsatz von den *tönend bewegten Formen*, der fälschlich als Beleg für Hanslicks Formalismus genommen worden sei, dem wiederum andere Sätze mit idealistischem Einschlag widersprächen[336].

Zwar sieht Mehner die Polemik gegen Affektenlehre und Gefühlsästhetik als eine wichtige Basis des Traktats, stellt aber seine Vielfalt positiv heraus. Dennoch scheint ihm *die Suche nach einem bestimmten philosophischen Fundament fast ein hoffnungsloses Unterfangen zu sein*[337].

In der Darstellung der Hanslickschen Grundkonzeptionen unterlaufen Mehner Unstimmigkeiten:
- wie viele trägt er das Schlagwort von der *verrotteten Gefühlsästhetik* vor, gegen die sich laut Hanslicks Angabe der Traktat richte. In Wirklichkeit findet man dieses Zitat nur im Vorwort zur ersten Auflage[338];
- als weiteres Grundelement wird der Kampf gegen die *Zukunftsmusik* angeführt, dabei sei *in erster Linie Programmusik Lisztscher Prägung*[339] gemeint. Erst ab der zweiten Auflage von 1858 wandte sich Hanslick explizit gegen Liszt. Das hier unterstellte Grundkonzept verfängt also nicht, kann höchstens als Teilmoment, das später hinzutrat, gelten.

Als eine Voraussetzung für das Autonomiekonzept Hanslicks sieht Mehner Kants Diktum vom *Wohlgefallen ... ohne alles Interesse*[340]. Die entsprechende Formulierung bei Hanslick gibt Mehner in diesem Zusammenhang ohne die durch Zimmermann veranlaßten Eingriffe wieder. Als Fortsetzung des Kantschen Postulats sieht Mehner Hanslicks Plädoyer für die naturwissenschaftliche Methode.

Weitere Grundlagen des Hanslickschen Autonomiekonzepts und des Traktats überhaupt beschreibt Mehner ausführlich, so den ablehnenden Standpunkt beim Natur-Kunstverhältnis, die Negation der Gefühlswirkung der Musik, an deren Stelle die Phantasie aufgewertet wird, die Ausführungen über den musikalischen Charakter sowie die zentrale, gegen die Programmusik gerichtete Kampfthese von den *tönend bewegten Formen*.

In diesem Zusammenhang erläutert Mehner den Inhalts- und Gehaltsbegriff bei Hanslick. Letzteren hätte Hanslick in den ersten fünf Auflagen mit einem Goethezitat belegt, als *etwas Mystisches außer uns und über dem Gegenstand und Inhalt*[341] charakterisiert, das Zitat aber ab

---

332 Zitiert nach Mehner, a. a. O., S. 5.
333 Ibid. S. 5f.
334 Ibid. S. 5
335 Ibid. S. 12
336 Ibid. S. 12
337 Ibid.
338 Vgl. vorliegende Ausgabe S. 9.
339 Mehner, a. a. O., S. 13
340 Ibid. S. 14. Diese Rückführung unternahm R. Zimmermann als erster.
341 Vgl. vorliegende Ausgabe S. 169.

der sechsten Auflage herausgenommen. Ohne genauere Präzisierung des Texteingriffs interpretiert Mehner dies so: *In den ersten Auflagen der Schrift Vom Musikalisch-Schönen wird zunächst direkt auf Goethe verwiesen, der in „Maximen und Reflexionen" von der Musik gesagt hatte, daß sie „ganz Form und Gehalt" sei.*[342] Dieses Goethezitat ist bei Hanslick nicht zu finden, umgekehrt wird das bei Hanslick zitierte Goethewort von Mehner nicht zitiert. Gründe für die Streichung kann Mehner nur vermuten: *Hanslick hat den Verweis in den späteren Auflagen gestrichen, es kann sein, daß er sich der tatsächlich vorhandenen Divergenz gerade zu Goethe bewußt geworden ist. Einen Gehalt als spezifisch Dichterisches oder Literarisches analog zu dem spezifisch Musikalischen nämlich kannte Goethe nicht; für ihn war Gehalt ohne Zusammenhang mit Sittlichem, mit Allgemein-Menschlichem völlig undenkbar.*[343] Neben dem Goethezitat wird auch ein weiterer, von Hanslick selbst stammender Passus gestrichen, in dem die Tonkunst als *gewaltige Offenbarung*[344] gerühmt wird. Wie im Goethezitat wird hier etwas Metaphysisches ausgesprochen. Dem wollte sich Hanslick nach der von R. Zimmermann angeregten Wende nicht mehr anschließen. Daß er diese Stelle erst für die sechste Auflage emendierte, kann darauf deuten, daß er in solchen Details erst so spät der Widersprüche gewahr wurde. Eine weitere, handfeste Deutung liefert H. Grimm[345], wonach der Zahlenhinweis *(45; 419),* der als Beleg zum Goethezitat dienen soll, offensichtlich von E. Krüger stammt, auf den sich Hanslick in diesem Zusammenhang bezieht. Der Peinlichkeit einer sekundären Quellenangabe bewußt, strich Hanslick diese Stelle. Den ganzen Passus hätte er aber nicht zu tilgen brauchen. Daher scheint die Emendation von metaphysischen Restbeständen als Erklärung einleuchtender.

Daß der Ästhetik Hanslicks dennoch konservative, zumindest *illusionäre und elitäre Züge*[346] anhaften, zeigt laut Mehner Hanslicks falsches *Funktionsverständnis von Kunst, das zwar in klassischen Idealen wurzelt, von diesen aber durch mehr als fünf Jahrzehnte getrennt ist*[347]. Zwar nicht als reaktionär, jedoch als konservativ erscheinen manche Haltungen Hanslicks in der Darstellung Mehners, so die des privatisierenden Wissenschaftlers mit seiner privatisierenden Ästhetik, fernab von der Gesellschaft, so Hanslicks *Verständnis von der Funktion der Musik in der Gesellschaft, dem eine weitgehende Spaltung zwischen Gesellschaftlichem und Privatem zugrunde lag*[348]. Daher wirke Hanslicks *Suche nach objektiven Kriterien für das Schöne ausschließlich im musikalischen Kunstwerk wie eine Zurücknahme erreichter Positionen von Philosophie und Ästhetik*[349]. Diese *Zurücknahme,* die Hanslick hier angekreidet wird, betraf aber nicht nur diesen, sondern fast alle Literaten und Kunstbetreibende dieser Zeit, gerade die als fortschrittlich geltenden poetischen Realisten, nachdem die Revolution von 1848 zerschlagen war. Dagegenzuhalten wäre Hanslicks Betroffenheit von der Revolution sowie sein schriftstellerisches Engagement dafür[350]. Ähnlich den Schriftstellern nach 1848 – oder auch Komponisten wie Wagner – ist bei Hanslick ein Rückzug ins Innere festzustellen, der mit seinem Klagenfurter Aufenthalt von 1850–1852 korreliert, wo schon die Grundlagen des Büchleins von 1854 gelegt wurden[351].

Detailliert beschreibt Mehner die Folgen der Hanslickschen Distanzierung vom Subjektiven: so wird der in der Hanslickliteratur schon oft bemühte Vorwurf erneut erhoben, Hanslicks Grenzziehung zwischen historischer und ästhetischer Methode bringe eine Ahistorizität des Ästhetischen

---

342 Mehner, a. a. O., S. 19
343 Ibid. S. 19f.
344 Vgl. vorliegende Ausgabe S. 169. Vgl. auch die Ausführungen S. 112.
345 Grimm, a. a. O., S. 85
346 Mehner, a. a. O., S. 21
347 Ibid.
348 Ibid.
349 Ibid.
350 So die Artikel in der *Wiener Zeitung* über Pressefreiheit, Religionsfreiheit, Zensurfreiheit.
351 Vgl. dazu den aus dieser Zeit erhaltenen Briefwechsel mit Vesque von Püttlingen, in dem Hanslick über einen Vortrag über Natur und Kunst in Klagenfurt berichtet, offenbar der Ansatz zum sechsten Kapitel des Traktats. Vgl. den Teilabdruck bei H. Ibl, a. a. O.

mit sich. Diese *radikale Zurücknahme gegenüber den klassischen Positionen*[352] – gemeint ist wohl vor allem Hegels Geschichtsorientierung bei ästhetischen Fragen – habe zwar den Vorzug der *Werkkonzentriertheit*, so daß der Kunstgegenstand die *gebührende Anerkennung* erhalte[353], aber für Mehner ist *dieser Kunstgegenstand auch das Ergebnis subjektiver Leistung, und zwar eines historisch konkreten Subjekts, das fester Bestandteil historisch-konkreter Wirklichkeit ist*[354]. Diesen Satz hätte auch Hanslick nicht bestritten. Er hätte nur seine Absicht entgegengehalten, daß bei wissenschaftlichen Aussagen über Kunst Subjektives zu vermeiden sei. Daneben ließen sich im Traktat selbst zahlreiche Plädoyers fürs Historische finden[355]. Gerade die von Mehner angeführte Stelle, wo von Kompositionen, die einmal schön w a r e n, die Rede ist, zeigt Hanslicks historisches Bewußtsein.

Hanslicks Distanzierung vom Subjektiven hatte nach Mehner eine bestimmte Auffassung von Darstellung und Affekt in der Musik zur Folge, nämlich ihre Ablehnung unter der Voraussetzung einer sich selbst repräsentierenden Musik, wie sie nur die reine Instrumentalmusik darstelle und wie sie schon von den Romantikern anvisiert worden war. Wie wichtig bei der Beschreibung der Grundpositionen Hanslicks die Varianten sind, gibt Mehner, wie vor ihm nur Schäfke, klar zu erkennen: *Bei dem Versuch, Hanslicks Buch Vom Musikalisch-Schönen aus unserer Sicht zu werten, darf man die inneren Wandlungen der grundsätzlichen Positionen nicht übersehen, wie sie sich in den zahlreichen Veränderungen der verschiedenen Auflagen widerspiegeln.*[356] Daß es sich um *grundsätzliche Positionen* und „*zahlreiche Veränderungen*" handelt, nimmt Mehner im gleichen Atemzug wieder zurück: *Sie* [die Veränderungen] *betreffen zwar nicht das grundsätzliche Anliegen, gehen in einigen Fällen doch über bloße Korrekturen und Ergänzungen hinaus*[357].

Neu ist Mehners Erkenntnis der Tendenz der Varianten, wonach *das Hanslicksche Autonomiekonzept im Laufe der Jahre klarer und präziser zum Ausdruck kam, ja sogar einige Verschärfungen erfuhr*[358]. Unter dieser Interpretationsmaxime wird im Folgenden das alte Gegensatzpaar Hegel/Idealismus – Zimmermann/Formalismus nicht so scharf aufgebaut. Dennoch werden Unterschiede, wie sie die Auflagen kennzeichnen, herausgestellt. Hegelnachfolge und Betonung des Subjektiven sind demnach für die Erstausgabe charakteristisch: *Die 1854 erschienene erste Auflage ist noch eindeutig in der Hegel-Nachfolge und damit in der Nachfolge deutscher idealistischer Philosophie zu sehen. Das kommt vor allem in Fragen des Subjektiven zum Tragen.*[359] In diesem Zusammenhang zitiert Mehner den das Schöne behandelnden Passus des ersten Kapitels und seine Veränderung nach Zimmermanns Rezension mit den fast wörtlichen Übernahmen aus dieser Rezension. Den Zwiespalt von Subjekt und Objekt sieht Mehner auch als Grund zu dieser Veränderung an, nämlich *auf der einen Seite eine radikale Objektivität bei der Bestimmung des Schönen, auf der anderen Seite die durchaus akzeptierte Rolle des Subjekts*[360]. Trotz des in einigen Punkten bestehenden Widerspruchs zu Zimmermann – dessen Rezension war für Mehner eine *weitgehend wohlwollende Würdigung, die jedoch auf einige vermeintliche Inkonsequenzen hinwies*[361] – *schloß sich* [Hanslick], *ohne den Widerspruch zwischen seiner Grundrichtung und der Zimmermanns gänzlich zu durchschauen, in einigen ihm nützlich scheinenden Punkten der Meinung des Freundes an*[362]. Was hier nützlich war und wie sich das im Detail auswirkte, wird von Mehner nicht weiter erläutert.

---

[352] Mehner, a. a. O., S. 22
[353] Ibid.
[354] Ibid.
[355] Vgl. die Ausführungen S. 38.
[356] Mehner, a. a. O., S. 24
[357] Ibid. S. 24f.
[358] Ibid. S. 25
[359] Ibid.
[360] Ibid.
[361] Ibid. S. 26
[362] Ibid.

Als zweite Variantenstelle wird jene Passage im fünften Kapitel angeführt, wo Hanslick zunächst zwischen mehr subjektiven und mehr objektiven Komponisten unterscheidet, was nach Mehner Hanslicks späteren Anschauungen nicht mehr entsprach: *Erst durch die Eliminierung dieser Passagen erfuhr Hanslicks Anschauung hier die ihr eigene Rigorosität, die Veranlassung hierzu ist nicht eindeutig zu ermitteln.*[363] Die bisherige Hanslickliteratur hat gerade dazu bereits Stellung genommen[364]. So wurde der Texteingriff auf Stades Dissertation von 1871 zurückgeführt, was chronologisch nicht zu beweisen ist, da die Änderung erst in der sechsten Auflage von 1881 vorgenommen wurde. Daneben machten die Quellenuntersuchungen Thayers die Ausführungen Hanslicks überflüssig, so daß der Texteingriff notwendig wurde.

Auch weitere Varianten, die Zimmermanns Rezension nach sich zog, werden von Mehner angemerkt, so die Streichung der Stelle, wo die Musik auf *Weltgesetze* bezogen wird[365], sowie die Veränderung der Schlußapotheose, wo sogar eine Art Sphärenharmonie zugelassen war[366]. Mehners Kommentar lautet: *Zimmermann wie auch Hanslick haben offensichtlich gespürt, daß diese Gedanken mit der Ausarbeitung einer Theorie des spezifisch Musikalischen nicht in Übereinstimmung zu bringen waren.*[367] Art und Umfang der Änderungen, wobei der zweifache Eingriff in der Schlußpassage besonders auffällt, gibt Mehner nicht an.

Alle sonstigen Varianten werden bagatellisiert: Hanslick habe *später nur noch Korrekturen und Erweiterungen angebracht, die ihm aufgrund der Kenntnis neuerer Literatur notwendig schienen*[368]. Mehner nennt Hanslicks später eingebaute Hinweise auf Helmholtz und Herbart und die *Auslassung einiger Namen*[369], wobei niemand genannt wird, offensichtlich aber Vischer und Nägeli gemeint sind. Des weiteren erwähnt er Hanslicks Grillparzerzitate. Diese hätte Hanslick im Glauben an eine gemeinsame Theorie eingebaut. Nach Mehner sind aber die Übereinstimmungen *in Wahrheit sehr viel geringer als von Hanslick angenommen*[370]. Die Gemeinsamkeit bestünde vor allem in der von Lessing herrührenden Laokoontradition, der beide verpflichtet seien, Grillparzer gehe aber noch größtenteils von der Gefühlsästhetik aus[371].

Trotz seiner Beschreibungen und Zitate der Varianten, wobei viele wichtige fehlen, kommt Mehner seinem eigenen Anspruch nicht nach, daß man Hanslicks Ästhetik ohne ihre Varianten nicht verstehen könne. Freilich findet die Schrift die ihr gebührende Würdigung ohne die vom Ostschrifttum bekannten Pejorativa. So wird der Ästhetik Hanslicks zusammenfassend bestätigt: *Eduard Hanslick hat mit seiner Schrift Vom Musikalisch-Schönen einen der bedeutendsten Versuche unternommen, dem Wesen und der Spezifik der Instrumentalmusik ... gerecht zu werden.*[372] Warum sich Mehner in diesem Zusammenhang ausgerechnet auf Mozarts Sinfonien stützt, die für Hanslicks Traktat maßgeblich gewesen wären, bleibt fraglich, da sich Hanslick kaum auf diese beruft[373].

[363] Mehner, a. a. O., S. 26
[364] So Printz und Schäfke. Vgl. die Ausführungen S. 31f., 37.
[365] Vgl. vorliegende Ausgabe S. 75.
[366] Ibid. S. 171
[367] Mehner, a. a. O., S. 27
[368] Ibid.
[369] Ibid.
[370] Ibid. S. 28
[371] Gemeinsamkeiten und Unterschiede in diesem Sinne hat H. Grimm beschrieben: *Die Musikanschauungen Fr. Grillparzers* . . . a. a. O.
[372] Mehner, a. a. O., S. 28
[373] Eher beruft sich Hanslick auf Mozarts Opern.

17. D. Borchmeyer: *Das Theater Richard Wagners: Idee – Dichtung – Wirkung.* Stuttgart 1982

Unvermutet findet man einige Notate zu den Varianten des Hanslickschen Traktats in diesem R. Wagner und seinen Umkreis betreffenden Buch. Im Sinne des alten Form – Inhalt-Streits darf bei der Erörterung der Wagnerschen Konzeption des Musikdramas, seiner Öffentlichkeit und Wirkung, die Hanslicksche Theorie nicht fehlen. Beide „Kontrahenten" werden unter der Überschrift *Absolute Musik als heimliches oder offenes Ideal – Nietzsche, Hanslick und die Ästhetik des späten Wagner* behandelt[374]. Eher beiläufig, nicht als Grundlage des Diskurses finden dabei Hanslicks Varianten Erwähnung. Neben der Einarbeitung des Grillparzeraufsatzes führt Borchmeyer erstmals Wagners Beethovenaufsatz ins Feld, *den er* [Hanslick] *in späteren Auflagen des Versuchs vom Musikalisch Schönen in seine Kritik einbezieht*[375]. Demnach habe Hanslicks Schrift Wagner zu einer Antwort gezwungen, die er mit seinem Beethovenessay gegeben habe. Wagners Aufsatz von 1870 ist nach Borchmeyer in der Nachfolge des Lessingschen Laokoonentwurfs zu sehen[376]. Gerade Hanslicks Schrift wurde aber immer schon in dieser Tradition gesehen[377]. Wagners Kritik setze an Hanslicks Schönheitsbegriff an und stelle dem das Erhabene gegenüber. In diesem Zusammenhang werden auch die Hanslickschen Vergleiche der Musik mit Arabeske und Kaleidoskop kritisiert. Daß allerdings Hanslick, wie Borchmeyer beschreibt, umgekehrt Wagners Essay wieder in seinen Traktat mit *einbezieht*, ist in dieser Form mißverständlich. Wagners Schrift von 1870 wird in den späteren Auflagen des Traktats nur einmal erwähnt. Der Hinweis auf Wagner selbst wird sogar in Fußnoten durch Hinweise auf Mozart und Gluck ersetzt[378]. Die Reaktion auf Wagners Essay erfolgt diffiziler, indem Hanslick sich mit seiner Theorie auf den Gewährsmann Wagners: Beethoven bezog. Nur in diesem Sinne korrigiert ist die Aussage Borchmeyers zu verstehen.

18. H. Grimm: *Zwischen Klassik und Positivismus. Zum Formbegriff Eduard Hanslicks.* Berlin 1982

In dieser Ost-Berliner Dissertation rechnet der Verfasser mit den rigiden Vorwürfen seiner Vorgänger und der ostmarxistischen Geschichtsschreibung ab, in der Hanslick meist als Reaktionär, Konservativer, Chauvinist und Formalist desavouiert worden war. Anstelle dessen wird allerdings ein neuer Vorwurf erhoben. Durch die der Klassik verhaftete Ästhetik, den „Werkzentrismus", den exponierten Formbegriff sowie eine dem Verfahren A. Comtes ähnelnde Methode wird Hanslick dem Positivismus zugerechnet. Naheliegender wäre es dabei gewesen, von Hanslicks Postulat der Annäherung an die Naturwissenschaft auszugehen, was eher positivistischen Einschlag hat als Hanslicks Werkzentrismus. Trotz der weitschweifigen Exkurse zur Erläuterung der Begriffsgeschichte, etwa des Begriffs der „inneren Form" (Plotin, Bruno, Shaftesbury, Harris, Winkelmann, Schelling, Novalis, Kant, Schopenhauer), unterlaufen gerade hier Fehler durch falsche Zitate. Daß der Vorwurf des Formalismus auf den Satz von den *tönend bewegten Formen* hin entstand, ist bekannt. Grimm beruft sich auf diesen Satz[379], benutzt aber im folgenden immer den Singular *Form*, so daß das alte Mißverständnis aus dem Konnotationsfeld des Form-Inhalt-Streites weitertradiert wird.

---

[374] Borchmeyer, a. a. O., S. 102–125
[375] Ibid. S. 115
[376] Borchmeyer, a. a. O., S. 117
[377] So schon bei R. Zimmermann: *Ein musikalischer Laokoon*, a. a. O., 1855; dieses Thema behandelte auch die Dissertation I. Wieners, a. a. O.
[378] Vgl. vorliegende Ausgabe S. 67f.
[379] Grimm, a. a. O., S. 80

Bei der Erläuterung des Hanslickschen Formkonzepts wird betont, daß bei Hanslick das Thema und seine Entwicklung maßgeblich seien[380]. Dies läßt A. Schönbergs *entwickelnde Variation* assoziieren. Hier geht Grimm einen Schritt zu weit. Gerade das Thema an sich, geformt unter der Vorstellung des Originalitätsbegriffes, war für Hanslick wichtig. Dazu im Gegensatz wird an anderer Stelle Hanslick der Vorwurf gemacht, er verkürze das klassizistische Formmodell hypostatisch zum Naturrecht. Dies läßt fragen, warum dann vorher der Entwicklungsgedanke im Sinne Schönbergs so forciert worden war und warum die Klassik als positivistisch zu beurteilen ist. Höchstens hätte man eine konservative Gesinnung im Rückblick auf die Klassik feststellen können – ohne daß nachgewiesen wird, daß dies bei Hanslick tatsächlich der Fall ist.

Trotz der Vorsätze scheint der alte Formalismusvorwurf nicht gänzlich verschwunden. Dies tritt bei Grimm im Formkapitel zu Tage, wo er plötzlich eine ablehnende Haltung zu Hanslick einnimmt. Hanslicks Formbegriff wird als regressiv, konservativ und positivistisch bezeichnet[381]. Nahtlos scheint der alte Formalismusvorwurf in den Positivismusvorwurf überzugehen.

Der Bonus, den Grimm der Theorie Hanslicks einräumt, besteht in ihrem Betonen des geistigen Rezipierens von Musik, wobei er mit Nietzsche gegen die Neudeutschen und ihr kulinarisches Rezipieren Recht behalte. Hanslicks Traktat wird daher als *sozial wichtiger Beitrag des Kampfes gegen das vorfaschistische Wagnerianertum*[382] gewertet. Daß dies seine historische Richtigkeit hat, mag unbestritten bleiben, doch einseitig die *opiate Wirkung* Wagners als Folge eines *kapitalgesteuerten Kulturbetriebes*[383] darzustellen, zeigt die ideologische Herkunft des Verfassers.

Erst in einem anderen Zusammenhang beschreibt Grimm den Positivismusbegriff, wie er ihn Hanslick nachsagt. Diesen leitet er von A. Comte und dessen Idee ab, daß eine Rettung vorm Istzustand nur durch eine Orientierung an naturwissenschaftlichen Modellen statthaben könne, die alle Bereiche durchdringe. Diese Neuerung solle von einer nur aus Wissenschaftlern sich rekrutierenden Elite getragen werden. Die Gemeinsamkeit zwischen Hanslick und Comte bestehe in dem alle Ideen bestimmenden Zwang zur Verifizierbarkeit. Nicht nur Zimmermann, auch die Lektüre Comtes könne demnach Hanslick zu seiner Schrift angeregt haben. Dies ist zu bezweifeln angesichts der Genauigkeit, mit der Hanslick auf seine Quellen verwies. Zu fragen ist, warum Grimm diesen Ansatz seinen Überlegungen nicht zugrundelegte, sondern vielmehr Klassizismus und Werkzentriertheit als Kriterien des Hanslickschen Positivismus ausgab.

Für Hanslick wird in dieser Arbeit eine neue Bresche in der DDR-Musikwissenschaft geschlagen, deren hauptsächlicher Grund wohl darin liegen mag, daß Hanslick gegen Wagner „agitierte", der nach der von Brecht übermittelten Auffassung dem „kulinarischen Theater" zuzurechnen ist. Daher wird Hanslicks Traktat ein emphatisches Schlußwort gesprochen: er habe gegen seine Zeit geschrieben, gezwungen von der gleichzeitigen *Rausch-Opern-Kultur*. Den Intentionen des Verfassers gemäß ist Hanslicks Schrift ein *erster deutscher massiver Beitrag zur positivistischen Revision der Ästhetik der Tonkunst*[384].

Trotz des von Mehner bereitgestellten, zugrundeliegenden Auflagenvergleichs spielen die Varianten des Traktats im Argumentationsgang dieser Arbeit keine große Rolle, meist werden sie nur beiläufig erwähnt und bleiben unkommentiert. So werden drei auf Zimmermanns Rezension hin vorgenommene Eingriffe[385], die Varianten im Zusammenhang mit dem Arabeske/Kaleidoskopvergleich[386], die Einflechtung der Berufung auf Zimmermann[387], der Zusatz eines

---

380 Grimm, a. a. O., S. 86
381 Ibid. S. 97
382 Ibid. S. 101
383 Ibid. S. 102
384 Ibid. S. 130
385 Ibid. S. 14, 17ff., 45f., 87
386 Ibid. S. 51
387 Ibid. S. 124

Hegelzitats[388] angesprochen. Hier unterlaufen keine Zitatfehler. Nur an einer Stelle unterschiebt Grimm Hanslicks Wagnerverdikt *gesungener und gegeigter Opiumrausch*[389] als *bissige Floskel von 1854*[390]. Gerade diese *bissige Floskel* stammt aus dem Vorwort der vierten Auflage von 1874. Die Floskel bezieht sich auf den Bayreuther Wagnerkult. So lange wie Grimm vorgibt, war sie also nicht in Hanslicks Schrift enthalten, die 1854 auch nicht primär gegen Wagner gerichtet war, was hier suggeriert wird.

Neu ist Grimms Ausführung, daß Hanslick die Berufung auf Goethes Gehaltbegriff im siebten Kapitel deshalb getilgt habe, weil er nach Krüger, nicht nach Goethe zitiert und Krügers Belegzahlen (*49, 419*) übernommen habe[391]. Daß auch andere Gründe, wie das Streichen einer metaphysisch anmutenden Stelle und der nachträglich als falsch erkannte Bezug auf Goethes Gehaltbegriff eine Rolle gespielt haben könnten, wird von Grimm nicht näher erörtert.

Neue Aufschlüsse vermittelt Grimms Deutung des Texteingriffs im ersten Kapitel, der auf Robert Zimmermanns Rezension hin stattfand. Im Gegensatz zu den bisherigen Interpreten hat Grimm den Zimmermannschen Originaltext anscheinend genauer gelesen, und er muß nun seinen Vorgängern Oberflächlichkeit vorwerfen, vor allem was Hanslicks Plagiat angeht. Dieser hat nämlich den Text Zimmermanns, der wiederum auf seinem eigenen fußt, nicht wortwörtlich übernommen, sondern *sehr feinfühlig geändert … und zwar genau an den Stellen, wo der formalistische Ansatz Zimmermanns offenkundig wird*[392].

Zur Verdeutlichung seien die drei verschiedenen Textfassungen in einer vom Verfasser hergestellten Synopse (in der Editionsweise der Synopse des Traktats) hier abgedruckt (s. S. 64).

Um den hier im Mittelpunkt stehenden Begriff der „bloßen Form" zu erklären, greift Grimm zu einem Exkurs. Er erläutert diesen Begriff bei Schiller[393], wobei die Forderung nach einer *bestimmten Gestalt*[394] im Vordergrund steht, des weiteren Kants Postulat einer *Zweckmäßigkeit ohne Zweck*[395], also einer Schönheit mit Selbstzweck. Beide seien mit Zimmermanns und Hanslicks Theorie zu korrelieren.

Grimm sieht nun in den minimalen Varianten zwischen der Fassung Zimmermanns (1854) und der Hanslicks (1858) genau den Punkt, an dem Hanslick Zimmermann widerspricht und dessen Formalästhetik nicht willfährt: *Der Grund dafür, daß auch R. Zimmermann, als Formalist par excellence, die Bestimmung von Schönheit als bloße Form, die sich selbst zum Zweck hat, benutzen konnte, liegt darin begründet, daß bei ihm „Form" keine ideelle Komponente mehr hat, zweitens Inhalt und Form als völlig unabhängige Größen behandelt werden. Dies ist aber genau der Punkt, an dem Hanslick seinem Freund die Gefolgschaft kündigt.*[396] Wichtig ist für Grimm der Hinweis auf die Stelle, wo Zimmermann die Form als Gefäß beschreibt, das mit *beliebigem Inhalt erfüllt und dadurch zu den verschiedensten practischen Zwecken verwandt werden kann*[397], woraus Hanslick die Formulierung ableitet: *… Form, welche zwar nach dem Inhalt, mit dem sie erfüllt wird, zu den verschiedensten Zwecken verwandt werden kann, aber selbst keinen anderen hat, als sich selbst*[398]. Des weiteren wird eine Stelle herangezogen, wo Hanslick seine Zimmermannparaphrase *genau an der Stelle abbricht, wo der Formalismus ein weiteres Mal offenkundig wird*[399]. Zimmermann definiert dort das Schöne aufgrund von *sich gleich bleibenden Verhält-*

[388] Grimm, a. a. O., S. 26. In Wirklichkeit war dieser Zusatz Folge einer Textumstellung.
[389] Ibid. S. 101, vorliegende Ausgabe S. 17
[390] Grimm, a. a. O., S. 101
[391] Vgl. vorliegende Ausgabe S. 169, Grimm, a. a. O., S. 85, die Ausführungen S. 57f.
[392] Grimm, a. a. O., S. 87
[393] Ibid. S. 88ff.
[394] Ibid. S. 92
[395] Ibid. S. 88
[396] Ibid. S. 94
[397] Ibid.
[398] Vgl. vorliegende Ausgabe S. 26, Synopse S. 64.
[399] Grimm, a. a. O., S. 95

Eduard Hanslick 1854	Robert Zimmermann 1854	Eduard Hanslick 1858
Beide Sätze haben das Aehnliche, daß der eine genau so falsch ist, wie der andere. ⌐Der erstere darf uns nicht lange beschäftigen, da die neuere Philosophie den Irrthum längst widerlegt hat, als liege der Zweck eines Schönen überhaupt in einer gewissen Tendenz auf das Fühlen der Menschen. Das Schöne hat seine Bedeutung in sich selbst, es ist zwar schön nur für das Wohlgefallen eines anschauenden Subjects, aber nicht durch dasselbe. Wie die Schlange in Goethe's Märchen vollendet es seinen Kreis in sich allein, unbekümmert um die magische Kraft, mit der es sogar das Todte wiederbelebt. Das Schöne hat nichts Anderes zu thun als schön zu sein, mag es gleich immerhin leiden, daß wir außer dem Anschauen – der eigentlich ästhetischen Thätigkeit – auch im Fühlen und Empfinden ein Uebriges thun.⌐	Die Hauptfrage, die den Verfasser beschäftigt, ist die nach Zweck und Inhalt der Musik. Er bestimmt beide negativ: „Gefühle sind weder Zweck noch Inhalt der Musik." Das Schöne hat überhaupt keinen Zweck, denn es ist bloße Form, welche wohl mit beliebigem Inhalt erfüllt und dadurch zu den verschiedensten praktischen Zwecken verwandt werden kann, aber an sich keinen anderen hat, als, wenn man so sagen soll, sich selbst. Wenn aus seiner Betrachtung angenehme Gefühle für den Betrachter entstehen, so gehe diese das Schöne als solches nichts an. Ich kann wohl dem Betrachter Schönes vorführen in der bestimmten Absicht, daß er an seiner Betrachtung Vergnügen finden möge, aber diese Absicht hat mit der Schönheit des Vorgeführten selbst nichts zu thun. Das Schöne ist schön und bleibt schön, auch wenn es keine Gefühle erzeugt, ja wenn es weder geschaut noch betrachtet wird. Denn das Schöne beruht auf sich gleich bleibenden Verhältnissen.	*ab ²1858:* Die Widerlegung des ersteren, die meisten musikalischen Handbücher einleitenden Satzes darf uns nicht lange aufhalten. Das Schöne hat überhaupt keinen Zweck, denn es ist bloße Form, welche zwar nach dem Inhalt, mit dem sie erfüllt wird, zu den verschiedensten Zwecken verwandt werden kann, aber selbst keinen andern hat, als sich selbst. Wenn aus der Betrachtung des Schönen angenehme Gefühle für den Betrachter entstehen, so gehen diese das Schöne als solches nichts an. Ich kann wohl dem Betrachter Schönes vorführen in der bestimmten Absicht, daß er daran Vergnügen finden möge⌐[ab ⁴1874: ... finde ...], allein diese Absicht hat mit der Schönheit des Vorgeführten selbst nichts zu ⌐thun⌐[ab ⁴1874: ...schaffen.]. Das Schöne ist und bleibt schön, auch wenn es keine Gefühle erzeugt, ja wenn es weder geschaut noch betrachtet wird; also zwar nur für das Wohlgefallen eines anschauenden Subjects, aber nicht durch dasselbe. Von einem Zweck kann also in diesem Sinn auch bei der Musik nicht gesprochen werden, und die Thatsache, daß diese Kunst in einem lebhaften Zusammenhang mit unseren Gefühlen steht, rechtfertigt keineswegs die Behauptung, es liege in diesem Zusammenhange ihre ästhetische Bedeutung. –

nissen[400]. Grimms Deutung lautet: *Zimmermann definiert hier seinen Formbegriff, wobei die forma-listischen Ansätze Herbarts konsequent zu Ende gedacht werden und Form als geistig völlig irrele-vante, statische Verhältniskonstellation ausgewiesen wird.*[401]. Grimm hätte auch den gesamten Text-abschnitt bei Zimmermann zitieren können, den Hanslick nicht übernahm, was diese Aussage bestärkt hätte. Sinnvoll wäre es gewesen, auch die entsprechenden Abschnitte aus Hanslicks Text zu zitieren, so daß der Leser einen besseren Überblick gewinnen kann. Freilich war die neue Erkenntnis wichtig, daß Hanslick tatsächlich den Text Zimmermanns nicht so ganz kritiklos übernahm.

Daß Hanslick trotz Zimmermanns Kritik manche hegelianischen Passagen stehenließ, zeigt auch nach Grimm den Unterschied der beiden Positionen. Daher wird auch Zimmermann der Formalästhetik zugeordnet, wohingegen Hanslick noch *bestimmte Ideen* im Sinne Hegels[402] gelten ließ. Die grundsätzlichen Parallelen zwischen Zimmermann und Hanslick liegen in ihren *positivistischen Tendenzen*[403]. Dabei werden im schon kritisierten Sinn Positivismus und Forma-lismus mit einer Elle gemessen: *Diese* [die positivistischen Tendenzen] *legen zwar formalistische Konsequenzen nahe, die aber von dem Formalismus Zimmermanns abzuheben sind.*[404]

[400] Grimm, a. a. O., S. 95
[401] Ibid.
[402] Ibid.
[403] Ibid.
[404] Ibid.

III. Überschneidungen zwischen vor 1854 veröffentlichten Schriften, Kritiken, Vorabdrucken und dem Traktat

1. Vorabdrucke

Wie schon beschrieben wurde[1], veröffentlichte Hanslick Teile aus dem Traktat in der Beilage zur *Wiener Zeitung*, den *Österreichischen Blättern für Literatur und Kunst*. Hanslick war bekanntlich bei der *Wiener Zeitung* bis zum Überwechseln zur *Presse* Musikkritiker. Auf drei Beilagen aufgeteilt wurde der Aufsatz *Über den subjektiven Eindruck der Musik und seine Stellung in der Ästhetik* am 25. 7., 1. 8. und 15. 8. 1853, also über ein Jahr vor der im November 1854 erfolgten zusammenhängenden Edition des Traktats abgedruckt. Der Aufsatz ist, außer den zu besprechenden Varianten, identisch mit den Kapiteln IV und V des späteren Traktats, die dort, durch die Aufteilung in zwei Kapitel bedingt, neue Kapitelüberschriften bekamen. Diese lauten: *Analyse des subjektiven Eindrucks der Musik* (= Kapitel IV) sowie *Das ästhetische Aufnehmen der Musik gegenüber dem pathologischen* (= Kapitel V). Trotz dieser Vorveröffentlichung, die auf einen wenig einheitlichen, eher aus Einzelaufsätzen zusammengesetzten Traktat hindeutet, verweist eine Fußnote dieses Vorabdrucks auf eine zusammenhängende Arbeit. Die Vorveröffentlichung wird als *Fragment einer größeren Arbeit* angezeigt.

Der nächste Vorabdruck war der Aufsatz *Die Tonkunst in ihren Beziehungen zur Natur*, der am 13. 3. 1854, also ein halbes Jahr vor der endgültigen Edition des Traktats, veröffentlicht wurde. Dieser Aufsatz entspricht dem späteren VI. Kapitel des Traktats, das dort allerdings die abgewandelte Überschrift *Die Beziehungen der Tonkunst zur Natur* trägt[2]. Aus Hanslicks Briefwechsel mit Vesque von Püttlingen geht hervor, daß Hanslick noch zu seiner Klagenfurter Zeit (1850–52) dort einen Vortrag zu dem Thema Natur und Musik gehalten hatte, der sich an Vischer orientierte[3]. Vermutlich dürfte dies den ersten Anhaltspunkt zu dem Naturkapitel und zum Traktat überhaupt darstellen. Der Vorabdruck in den *Österreichischen Blättern* weist daneben bereits auf das VII. Kapitel *Die Begriffe „Inhalt" und „Form" in der Musik* voraus durch eine Fußnote, die später in gekürzter Form in dieses Kapitel überging.

In seinem Aufsatz *Neues zur Ästhetik und Kritik von E. Hanslick* von 1979[4] gab N. Tschulik, obwohl er Hanslick für den *Prototyp des irrenden Musikkritikers*[5] hält, Hinweise auf Hanslicks Vorveröffentlichungen. So gibt er eine kurze, oft sich nur paraphrasierend an den Text haltende Übersicht über diese Vorveröffentlichungen, ohne ihre Identität mit dem Traktattext zu erkennen. Auch Tschulik verlangt eine *kritisch-vergleichende Neuausgabe* des Traktats[6] und betont die Notwendigkeit, die Vorveröffentlichungen zu integrieren[7]. Tschuliks Irrtum besteht darin, anzugeben, Hanslick habe nur die drei Beiträge unter dem Titel *Über den subjektiven Eindruck der Musik und seine Stellung in der Ästhetik* veröffentlicht, wobei er den Naturessay übersieht. Auch sein Urteil über diese Vorabdrucke bekundet nur flüchtige Lektüre, wenn er schreibt: *daß das thematische Material anders angeordnet ist, manche Formulierungen des späteren Buches schon wortwört-*

---

1   Der Hinweis auf diese Veröffentlichungen, den schon R. Zimmermann in seiner Rezension des Traktats gab, wurde von der Hanslickforschung lange nicht beachtet. Die Vorabdrucke wurden daher nicht gesucht, meist mit dem Hinweis auf die Einheitlichkeit des Traktats (so etwa bei Schäfke, a. a. O., S. 7). Die Einheitlichkeit wird durch diese Vorabdrucke nicht gestört. Allerdings läßt sich an ihrem Verlauf die Entstehung des Traktats rekonstruieren. Erst neuere Untersuchungen haben diese Vorveröffentlichungen mit berücksichtigt, so Tschulik, a. a. O.
2   Vgl. vorliegende Ausgabe S. 145.
3   Vgl. den Briefabdruck bei H. Ibl, a. a. O., S. 62.
4   Tschulik, a. a. O.
5   Ibid. S. 601
6   Ibid. S. 606
7   Ibid.

lich enthalten sind, andere, auch viele wichtige Thesen und Bilder aber noch fehlen, zeigt die Tendenz von Hanslicks Auffassungen in manchem viel klarer auf als das Buch, weil wichtige Dinge stärker hervorgehoben und bewußt gemacht werden, Gedanken, die dann nicht in die ersten Kapitel eingegliedert und dadurch etwas in den Hintergrund gedrängt wurden. In der Druckfassung ist vieles geschliffener formuliert, doch kann man an Hand des Vergleiches zwischen der Zeitungsfassung und der endgültigen Version die Genese der Schrift „Vom Musikalisch-Schönen" verfolgen …[8]. Offenbar müssen Tschulik bisher unbekannte Materialien vorgelegen haben, die mit den tatsächlichen Vorabdrucken nichts gemein haben. Daß auch Tschulik der Formalismusideologie erliegt, zeigt seine Hanslick der Formalästhetik zuordnende Aussage, daß Hanslicks *formbezogene Musikauffassung als Gegensatz zu Wagners inhaltsbezogener Musikauffassung*[9] zu verstehen sei. Mit solchen Fehlurteilen gebührt eher Tschulik die Attribuierung eines *irrenden Musikkritikers*.

Da es in dieser Arbeit vorwiegend um die historisch-kritische Ausgabe und den Kommentar der als ganzheitlicher Traktat veröffentlichten Schrift *Vom Musikalisch-Schönen* ging, konnten diese Vorabdrucke in der kritischen Ausgabe selbst nicht berücksichtigt werden und mußten separat abgehandelt und kommentiert werden. Weitgehend handelt es sich um orthographische und stilistische Varianten[10]. So sind etwa Kommas in vielen Fällen anders gesetzt, was womöglich mit Lokaltraditionen (Wien – Leipzig) zusammenhängt. Die Schreibweise vieler Fremdwörter entspricht der heutigen Praxis, was in der Erstausgabe wieder aufgehoben wurde zugunsten lateinischer Schreibweise (gemeint ist vor allem die k- und z-Schreibung von aus dem Lateinischen kommenden Wörtern, die dort mit c geschrieben wurden, etwa Komponist, Subjekt, Spezialität [statt Componist, Subject, Specialität]. Alle diese Fälle treten ab der Erstausgabe wieder in lateinischer Schreibweise auf, um dann ab der achten Auflage von 1891, der allgemeinen Rechtschreibreform folgend, wieder eingedeutscht zu werden. Weitere Abweichungen dieser Art sind:
- Zusätze von Gedankenstrichen bei Klammern, also (– … –),
- ie-Schreibung bei normaler i-Schreibung, etwa „ergiebt".

Alle diese Fälle orthographischer Varianten sind in dem nachfolgenden Variantenverzeichnis nicht aufgeführt. Daher sei hier pauschal auf sie hingewiesen. Dagegen wurden alle stilistisch und inhaltlich relevanten Abweichungen vermerkt, so auch die Abänderung von Sperrdruck in Normaldruck oder Kommasetzungen, soweit sie inhaltlich neue Akzente setzen. Das Verzeichnis folgt dem Prinzip der kritischen Ausgabe. Es wurde allerdings darauf verzichtet, den ganzen Text abzudrucken, lediglich wichtige Stichworte des Kontextes und die Nummer des Kapitelabschnitts der Erstausgabe wurden, zwischen je drei Punkten, angegeben. Ein Beispiel möge dies verdeutlichen:

21 … gegenstandlosen … … gegenstandslosen …

In der linken Spalte befindet sich also das betreffende Wort oder der betreffende Satz in der Fassung des Vorabdrucks, rechts in der der Erstauflage, die Zahl am linken Rand gibt den Abschnitt des Kapitels in der Erstausgabe an. Um die Lesarten in den Kontext zu stellen, muß man natürlich die kritische Ausgabe hinzuziehen. Die Stichworte sind immer eindeutig. In Fällen, wo die Einordnung schwerfallen würde, wurde ein größerer Zusammenhang wiedergegeben. Daher konnte auf die Verdeutlichung durch Häkchen verzichtet werden. Zu welchem Kapitel der jeweilige Passus gehört, ist an den Überschriften zu erkennen, so daß auch der Schnitt zwischen dem IV. und V. Kapitel deutlich wird.

---

[8] Tschulik, a. a. O., S. 607
[9] Ibid. S. 608
[10] Ihre Charakteristik wurde im Editionstechnikkapitel (S. 10ff.) noch nicht abgehandelt.

Synopsis der Varianten von Vorabdruck und Erstausgabe

Ueber den subjektiven Eindruck der Musik und seine Stellung in der Aesthetik*)
Von Dr. Eduard Hanslick

IV.

---

*) Fragment einer größeren Arbeit

3	… dies sind bekannte …	… das sind …
	… kontrapunktische Sätze …	… contrapunktliche …
4	… Christian Rolle versichert …	… Rolle uns versichert …
6	… sodann nurmehr als …	… nur mehr …
11	… Nägeli bewahrt …	… bewährt …
17	… unläugbar …	… unleugbar …
18	… doch der Art …	… die Art …
19	… rückt*) …	… rückt …
	…	…

20	*) Briefwechsel, 3. Bd., S. 332 …	*) Briefwechsel zwischen Goethe und Zelter, 3. Band, S. 332. …
21	… gegenstandslosen Formenspiels …	… gegenstandlosen …
	… Seele.	… Seele.
	(Schluß folgt)	Die …

Ueber den subjektiven Eindruck der Musik und seine Stellung in der Aesthetik
Von Dr. Eduard Hanslick
I

Die …

22	… Eben so wenig …	… Ebensowenig …
34	… Einfluß, welcher das …	… welchen…
36	———	
	*) … I.3., Zweite Auflage …	… 2. Auflage …
	… zusammenhangen …	… zusammenhängen …
	… aufeinanderfolgenden …	… auf einander folgenden …
46	… eingeht, mag unser zweiter (zugleich letzte) Aufsatz zu beleuchten versuchen.	… eingeht, wollen wir im folgenden Abschnitt betrachten.

Ueber den subjektiven Eindruck der Musik und seine Stellung in der Aesthetik
Von Dr. Eduard Hanslick
II. (Schluß.)

V.

1 … in die Ketten schlägt …
    … sie so gerne klirren …

    … in Ketten …
    … sie gar gerne …

2 … Wirkung ist.
    Die Werke …

    … Wirkung ist.*)

---

*) Es ist diese Art des Musikhörens nicht identisch mit der in jeder Kunst vorkommenden Freude des naiven Publikums an dem blos sinnlichen Theil derselben, während der ideale Gehalt nur von dem gebildeten Verständniß erkannt wird. Die gerügte unkünstlerische Auffassung eines Musikstückes zieht nicht den eigentlich sinnlichen Theil, die reiche Mannigfaltigkeit der Tonreihen an sich, sondern deren abstracte, als Gefühl empfundene Totalidee. Die höchst eigenthümliche Stellung wird dadurch ersichtlich, welche in der Musik der geistige G e h a l t zu den Kategorien der F o r m und des I n h a l t s einnimmt. Man pflegt nämlich das ein Tonstück durchwehende Gefühl als den Inhalt, die Idee, den geistigen Gehalt desselben anzusehen, die künstlerisch geschaffenen, bestimmten T o n f o l g e n hingegen als die bloße Form, das Bild, die sinnliche Einkleidung jenes Uebersinnlichen. Allein gerade der „specifisch-musikalische" Theil ist Schöpfung des künstlerischen Geistes, mit welchem der anschauende Geist sich verständnißvoll vereinigt. In diesen concreten Tonbildungen liegt der geistige Gehalt der Composition, nicht in dem vagen Totaleindruck eines abstrahirten Gefühls. Die dem Gefühl, als vermeintlichem Inhalt, gegenübergestellte bloße Form (das Tongebilde) ist gerade der wahre I n h a l t der Musik, ist die Musik selbst; während das erzeugte Gefühl weder Inhalt noch Form heißen kann, sondern factische Wirkung. Ebenso ist das vermeintliche M a t e r i e l l e , Darstellende, gerade das vom Geiste Gebildete, während das angeblich Dargestellte, die Gefühlswirkung, der M a t e r i e des Tons innewohnt und zur guten Hälfte p h y s i o l o g i s c h e n Gesetzen folgt.
Die Werke.

16 … hilfreich …

    … hülfreich …

20 … Gleichgiltigkeit …
    … Musik zu lieben …
    …

    … Gleichgültigkeit …
    … Musik zu hören …
    …

---

*) „Das Verhältnis der bildenden Künste zur Natur. Akademische Rede." …

*) „Ueber das Verhältnis der bildenden Künste zur Natur."

22 … H ö r e n s .
    Das Gefühlsschwelgen …

    … H ö r e n s .*)

---

*) W. H e i n s e ' s schwärmerisch-dissolutem Temperament mußte es vollkommen entsprechen, von der bestimmten musikalischen Schönheit zu Gunsten des vagen Gefühlseindruckes abzusehen. Er geht (in der „Hildegard von Hohenthal") so weit, zu sagen: „Die wahre Musik ... geht überall auf den Zweck los, den Sinn der Worte und der Empfindung in die Zuhörer zu übertragen, so leicht und angenehm, daß man sie (die Musik) nicht merkt. Solche Musik dauert ewig, sie ist gerade so natürlich, daß man s i e n i c h t m e r k t, sondern nur der Sinn der Worte übergeht."

Ein ästhetisches Aufnehmen der Musik findet aber gerade im Gegentheil da statt, wo man sie vollkommen „m e r k t", ihr a u f m e r k t und jeder ihrer Schönheiten sich unmittelbar bewußt wird. H e i n s e, dessen genialem Naturalismus wir den Zoll einer angemessenen Bewunderung nicht versagen, ist in poetischer, noch mehr in musikalischer Hinsicht sehr überschätzt worden. Bei der Armuth an geistreichen Schriften über Musik hat man sich gewöhnt, Heinse als einen vorzüglichen musikalischen Aesthetiker zu behandeln und zu citiren. Konnte man dabei wirklich übersehen, wie nach einigen treffenden Apercü's meist eine Fluth von Plattheiten und offenbaren Irrthümern hereinstürzt, daß man über solche Unbildung geradezu erschrickt. Überdies geht Hand in Hand mit technischer Unkenntniß Heinse's schiefes ästhetisches Urtheil, wie seine Analysen der Opern von Gluck, Jommelli, Tra ë t t a u. A. darthun, in welchen man anstatt künstlerischer Belehrung fast nur enthusiastische Ausrufungen erhält. –

23	... m u s i k a l i s c h Schönen ...	Das Gefühlsschwelgen ...
	... lärmige Trauermarsch ...	... M u s i k a l i s c h - Schönen ...
		... lärmende ...
27	... gleichgiltig ...	... gleichgültig ...
	... Gleichgiltigkeit ...	... Gleichgültigkeit ...
28	... Tonkunst und der Philosophie ...	... Tonkunst und Philosophie ...
	... Verwechselung ...	... Verwechselung ...
29	... von dunkler Einwirkung ...	... von der dunklen Einwirkung ...
	... musiktrunkne ...	... musiktrunkene ...

Die Tonkunst in ihren Beziehungen zur Natur.
Von Dr. Eduard Hanslick

VI.

4	... Menschengeistes. Das geordnete ...	... Menschengeistes. Das geordnete ...
5	... ist, mit einem neueren Schriftsteller zu sprechen, der ...	... ist, mit Krüger zu sprechen ...
6	... Eben so wenig ...	... Ebensowenig ...
7	... heut zu Tage ...	... heutzutage ...
	... Dissonanzen, wozu auch Terz und Sext gehörten, ...	... Dissonanzen (wozu auch Terz und Sext gehörten) ...
8	... zweitheiligen ...	... z w e i t h e i l i g e n ...
	... im Wilden sich am frühesten entwickelt ...	... frühsten sich entwickelt ...

9 ... Dur und Moll ... ... zu bilden. Man hüte sich ...	... *Dur und Moll* ... ... bilden. Nur diese einfachsten Verhält-nisse (Dreiklang, harmonische Progression) werden unwandelbare Grundpfeiler, jedem künftigen Weiterbau bleiben. – Man hüte sich ...
... heut zu Tage ... ... handtiren ... ... *) ... Quarte ...	... heutzutage ... ... handthieren ... ... Quart ...
11 ... übersieht M. H a u p t m a n n ... ... Grade die Sprache ... ... Bedürfniß, erneuern und ändern sie fort-während. So ... ... ersonnen hatte.***) Aus diesem Proceß ... ... innerhalb des gegenwärtigen Systems ... ... zu große und vielfache Evolutionen ... ... als das eine Aenderung ... ... anders als sehr ... ... Bestände z. B. diese ... ... **) „Die Natur der Harmonik und Metrik," 1853, Leipzig, Breitkopf. S. 7. ... ... *) ... Klavierunterricht. ...	... übersieht H a u p t m a n n ... ... Gerade ... ... Bedürfniß und ändern sie vervollkomm-nend immerfort. So ... ... hatte.**) Aus diesem ... ... der gegenwärtigen Gesetze ... ... zu vielfache und große Evolutionen ... ... als daß ... ... anders wie sehr ... ... Bestände diese ... ... M. Hauptmann, die Natur ... ... Breitkopf und Härtel. S. 7. ... ... Clavierunterricht. 1852, Cotta. ...
12 ... Naturharmonie ist auf seine ...	... Naturharmonie, jedenfalls die einzige und unumstößliche Naturgrundlage, auf welcher die Hauptverhältnisse unserer Mu-sik beruhen, – ist auf seine ...
... G r u n d t o n ... ... Ebenso K r ü g e r ...	... Grundton ... ... Eben so ...
13 ... – Die „Musik" der Natur ...	... Die
14 ... Schaf.- ...	... Schaf. ...
15 ... musikalisch S c h ö n e n ...	... Musikalisch-S c h ö n e n ...
16 ... im Sinn des ...	... im Sinne ...
18 ... Zeitgenossen einen „Achilles", „Egmont" malen ... ... bewegen, gehen, stehen, beleuchtet ...	... einen „Huß", „Luther", „Egmont" malen ... ... bewegen, stehen, gehen, beleuchtet ...

19   ... studirt oder richtige Traditionen ...
 ... ersetzen.
      Stellen ...
	... oder durch richtige ...
	 ... ersetzen.*)
	 ————————
	 *) In diesen allgemeinen Bestimmungen folgen wir V i s c h e r's vortrefflichen Kapiteln über das Natur-schöne im zweiten Band seiner Aesthetik. Bis zur M u s i k ist dieses Werk bisher noch nicht vorgeschrit-ten.
	      Stellen ...

22 ... folgerungsreich ...	... folgenschwer ...

23	... kein Rondo, keine Sonate, keine Ouvertüre. ...
	... keine Sonate, keine Ouvertüre, kein Rondo. ...
24	... hinzu rechneten ...
	... hinzurechneten ...
25	... eben so wenig ...
	... ebensowenig ...
26	... höherer Sinn ...
	... höheren Sinn ...

23 ... kein Rondo, keine Sonate, keine Ouvertüre. ...
    ... keine Sonate, keine Ouvertüre, kein Rondo. ...

24 ... hinzu rechneten ...
    ... hinzurechneten ...

25 ... eben so wenig ...
    ... ebensowenig ...

26 ... höherer Sinn ...
    ... höheren Sinn ...
  ... Egmont oder – damit das ...
    ... Egmont – oder damit ...
  ... Musik „E g m o n t" ...
    ... „Egmont" ...
  ... eben so wenig nothwendig zusammen ...
    ... ebensowenig zusammen ...

27 ... „P r o m e t h e u s" ...
    ... „Prometheus" ...
  ... kann solcher Anspruch ...
    ... kann ein solcher ...
  ... düster oder niedlich ...
    ... düster, oder niedlich ...
  ... Exposition zu gewaltigem Ringen, endlich zu betrübtem oder freudigem Abschluß ...
    ... Exposition zu betrübtem oder freudigem Abschluß ...
  ... Ouvertüre zu „E g m o n t" ...
    ... „Egmont" ...
  ... Verhältnisse sind.*)
    ... sind.
    Man sieht ...

---

*) Man könnte einwenden, daß ja auch die bildenden Künste uns die bestimmte, historische Person nicht zu geben vermögen, und wir die gemalte oder gemeißelte Gestalt nicht als d i e s e s Individuum erkennen würden, brächten wir nicht die Kenntniß des Historisch-Thatsächlichen hinzu. Ohne solche Vorkenntniß könnte Niemand aus jener klassischen Gruppe entnehmen, daß es gerade L a o k o o n und seine S ö h n e sind, welche sie darstellt. Diese bestimmten Individuen kann nur der Dichter vorführen, weil nur ihm das Mittel der Sprache zu Gebote steht. Der Maler oder Bildhauer aber zeigt uns doch unverkennbar einen Mann und zwei Jünglinge, von d i e s e m Alter, d i e s e m Aussehen, d i e s e r Tracht, ihre Stellungen und schmerzverzogenen Mienen deuten unverkennbar auf körperliche Qual, die sie umwindenden Schlangen sind die zweifellose Ursache dieses Kampfes. Dies Alles ist klar, unzweifelhaft, sichtlich, erzählbar, – ob nun der Mann Laokoon heiße oder anders. Was die M u s i k unter dem Titel „Laokoon" geben kann, sind nicht etwa Laokoons Gefühle, oder überhaupt die Gefühle eines Mannes in d i e s e r Situation, sondern: Moll-Themen, verminderte Septim-Akkorde, Tremolo u. dgl., kurz musikalische Elemente, welche eben so gut Weib als Kind, geistigen wie Körperschmerz, Bisse von Schlangen oder von Eifersucht, Rache oder Reue, kurz Alles Erdenkliche bedeuten können, wenn man schon das Tonstück etwas will bedeuten lassen. Wer erinnert sich nicht der entschiedenen Klarheit, mit welcher L e s s i n g nachweist, was der D i c h t e r und was der b i l d e n d e Künstler aus der Geschichte des Laokoon zu machen vermag. Vom M u s i k e r lesen wir Nichts. Ganz begreiflich, denn das ist es eben, was e r aus dem Laokoon machen kann.

28 Man erräth
    ... Man sieht ...

29 ... obgenannten Historien) ...
    ... obigen Historien) ...

Kommentar

Kommentarbedürftig erscheinen nur inhaltlich gewichtige Eingriffe, also nicht die zahlreichen orthographischen und kleineren stilistischen Änderungen.

Im 19. Kapitelabschnitt des Vorabdrucks ist ein auf die Fußnote hinweisender Asterisk nach dem Wort *rückt* angebracht. In der dazugehörigen Fußnote wird der Briefwechsel zwischen Goethe und Zelter nachgewiesen. An dieser Stelle ist das Sternchen falsch plaziert. Erst im nächsten (20.) Kapitelabschnitt ist von Goethe die Rede. In der Erstausgabe ist diese irreführende Bezugnahme richtiggestellt. Der Quellennachweis der Fußnote selbst ist jetzt präziser gefaßt, was auch der wissenschaftlichen Intention des Traktats entspricht.

Die Abänderung des Schlusses des IV. Kapitels ist natürlich bedingt durch das Veröffentlichungsmedium: So muß Hanslick im Vorabdruck auf den folgenden *Aufsatz*, im Buch auf den nächsten *Abschnitt* – gemeint ist das nächste Kapitel – verweisen. Daß dies in der Erstausgabe eine neue Überschrift: *Das ästhetische Aufnehmen der Musik gegenüber dem pathologischen* erhielt, läßt sich durch den polemischen Charakter, den die Schrift erhalten sollte, erklären. Daneben mag auch die Umsicht des Autors dazu geführt haben, in den Umfängen der einzelnen Kapitel größtmögliche Ausgewogenheit zu erreichen. Hier erfolgt auch der erste größere Eingriff Hanslicks für die Erstausgabe. Als Erläuterung zum zweiten Abschnitt fügt er eine lange Fußnote ein. Sie ist als Erklärung zu einem Passus gedacht, der die kritisierte Art des Musikhörens, die pathologische, beschreibt und sie mit der Wirkung des Schwefeläthers vergleicht. Hanslick geht in dieser Anmerkung allerdings gleich zu den Begriffen „Inhalt" und „Form" über, im Grunde eine Vorschau auf das letzte Kapitel, in dem diese Begriffe zentral behandelt werden. Der Zusatz erscheint daher an dieser Stelle unpassend. Fragt man sich bei der Lektüre des Traktats *Vom Musikalisch-Schönen*, welchen Aufschluß diese Fußnote gerade an dieser Stelle bieten soll, so gibt die Entstehungsgeschichte der Abhandlung darüber Aufschluß. Es könnte auch ein Indiz für die des öfteren diskutierte These sein, Hanslicks Buch stelle nur eine Aneinanderreihung von Aphorismen in polemischer Absicht dar[11]. Freilich ist diese Stelle einer der Belege für die Vermutung, Hanslick habe zusammenhängende Textstellen, die in sich geschlossen formuliert waren, zusammenmontiert. Endgültige Beweise brächten nur handschriftliche Aufzeichnungen oder Fassungen des Traktats, über die nicht mehr zu verfügen ist. Diese wenigen Stellen, woran man eine solche Verfahrensweise ablesen kann, auch Hanslicks spätere Praxis, Fragmente oder Zitate aus dem Traktat anderswo zu verwenden[12] oder umgekehrt, Passagen aus anderen Schriften einzumontieren, stützen diese These.

Daß Hanslick Textabschnitte aus früheren Aufsätzen in sein Buch montierte, bemerkte S. Deas bereits 1940. Er forderte dringend die Textüberprüfung und die Sammlung aller unveröffentlichten Aufsätze Hanslicks vor 1854 wegen eventueller Übernahmen in den Traktat. Hanslicks Übernahmen werden treffend als *domestic borrowings*[13] charakterisiert.

Einen langen Zusatz erfährt der 22. Kapitelabschnitt des V. Kapitels in der Erstausgabe. Dem Diktum, es gäbe eine *Kunst des Hörens*, fügt er eine ausführliche Fußnote bei, in der als Beispiel des eben Kritisierten eine Passage aus W. Heinses musikästhetischem Roman *Hildegard von Hohenthal* zitiert wird. Heinse fordert dort eine Musik, die man *nicht merkt*[14]. Dem hält Hanslick sein Postulat des *Aufmerkens* entgegen. Er geht aber noch darüber hinaus, indem er Heinses Ästhetik dadurch abzuwerten versucht, daß er sie als Sammlung von *Apercu's* und *Fluth von*

---

11 Dieser These hat R. Zimmermann Vorschub geleistet, als er in seiner Rezension Hanslicks Traktat als *Sammlung von Aufsätzen* bezeichnete, was, zumindest was die Vorabdrucke betrifft, richtig ist.
Dennoch widerlegt dies nicht die These von der Einheitlichkeit, wie auch R. Zimmermann in seiner Rezension von einem *zusammenhängenden Ganzen* spricht. Vgl. R. Zimmermann, a. a. O., Sp. 1.

12 So befindet sich etwa im Archiv der Gesellschaft der Musikfreunde Wien ein handgeschriebenes Billett Hanslicks, wo er den Satz *Die Musik ist ein Spiel, aber keine Spielerei* aus dem VII. Traktatkapitel zitiert, ohne darauf zu verweisen, und es an seinen Freund E. Mandyczewski verschickte.

13 S. Deas, a. a. O., S. 47

14 Vgl. vorliegende Ausgabe S. 139.

Plattheiten und offenbaren Irrthümern bezeichnet[15], was an Heinses Unfähigkeit, Musik zu analysieren, abzulesen sei. Diesen Zusatz der Erstauflage könnte man sich ebensogut in der Zitatliste der angeprangerten Gefühlsästhetiken vorstellen, die Hanslick am Schluß des ersten Kapitels kompiliert. Diese Beispiele sind dort allerdings unkommentiert aneinandergereiht. Vermutlich ging dieser Zusatz im V. Kapitel auch aus Hanslicks Exzerptsammlung hervor, wurde dann aber wegen seiner Kommentarbedürftigkeit an einer anderen Stelle eingeflickt, wo er kommentiert werden konnte.

Eine Variante, bei der man zunächst geneigt ist, sie als lediglich orthographische einzustufen, zeigt der 23. Abschnitt dieses Kapitels. Während Hanslick im Vorabdruck noch vom *musikalisch Schönen*, also in der grammatikalisch richtigen Adjektiv-Substantiv-Beziehung, schrieb, veränderte er die Schreibweise in der Erstausgabe zu *Musikalisch-Schönen*[16], also mit Adjektivgroßschreibung und Bindestrichverbindung zum Substantiv. Wie die Titelgebung des Traktats beweist, hatte sich dies offensichtlich inzwischen bei Hanslick zu einem Begriff verfestigt und diese Schreibweise nahegelegt. Auch andere Beispiele dieser Umschrift von Vorabdruck zu Traktat belegen diese Behauptung[17].

Daß der Vorabdruck *Die Tonkunst in ihren Beziehungen zur Natur* – in der Erstausgabe abgedruckt unter der Überschrift *Die Beziehungen der Tonkunst zur Natur* als VI. Kapitel – mit an der Wiege des Hanslickschen Entwurfs einer Ästhetik stand, läßt neues Licht auf den Traktat selbst fallen. Das den Buchtitel gebende dritte Kapitel *Das Musikalisch-Schöne* gehörte demnach nicht zu den frühesten Ansätzen der Schrift, dafür das Naturkapitel, das, wie aus dem Briefwechsel mit Vesque von Püttlingen zu schließen ist, schon auf Hanslicks Klagenfurter Zeit von 1850–1852 zurückdatiert[18]. Aus den ersten Zeilen dieses Aufsatzes wird deutlich, daß Hanslick schon von Anfang an zu den Naturwissenschaften hinübergeschielt hat, wenn er schreibt, *daß selbst die abstractesten Untersuchungen merklich gegen die Methode der Naturwissenschaften gravitiren*[19]. Art und Weise, wie naturwissenschaftliche Methoden für die Ästhetik fruchtbar gemacht werden sollen, bleiben freilich im Unklaren. Dennoch verstand Hanslick dies von Anfang an als Postulat für die Musikästhetik, wie der erste Abschnitt dieses Kapitels beweist (*Auch die Aesthetik, will sie kein bloßes Scheinleben führen, muß die knorrige Wurzel kennen wie die zarte Faser, an welcher jede Kunst mit dem Naturgrund zusammenhängt*[20]). Freilich stammt die programmatische Formulierung, daß sich die Ästhetik hin zur Naturwissenschaft und weg vom deutschen Idealismus bewegen solle, aus einer späteren Variante des ersten Kapitels[21]. Als *zum Ruin führend* von C. Dahlhaus verdächtigt[22], war die Tendenz dazu also schon von der frühesten Arbeitsphase am Traktat an vorhanden. Den Übergang von einem feuilletonistisch gefärbten Aufsatz – zumindest von der Aura seiner Editionsweise her – zur programmatisch geforderten wissenschaftlichen Musikbetrachtungsweise zeigt eine zunächst als stilistisch nebensächlich anmutende Variante wie die genaue Nennung des Musikphilosophen Eduard Krüger, auf den sich Hanslick im fünften Abschnitt dieses Kapitels beruft. Im Vorabdruck bezieht er sich auf ihn noch als *neueren Schriftsteller*[23], vielleicht auch, um dem Feuilletonleser der *Wiener Zeitung* nicht zuviel an Namen zuzumuten.

Lediglich erläuternde Funktion hat der hinzugesetzte Satz im neunten Abschnitt dieses Kapitels, wo es um die „Elementarbestandteile" der Musik geht und Hanslick, was oft übersehen wurde,

15 Vgl. vorliegende Ausgabe S. 140.
16 Ibid.
17 So im 15. Abschnitt des VI. Kapitels, ibid. S. 152.
18 Vgl. H. Ibl, a. a. O., S. 62.
19 Vgl. vorliegende Ausgabe S. 145.
20 Ibid.
21 Ibid. S. 21ff.
22 C. Dahlhaus: *Musikästhetik*, a. a. O., S. 81
23 Vgl. vorliegende Ausgabe S. 146, Materialteil S. 126.

wenn er einem historisch invarianten Schönheitsbegriff zugeordnet wurde, der These eines natur-
gegebenen Tonsystems entgegentritt. Er sieht vielmehr eine historische Entwicklung. Um sie zu
verdeutlichen, muß er aber die Grundbausteine nennen, auf denen musikalischer Fortschritt
basiert und auf die er sich bezieht. Dies geschieht in dem erklärenden Zusatz[24]. Daß Hanslick
mit seiner darin geäußerten Behauptung, daß diese *einfachsten Verhältnisse ... unwandelbare
Grundpfeiler* für die Zukunft blieben, historisch widerlegt wurde, ist nicht seinem angeblich
ahistorischen Denken anzulasten, eher der Tatsache, daß die sich immer rascher beschleunigende
Entwicklung zur Zeit der Abfassung des Traktats noch nicht absehbar war.

Ähnlich zu verstehen ist auch die in der Erstausgabe hinzugesetzte erläuternde Apposition
im zwölften Abschnitt, wo die *Naturharmonie* als *einzige und unumstößliche Naturgrundlage, auf
welcher die Hauptverhältnisse unserer Musik beruhen,* näher definiert wird[25].

Warum Hanslick im 18. Abschnitt *Achilles* gegen *Huß* und *Luther* austauschte, läßt sich in
der größeren historischen Nähe vermuten[26]. Daneben dürfte auch die Realitätsnähe eine Rolle
gespielt haben: von Huß und Luther im Zusammenhang mit Porträtmalerei zu reden, war bei
ihnen als historischen Personen realistischer als im Falle des mythischen Achilles. Der historische
Wahrheitsgehalt, damit auch die angestrebte Wissenschaftlichkeit, war dadurch vergrößert.

Viele Passagen seiner Arbeit hat Hanslick den Ästhetiken Hegels und Vischers entlehnt. Oft
hat er Sätze daraus paraphrasiert, ohne dies zu benennen[27]. Auch in diesem Kapitel ist das der
Fall. Hat er seine Abhängigkeit im Vorabdruck noch nicht angezeigt, so verweist er in der Erstauflage auf Vischer, dessen Gedanken zum Naturschönen er folge. Der spätere Einbau dieser
Fußnote läßt zunächst darauf schließen, daß Hanslick die Vischersche Ästhetik erst zwischen
Vorabdruck und Erstauflage gelesen habe. Dem widerspricht der Briefwechsel mit Vesque von
Püttlingen, woraus hervorgeht, daß Hanslick schon in seiner Klagenfurter Zeit einen Ästhetikvor-
trag zu diesem Thema gehalten und sich dabei vor allem auf Vischer gestützt hat[28]. Diese Fußnote entfiel wieder ab der zweiten Auflage (1858), weil ein Teil des Inhalts, daß Vischers Ästhetik
bis zur Musik noch nicht vorgedrungen sei, nicht mehr stimmte[29].

Der Umtausch der im 23. Abschnitt genannten musikalischen Formen oder Gattungen von
der Reihenfolge *Rondo, Sonate, Ouvertüre* zu *Sonate, Ouvertüre, Rondo* in der Erstauflage des
Traktats läßt sich aus der zeitgenössischen Wertung dieser Gattungen erklären, deren wichtigste
Hanslick zuerst nennen will, während sie im Vorabdruck noch bunt durcheinandergewürfelt
erscheinen[30].

Die Streichung des Adverbs *nothwendig* im Zusammenhang mit Berlioz im 26. Abschnitt
ist in Beziehung zu den sonstigen Varianten im Zusammenhang mit Berlioz zu setzen. Durch
diese Tilgung wird die Aussage, daß Berlioz' Ouvertüre mit der Vorstellung „König Lear" nicht
zusammenhänge, etwas abgemildert. Diese Zurücknahme hat vielleicht auch einen stilistischen
Grund im folgenden, wo Hanslick von der *Nöthigung* durch den Komponisten spricht, ein Werk
mit einem Sujet zu vergleichen, so daß das Adverb *nothwendig* kurz zuvor auch in Widerspruch
zum später Behaupteten getreten wäre und daher entfiel[31].

Die Erstformulierung des 27. Abschnitts, in der Hanslick Musikstücke mit Titel als Ent-
wicklungsprozeß charakterisiert hatte, der *von einfacher Exposition zu gewaltigem Ringen, endlich
zu betrübtem oder freudigen Abschluß* sich entfaltet, wird in der Erstausgabe von 1854 gekürzt

---

24 *Dreiklang* und *harmonische Progression* sind nach Hanslick die Grundlagen, auf denen musikalischer Fortschritt
    beruht. Vgl. vorliegende Ausgabe S. 148.
25 Ibid. S. 151
26 Ibid. S. 153
27 Vgl. die dazu aufschlußreiche Arbeit von P. Bruchhagen, a. a. O.
28 Vgl. H. Ibl, a. a. O., S. 62.
29 Vgl. vorliegende Ausgabe S. 154.
30 Ibid.
31 Ibid. S. 157

und entspricht in dieser Fassung – das *gewaltige Ringen* fällt weg – eher statischen musikalischen Formen. Vielleicht lag der Vergleich mit Entwicklungsformen wie dem Sonatenhauptsatz zu nahe, der in diesem Zusammenhang – als Beispiel absoluter Musik – nicht gepaßt hätte, so daß auf Eigenschaften abgehoben werden mußte, was durch die Streichung erreicht wurde[32].

Eine der größten Veränderungen ist der Wegfall der Fußnote zu diesem 27. Abschnitt. Der Inhalt war wohl eine der zentralen Ausgangsideen oder Anregungen zum Traktat *Vom Musikalisch-Schönen*. Es geht um die verschiedenartige Darstellbarkeit des gleichen Sujets in den verschiedensten Künsten, ein Denkmodell, das G. E. Lessing schon mit seinem Laokoonentwurf abgehandelt hatte. Auf das Laokoonmodell sich berufend, verfaßte Hanslicks Freund R. Zimmermann eine zweite Rezension zu Hanslicks Traktat[33], so daß die Vermutung naheliegt, Zimmermann habe durch intensiven Gedankenaustausch Hanslick dazu inspiriert, ihn zur Übertragung dieses Gedankenexperimentes auf die Musik angeregt. Aus der an dieser Stelle gestrichenen Fußnote übernimmt Hanslick Teile in sein VII. Kapitel, das dem Form/Inhaltsproblem gewidmet ist. Er verändert den Text inhaltlich, teilt ihn auf die Abschnitte 7 und 9 auf und setzt schließlich noch einen neuen Abschnitt dazwischen[34].

Der besseren Übersicht wegen sei der Text der Fußnote zum Naturkapitel und seine Fassung im letzten Kapitel der Erstausgabe in Synopse gegenübergestellt.

(Vorabdruck)

Man könnte einwenden, daß ja auch die bildenden Künste uns die bestimmte, historische Person nicht zu geben vermögen, und wir die gemalte oder gemeißelte Gestalt nicht als d i e s e s Individuum erkennen würden, brächten wir nicht die Kenntniß des Historisch-Thatsächlichen hinzu. Ohne solche Vorkenntniß könnte Niemand aus jener klassischen Gruppe entnehmen, daß es gerade L a o k o o n und seine S ö h n e sind, welche sie darstellt. Diese bestimmten Individuen kann nur der Dichter vorführen, weil nur ihm das Mittel der Sprache zu Gebote steht. Der Maler oder Bildhauer aber zeigt uns doch unverkennbar einen Mann und zwei Jünglinge, von d i e s e m Alter, d i e s e m Aussehen, d i e s e r Tracht, ihre Stellungen und schmerzverzogenen Mienen deuten unverkennbar auf körperliche Qual, die sie umwindenden Schlangen sind die zweifellose Ursache dieses Kampfes. Dies Alles ist klar, unzweifelhaft, sichtlich, erzählbar, – ob nun der Mann Laokoon heiße oder anders. Was die M u s i k unter dem Titel „Laokoon" geben kann, sind nicht etwa Laokoons Gefühle, oder überhaupt die Gefühle eines Mannes in d i e s e r Situation, sondern: Moll-Themen, verminderte Septim-Akkorde, Tremolo u. dgl., kurz musikalische Elemente, welche eben so gut Weib als Kind, geistigen wie Körperschmerz, Bisse von Schlangen oder von Eifersucht, Rache oder Reue, kurz Alles Erdenkliche bedeuten können, wenn man schon das Tonstück etwas will bedeuten lassen. Wer erinnert sich nicht der entschiedenen Klarheit, mit welcher L e s s i n g nachweist, was der D i c h t e r und was der b i l d e n d e Künstler aus der Geschichte des Laokoon zu machen vermag. Vom M u s i k e r lesen wir Nichts. Ganz begreiflich, denn das ist es eben, was e r aus dem Laokoon machen kann.

(Erstausgabe)

Man wende nicht ein, daß ja auch die bildenden Künste uns die bestimmte, historische Person nicht zu geben vermögen, und wir die gemeißelte Gestalt nicht als d i e s e s Individuum erkennen würden, brächten wir nicht die Kenntniß des Historisch-Thatsächlichen hinzu. Freilich ist es nicht O r e s t, der Mann mit d i e s e n Erlebnissen und bestimmten biographischen Momenten, diesen kann nur der D i c h t e r darstellen, weil nur er zu erzählen vermag. Allein das Bild „Orest" zeigt uns doch unverkennbar einen Jüngling mit edlen Zügen, in griechischem Gewand, Angst und Seelenpein in den Mienen und Bewegungen, es zeigt uns die furchtbaren Gestalten der Rachegöttinnen, ihn verfolgend und quälend. Dies Alles ist klar, unzweifelhaft, sichtlich, erzählbar – ob nun der Mann Orest heiße oder anders. Nur die Motive: daß der Jüngling einen Muttermord begangen u. s. w. sind nicht ausdrückbar. Was kann die Tonkunst jenem sichtbaren (vom Historischen abstrahirten) Inhalt des Gemäldes an Bestimmtheit entgegensetzen? Verminderte Septaccorde, Mollthemen, wogende Bässe u. dgl., kurz musikalische Formen, welche eben so gut ein Weib, anstatt eines Jünglings, einen von Häschern anstatt von Furien Verfolgten, die einen Eifersüchtigen, Rachesinnenden, einen von körperlichem Schmerz Gequälten, kurz alles Erdenkliche bedeuten können, wenn man schon das Tonstück etwas will bedeuten lassen.

Es bedarf wohl auch nicht der ausdrücklichen Berufung auf den früher begründeten Satz, daß wenn vom Inhalt und der Darstellungsfähigkeit der „Tonkunst" die Rede ist, nur von der reinen I n s t r u m e n t a l m u s i k ausgegangen werden darf. Niemand wird dies so weit vergessen, uns z. B. den Orestes in Gluck's „Iphigenie" einzuwenden. Diesen „Orestes" giebt ja nicht der Compo-

32 Vgl. vorliegende Ausgabe S. 157.
33 R. Zimmermann: *Ein musikalischer Laokoon*, a. a. O.
34 Vgl. vorliegende Ausgabe S. 163f.

nist: die Worte des Dichters, Gestalt und Mimik des Darstellers, Costüm und Decorationen des Malers – dies ist's, was den Orestes fertig hinstellt. Was der Musiker hinzugiebt, ist vielleicht das S c h ö n s t e von Allem, aber es ist gerade das Einzige, was nichts mit dem wirklichen Orest zu schaffen hat: Gesang.

L e s s i n g hat mit wunderbarer Klarheit auseinandergesetzt, was der Dichter und was der bildende Künstler aus der Geschichte des Laokoon zu machen vermag. Der Dichter, durch das Mittel der Sprache, giebt den historischen, individuell bestimmten Laokoon, der Maler und Bildhauer hingegen einen Greis mit zwei Knaben (von d i e s e m bestimmten Alter, Aussehen, Costüm u. s. f.) von den furchtbaren Schlangen umwunden, in Mienen, Stellung und Geberden die Qual des nahenden Todes ausdrückend. Vom M u s i k e r sagt Lessing nichts. Ganz begreiflich, denn Nichts ist es eben, was e r aus dem Laokoon machen kann.

Der Zusammenhang, in den der Text in der Erstfassung transplantiert wurde, ist ein völlig anderer. Dies zeigt wiederum Hanslicks Montageverfahren und gibt auch über die Entstehungsgeschichte des Traktats Aufschluß. Aus der Fußnote übernahm Hanslick offensichtlich wichtige Teile und einen Aufhänger für das VII. Kapitel, das vermutlich nach den Vorabdrucken als nächstes konzipiert worden ist. Erst danach entstanden wohl die ersten drei Kapitel, die gleichwohl die polemische Essenz des Traktats ausmachen.

Neu an der Fassung der Anmerkung im letzten Kapitel ist das Hinzukommen der mythischen Figur Orestes zu Laokoon. Der Grund dürfte sein, daß es zum Gedankenexperiment des Laokoon keinen Versuch gab, diese Figur in der Musik darzustellen, während dies im Falle des Orest vorlag. Hanslick argumentiert in dieser Fassung in einem Dreischritt:

1. Orest als mythische Gestalt ist in verschiedenen Künsten darstellbar, in der Musik nicht, weil deren Gestaltungsmittel polyvalent sind und ebensogut auf etwas anderes hinweisen können.
2. Die musikalische Umsetzung des Orest in Glucks *Iphigenie* kann als Gegenargument nicht gewertet werden, weil der explizite Hinweis auf Orest durch die Darstellung, Sprache etc. vonstatten geht.
3. Eine ähnliche Beweisführung hat schon Lessing mit seinem Laokoonentwurf unternommen, wobei die Musik zu Recht ausgeklammert worden war.

In der Vorabdruckfassung mußte Hanslick noch von einer erdachten Laokoonmusik reden, um dann auf Lessing zu kommen. Durch das Zwischenschieben der Orestfigur und den darauffolgenden Hinweis auf Lessings Laokoondeutung wird die Beweisführung plastischer[35]. Zusätzlich wird dies unterstrichen durch den erneuten, eingefügten Hinweis, der im Grunde auf E. T. A. Hoffmann und die romantische Musikanschauung zurückdatiert, daß man von der reinen Instrumentalmusik ausgehen müsse – eine Bemerkung, die Hanslick mit solch emphatischem Anspruch in einer Fußnote nicht hätte bringen können –, wenn man von der Bedeutung in der Musik spreche und der Opernkomponist lediglich Gesang hinzufügen könne.

Auch formal zeigt diese Umstellung genau Hanslicks Vorgehensweise, mit Satz- und Wortpartikeln wie Mosaiksteinchen zu arbeiten. Zusammenhänge, Beschreibungen, manchmal nur Adjektive, tauchen in völlig neuer Konstellation an anderer Stelle wieder auf, allein an diesem Text könnte man die These von Hanslicks Traktat als Sammlung von Aphorismen neu erhärten.

[35] Zum Einfluß der ästhetischen Erörterungen Lessings auf Hanslick liegt eine in der Hanslickforschung bislang unbeachtete Prager Dissertation von 1927 vor: I. Wiener, *Eduard Hanslicks Musikästhetik in ihrer inneren Beziehung zur Kunstauffassung Lessings,* a. a. O. Ähnlich einseitig wie ihre Vorgänger versucht Wiener, Hanslicks Ästhetik auf Lessing zurückzuführen. Im umgekehrten Verfahren wie Hostinsky, der als erster Gemeinsamkeiten von Wagner und Hanslick herausstellte, sieht Wiener in Lessing gleichzeitig den Vorläufer und Vorahner des Wagnerschen Gesamtkunstwerks und der Hanslickschen Ästhetik.

2. Aufsätze Zimmermanns und Hanslicks Kritiken vor 1854

Hanslicks schriftstellerisches Verfahren bestand, wie gezeigt wurde[36], darin, alte Texte wiederzuverwenden oder leicht abzuwandeln. So ließen sich mehrere Kritiken vor 1854 ausfindig machen, die zumeist in den Sammelbänden der Hanslickschen Kritiken nicht abgedruckt sind, in denen Parallelen und wortwörtliche Überschneidungen zum Traktat vorliegen. Auch Kritiken aus späterer Zeit wurden in die Abhandlung integriert. Daneben ergeben sich inhaltliche Überschneidungen mit einigen Aufsätzen des Philosophen und Freundes R. Zimmermann. Es sind vor allem drei Aufsätze, die dann auch für die Grundrichtung der Ästhetik Hanslicks ausschlaggebend wurden:

1. *Die ethischen Richtungen der Gegenwart, 1851*[37]
2. *Die naturwissenschaftliche Methode in der Philosophie. Mit Rücksicht auf deren neueste Erscheinungen, 1853*[38]
3. *Die spekulative Aesthetik und die Kritik, 1854*[39]

ad 1.:

Dieser Aufsatz, der Hanslickforschung bislang entgangen, ist insoweit wichtig, als man davon ausgehen kann, daß ihn Hanslick trotz seiner Klagenfurter Distanz gekannt haben muß. Er selbst veröffentlichte aus seinem Klagenfurter Exil in der Beilage zur *Wiener Zeitung*. Die philosophischen Spezialprobleme, die Zimmermann hier abhandelt, mögen für Hanslick unwichtig gewesen sein. Wichtig erscheint, daß hier Herbart breit behandelt wird, so daß – neben der Quelle der Habilitationsunterlagen – vorausgesetzt werden kann, daß Hanslick das Herbartsche System kannte, auch wenn er es in der Erstauflage des Traktats nicht erwähnte und erst in Varianten auf Herbart einging.

ad 2.:

Zimmermann fordert hier den Sturz der alten Logik zugunsten einer naturwissenschaftlich orientierten, der er *den Weg ins Herz der Philosophie* bahnen will[40]. Induktive Methode und die Methode der Herbartschen Metaphysik werden angepriesen, am Ende steht dennoch ein kritisches Verhältnis zur Naturwissenschaft. Trotz des Postulats der naturwissenschaftlichen Erhöhung der Philosophie verbleibt er bei den wichtigen Leitbegriffen „Begriff" und „Erfahrung", die die Philosophie zu prüfen hätte. Wenn auch keine wortwörtlichen Anlehnungen Hanslicks zu erkennen sind, so sind doch grundsätzliche Positionen hier erörtert, die Hanslick übernahm, so die Forderung, die Ästhetik an der Naturwissenschaft auszurichten, was in Varianten verstärkt wurde[41]. Daß Hanslick seine naturwissenschaftlichen Ambitionen nicht verwirklichen konnte, liegt auch daran, daß diese Methode in Hanslicks Vorlage – Zimmermanns Essay – nicht ausgeführt wird.

ad 3.:

Einen erheblichen Anteil an Hanslicks Grundpositionen, zumindest das Manifest des gemeinsamen Nenners beider, dürfte Zimmermanns Aufsatz *Die spekulative Aesthetik und die Kritik* bilden. Hier geht es vor allem gegen die spekulative Ästhetik mit ihren Vertretern Hegel und Vischer. Ihr absoluter Idealismus und ihre Begriffe, etwa der der Innerlichkeit, werden von Zimmermann abgelehnt. Kritik wird vor allem an der Methode geübt, Sätze letztlich als Sätze des Weltgeistes auszugeben, sowie an der Methode der Dialektik, wie sie ähnlich scharf nur bei Schopenhauer ausfällt.

---

[36] Vgl. auch S. Deas, a. a. O.
[37] a. a. O.
[38] a. a. O.
[39] a. a. O.
[40] a. a. O., S. 109
[41] Vgl. vorliegende Ausgabe S. 21ff.

Die Kunst, die nach dieser Anschauungsweise eine permanente Revolution, eine jeweilige Verkörperung des Weltgeistes sei, habe keine *Gesetzmäßigkeit des Schönen* vorzuweisen, die Zimmermann fordert. Das Subjektive entfessele sich. Zimmermann wirft dieser Schule vor, Ästhetik, die seinen Maximen nach auf das bleibend Schöne ausgerichtet ist, in Kunstgeschichte umzuformen, ein Diktum, das Hanslick in seinem III. Kapitel des Traktats ähnlich formulierte. Noch stärker als bei Hanslick wird eine reine Werkästhetik postuliert. Wie später Hanslick will Zimmermann Biographie und Entstehungsgeschichte vom Werk abtrennen, weil die Ästhetik Mängel kritisiere, die Kunstgeschichte sie rechtfertige. Dieser ästhetische *Quietismus*[42] sanktioniere wegen seines ästhetischen Relativismus nur schlechte Kunst. Dagegen sei – wie Hanslick es dann auch fordert – Ziel der Ästhetik, herauszustellen, *was schön sei, für alle Zeit und an jedem Ort*[43]. Ein langer Passus richtet sich gegen Vischers Stillosigkeit. In der Ablehnung Vischers und Hegels folgte Hanslick seinem Freund anfangs nicht, erst nach dessen Rezension des Traktats, in der er die Konzessionen an den Idealismus kritisierte. Zimmermann avancierte allerdings zu einem der Protagonisten im Form/Inhaltsstreit, vor allem als Gegenspieler Vischers.

Die hauptsächlichen Postulate für eine Ästhetik, die dann Hanslick übernahm, sind demnach:
- Objektivität;
- Trennung zwischen geschichtlichem und reinem Denken, damit eine Gegenüberstellung von Kunstgeschichte und Ästhetik.

Von Hanslicks Kritiken und Aufsätzen vor 1854 zeigen nachfolgende auch Überschneidungen mit der Abhandlung *Vom Musikalisch-Schönen*:
- *Musik. Spontinis Vestalin*
- *Für Musik. Dr. A. J. Becher*
- *Censur und Kunstkritik*
- *Concerte des Henri Litolff*
- *Die Wiener Konzertsaison 1853-54*
- *Ästhetische Reflexionen über Hovens Komposition der Heine'schen Heimkehr*
- *Kärnthische Volkslieder*
- *Musik. Classische Studien für das Pianoforte*
- *Erstes Concert spirituel*
- *Zur Biographie Mozarts und Beethovens*
- *Kritik des Wiener Musikverlages*
- *Chr. W. Ritter v. Gluck. Dessen Leben und Wirken von Anton Schmid*

Viele dieser Kritiken und Aufsätze sind in den gesammelten Kritiken Hanslicks nicht mehr ediert worden. Einige wollte er wohl auch später nicht mehr herausgeben wegen des Verdachts auf vormärzliche Tendenzen und ihres *unerlaubt jugendlichen* Überschwangs[44].

Musik. Spontinis Vestalin. In: *Wiener Zeitung* 28.3.1854

Für Hanslicks Stil charakteristische Wendungen treten hier auf, etwa die Attribuierung *geist- und kenntnisreich.* Neben solchen stilistischen Übereinstimmungen sind auch ästhetische Prämissen des Traktats bereits ausgeformt, so die Trennung von historischem und ästhetischem Begreifen: *Denn diese ... Richtung, welche das historische Begreifen mit dem ästhetischen Beurtheilen vermengt, hat gerade Spontini's Vestalin zu einem ihrer beliebtesten und bestgelegenen Tummelplätzen hergerichtet.*[45] Gegen Ende des Artikels stellt er schließlich sein ästhetisches Ideal vor: *Wir möchten nun einmal in der Kritik die ästhetischen Grenzen rein erhalten und das bleibende S c h ö n e eines*

42 Zimmermann, a. a. O., S. 39
43 Ibid. S. 40
44 E. Hanslick: *Aus meinem Leben*, a. a. O., I, S. 59
45 *Wiener Zeitung*, 28. 3. 1854, S. 278

Kunstwerks unbehelligt wissen von den anekdotischen Zufälligkeiten seiner Entstehung ... [46]. Der Passus klingt wie von Zimmermann diktiert. Er entspricht dessen Forderungen in seinem Aufsatz *Die spekulative Ästhetik und die Kritik*. Diese Grundhaltung ist auch in Hanslicks Traktat festzustellen.

Für Musik. Dr. A. J. Becher. In: *Sonntagsblätter* 1847, Nr. 15

Ist auch diese frühe Kritik noch von der später befehdeten Gefühlsästhetik durchsetzt (*Am wenigsten stark und unmittelbar erscheint in Bechers Musik das Gefühl*[47]), so sind doch schon zentrale Begriffe der späteren Ästhetik anzutreffen. Es tritt etwa der Arabeskenvergleich auf, hier allerdings aus der gefühlsästhetischen Sicht, also negativ eingefärbt: *Mir kommt darum manches Stück von Becher vor, wie Arabeskenzeichnung. Da sind verschlungene Kreise, korrespondirende Figuren, kühne Bogen zu einem symmetrischen Ganzen vereiniget, an dem sich das formkundige Auge des Zeichners erfreuen wird – aber es ist keine Landschaft, kein Porträt, kein Genre, keine Historie, an denen sich unser Denken und Fühlen erbauen könnte.*[48] Was im *Musikalisch-Schönen* also als positiver Vergleich eingeführt wird[49], soll hier die Gefühllosigkeit des kritisierten Komponisten dokumentieren. Freilich verwahrt sich Hanslick am Ende gegen die deskriptive Musik, als deren Repräsentant er Berlioz angreift, und kommt zu einer Musikdefinition, die aus dem Traktat stammen könnte: *Die karakteristische Eigenthümlichkeit Berlioz's besteht darin, daß ihm in seinen Komposizionen die Musik nicht Selbstzweck ist, nicht Musik im strengen Sinne, d. i. ein freies Spiel mit Tönen in schöner Form, das irgendeine Stimmung oder Empfindung austönt, sondern Mittel des Ausdruckes zur Darstellung eines poetischen Ideals. ...*[50]. Einzige gefühlsästhetische Konzession ist der Satz, der zugesteht, daß das *freie Spiel* eine *Stimmung* und *Empfindung* ausdrücke. Ansonsten sind Formulierung und ästhetischer Standard des Traktats erreicht.

Censur und Kunst-Kritik. In: *Wiener Zeitung* 24.3.1848

Dieser kurze Aufsatz ist deutlich hegelianisch und vom Geist der 48er-Revolution bestimmt. Das im Traktat geforderte Bleibende des Schönen wird hier idealistisch als Bleibendes der Ideen gedeutet, wobei die Kunstwerke dem subsumiert werden. Musikwerke sind demnach *Spiegelbilder der philosophischen, religiösen und politischen Weltanschauung ihrer Zeit*[51]. Im Gegensatz zu Formulierungen des Traktats von 1854 wird ausgesagt: *Wir sind über die dürftige Anschauung hinaus, welche in einem Musikstücke nur eine symmetrische Aneinanderreihung angenehmer Töne und Tonfolgen sah ...*[52]. Gerade der idealistisch gefärbte Teil des Traktats war es, den Zimmermann kritisierte und der sich von hier hinübergerettet hatte, so in Auszügen aus einem allgemeinen Passus dieser Kritik über Kunstkritik: *Die echte Kunstkritik wird sich bei Beurtheilung eines Kunstwerkes – stets vorausgesetzt, daß dessen Bedeutsamkeit einen höheren Maßstab aufruft – nicht damit begnügen, in den Schacht des technischen Details hinabzusteigen, sie wird den Gipfel der Idee erklimmen. Sie wird darthun, wie die Idee, welche das einzelne Kunstwerk schuf, sich verhält zu den Ideen, welche die ganze Menschheit bewegen; sie wird dem Künstler nicht bloß seinen höheren oder niederen Rang in der Kunstgeschichte anweisen, sondern vorerst seine Stellung prüfen zur ganzen idealen Aufgabe seiner Zeit, und deren constituirenden Momenten: der Religion, der Geschichte, der Philosophie. Die Kunst wiederholt die durch reine Contemplation aufgefaßten ewigen Ideen, das Bleibende und Wesentliche aller weltlichen Erscheinungen, und je nachdem der*

---

[46]   *Wiener Zeitung*, S. 279
[47]   *Sonntagsblätter*, S. 121
[48]   Ibid. S. 122
[49]   Vgl. vorliegende Ausgabe S. 75f.
[50]   *Sonntagsblätter*, S. 123
[51]   a. a. O.
[52]   Ibid.

Stoff ist, in welchem sie wiederholt, ist sie bildende Kunst, Musik oder Poesie …[53]. Abgemildert nahm Hanslick diese Position noch in der Erstausgabe des Traktats ein. Auch dort spricht er noch von den Ideen, die in der Musik ausgedrückt seien[54], streicht dies aber zum Teil aufgrund Zimmermanns Kritik, ohne die idealistischen Spuren jedoch restlos zu tilgen.

Concert. Concerte des Henri Litolff. In: *Wiener Zeitung* 12.3.1848 (unter dem Pseudonym *Renatus*)

Diese noch unter Hanslicks Davidsbündlernamen aus Prag veröffentlichte Konzertkritik läßt bereits einige produktions- und reproduktionsästhetische Termini des Traktats von 1854 anklingen, so die Begriffe *subjektiv* und *objektiv* für Komponist oder Spieler. Gerade diese Unterscheidung von subjektiven oder objektiven (*klar Formenden*[55]) Komponisten nahm aber Hanslick in der sechsten Auflage zurück[56]. In dieser Kritik wird diese Gegenüberstellung noch mit dem deutschen Idealismus vermischt: *Nach dem Muster Beethovens strebt er überall aus dem Kreis des lediglich Individuellen zur Objektivität durchzubrechen, und sich aufzuschwingen von dem eigenen kleinen Interesse zu den Interessen der ganzen Menschheit* …[57]. Gerade der letzte Satz könnte auch noch in der Erstausgabe des Traktats zu lesen sein[58].

Die Wiener Konzertsaison 1853–54. In: *Österreichische Blätter für Literatur und Kunst.* 15.5.1854

Diese retrospektive Übersicht ist bereits in der Terminologie des Traktats geschrieben. Wortwörtliche Übernahmen sind zwar nicht vorzufinden, jedoch ästhetische Termini wie *Produktion* und *Reproduktion.* Hanslicks ästhetische Vorstellungen gehen sogar soweit, daß er eine *ästhetische Polizei* fordert gegen die Zuspätkommenden bei Opernvorstellungen, gegen Stühlerücken oder Herausrufen von Sängern während der Vorstellung, wovon vieles sich eingebürgert hat.

Hanslick verstand sich zu dieser Zeit offenbar als Instanz gegen die Neudeutschen und ihr Organ, die von Brendel redigierte *Neue Zeitschrift für Musik.* Gegen ihn polemisiert er in diesem Artikel und weist dessen Angriffe gegen die *ausschließliche Trivialität des Wiener Musiklebens* zurück[59]. Er zeiht ihn der *Ignoranz und Geistlosigkeit*, wenn er nur von Wagnerschen Grundsätzen ausgehe. Umgekehrt kritisierte Brendel Hanslicks Traktat später scharf aus neudeutscher Sicht[60].

Ästhetische Reflexionen über Hovens Komposition der Heine'schen Heimkehr. Beilage zum Morgenblatte der Wiener Zeitung Nr. 51, 1851

Weniger Parallelen zum Traktat und Übernahmen als den ästhetischen Stand und berufliche Absichten kann man diesem Essay entnehmen. Hanslick diskutiert die Möglichkeiten des Wort-Tonverhältnisses, was im zweiten Kapitel des Traktats ebenfalls Gegenstand der Erörterung ist[61]. Er spricht hier, vor allem ironische Dichtung betreffend, von *unkomponierbaren Gedichten*[62]. Herauslesbar ist aus diesem Aufsatz die intensive Beziehung zwischen Hanslick und Vesque von Püttlingen, der das Komponistenpseudonym Hoven trug. Aus seinem Exil in Klagenfurt sandte Hanslick oft hilfesuchende Briefe an den in Wien gebliebenen Komponisten, Mittel einzusetzen, daß er nach Wien zurückkehren konnte. Auch ist in diesem Briefwechsel dokumentiert, daß

---

53 a. a. O.
54 Vgl. vorliegende Ausgabe S. 45f., 75, 171.
55 Ibid. S. 79
56 Ibid.
57 a. a. O.
58 Vgl. vor allem die später gestrichenen Passagen, vorliegende Ausgabe S. 75, 171.
59 a. a. O.
60 a. a. O.
61 Vgl. vorliegende Ausgabe S. 42–73.
62 a. a. O.

Hanslick begann, sich mit ästhetischen Fragestellungen, zunächst der Ästhetik Vischers, dann der Natur – Musik-Beziehung, auseinanderzusetzen. Der Essay ist als Produkt seiner Überlegungen in der Klagenfurter Einsamkeit zu werten, zugleich als Hilferuf nach Wien. In seinen Briefen wandte sich Hanslick direkt an Vesque mit der Bitte, ihm eine Professur für Geschichte und Ästhetik der Tonkunst zu verschaffen[63]. Dies scheiterte zunächst und wurde erst durch die mit dem Traktat erfolgte Habilitation möglich. Da umgekehrt Vesques Briefe an Hanslick nicht erhalten sind, bleibt es der Spekulation überlassen, ob Vesque Hanslick dazu ermutigte, eine ästhetische Schrift zu verfassen und diesen offiziellen Weg zu einer Musikprofessur anzutreten.

Kärnthische Volkslieder. Beilage zum Morgenblatte der Wiener Zeitung Nr. 62, 6.8.1851

Auch dieser Aufsatz aus der Klagenfurter Zeit über zwei Liederhefte von Edmund Freiherr von Herbert enthält Passagen, die dann in der Abhandlung *Vom Musikalisch-Schönen* abgewandelt wiederkehren, und Termini technici, die zum Bestand des Traktats gehören. Hier geht es vor allem um den Begriff des Elementarischen, einen Ausdruck, der aus Hegels Ästhetik übernommen ist. Ähnlich einem Abschnitt im Traktat, wo das Elementarische des Tones und seine Wirkung angegriffen wird[64], und einem Abschnitt, in dem das Jodeln der Alpenlandbewohner beschrieben wird[65] – wohl in Erinnerung an diese Klagenfurter Zeit –, wird hier an einer Stelle das Elementarische des Jodelns von eigentlicher Musik abgehoben: *Dem Alpenländler ist im Singen nicht die Musik Hauptsache, wie dem Italiener oder Böhmen, sondern der Hall, der Klang, das Elementarische des Tones* ...[66].

Daß dennoch auch Widersprüche zur Anschauungsweise des Traktats vorliegen, zeigt ein anderer Satz, in dem die Naturverwurzelung der Musik – im Gegensatz zum Traktat – behauptet wird: *Ein hoher Standpunkt musikalischer Begabung läßt sich den oesterreichischen Alpenbewohnern nicht einräumen. Ihre Lieder hängen viel zu fest mit dem Naturgrund zusammen, auf dem sie entstanden. Die weiten Sprünge ihrer Intonation, das Aushalten der Töne, der Jodler, sind Erscheinungen, welche die Natur der Berge erschaffen hat* ...[67].

Einen allgemeinen Teil, der diesem Natur-Kunstbegriff widerspricht, übernahm Hanslick abgeändert im Traktat. Im Einleitungsteil des Aufsatzes heißt es: *Längst ist erklärt und anerkannt, wie der Charakter jedes Volkes sich in seinen Melodien spiegelt, und diese zu einer tieferen Kenntniß desselben unentbehrlich sind; für uns haben Volkslieder außerdem noch den hohen ästhetischen Werth, die letzten Reste naiver Kunst zu sein, die Kunst vor der Kunst. Wie ein neuerer Autor sinnreich umschreibt.*[68]

Dieser Passus ist im Traktat folgendermaßen umformuliert: *Wenn daher ein Componist wirklich Nationalmelodien benützt, so ist dies kein Naturschönes, denn man muß bis zu Einem zurückgehen, der sie erfunden hat, – woher hatte sie dieser? Fand er ein Vorbild dafür in der Natur? Dies ist die berechtigte Frage. Die Antwort kann nur verneinend lauten. Der Volksgesang ist kein Vorgefundenes, kein Naturschönes, sondern die erste Stufe wirklicher Kunst, naive Kunst.* ...[69] Aus dem *Kunst vor der Kunst* des Essays wird hier *erste Stufe wirklicher Kunst*. Diese Übereinstimmungen belegen auch, daß das Naturkapitel werkgenetisch früh einzustufen ist.

---

63 Vgl. H. Ibl, a. a. O., S. 57.
64 Vgl. vorliegende Ausgabe S. 129, 135.
65 Ibid. S. 147
66 a. a. O., S. 1. Sp. 3
67 Ibid.
68 Ibid. Sp. 1
69 Vgl. vorliegende Ausgabe S. 155f.

Musik. Classische Studien für das Pianoforte. In: *Wiener Zeitung* 16.6.1849

In diesem Aufsatz präsentiert sich Hanslick als Kämpfer für den Fortschritt, den er vor allem in der *poetischen Beseelung* sieht[70]. Von dieser fortschrittlichen neueren Klaviermusik abgehoben wird die des 18. Jahrhunderts mit ihren Vertretern Bach und Händel. Spätere positive ästhetische Kategorien erscheinen hier noch als negativ. Analog der Arabesken- und Kaleidoskopbeschreibung im Traktat werden hier Themen und ihre Entwicklung beschrieben, nur daß ihnen die wichtigste Neuerung, *der poetische Inhalt*[71], fehle, sei ihr Mangel. Grundvoraussetzung dieser alten Musik war, daß der Komponist *formell musikalisch* dachte[72], die Ästhetik bestand darin, *angenehme Empfindungen zu wecken*, und Musik war demnach ein *wohlgefälliges Spiel mit Tönen*[73]. Diese Kriterien schlugen im Traktat alle ins Positive um. Um die Differenz zu demonstrieren, sei hier ein längerer Passus aus der frühen Kritik abgedruckt:

> *Mit banalen Lobeshymnen wird nichts gefördert, man muß sich klare Rechenschaft legen, worin die Claviermusik des vorigen Jahrhunderts die des gegenwärtigen überragt? Die Antwort lautet: „In der bewunderungswürdigen Ausführung des rein musikalischen Elements.*
>
> *Die Themen sind stets abgegrenzt, selbständig, verwendbar, die Perioden genau correspondirend, das Ganze von der ersten bis zur letzten Note wie aus Einem Guß, ohne Lücke und Abschweifung. Das Thema erscheint in immer neuer Form, ein Reichthum scharfsinniger Combinationen spinnt sich anmuthig ab, jede Stimme gibt ihren eigenen freien Gang, contrapunktische Künste vergeistigen den Wohlklang, und dieser vergißt nie, jene zu versinnlichen. Was man an Vollendung der Form, an scharfsinniger Erfindung und Benützung des musikalischen Stoffes verlangen kann, ist da; es fehlt nur Eines: – der poetische Inhalt.*
>
> *Die Claviermusik der genannten Zeit stand ganz auf dem Standpunkt derjenigen Aesthetiker, welche als das Wesen der Künste angaben, „sie sollen angenehme Empfindungen erwecken", und namentlich die Musik als „ein wohlgefälliges Spiel mit Tönen" definirten. Der Componist dachte und arbeitete rein formell musikalisch, er erdachte ein geschicktes Thema, und verfertigte daraus ein Stück, welches das Ohr durch Wohlklang befriedigte, den Geist durch scharfsinnige Combinationen ergötzte. Von einer tieferen Bedeutung, von einem poetischen Inhalt, von einem Ausklingen des eigenen Seelenzustandes war keine Rede; wie geschliffene Steinchen lagen die Töne vor dem Componisten, der in behaglichem Nachdenken sinnreiche Mosaikfiguren daraus zusammensetzte. Ein kleiner Inhalt läßt sich bald in eine Form bringen, und wo das Innerste des Künstlers unbewegt bleibt, da kann das Aeußere des Kunstwerks leicht glatt und vollkommen werden. Es concentrirte sich in den Claviercomponisten jener Zeit alle Kunst und Kraft auf die musikalische Form und Durchführung. Das Höchste was diese Stücke an geistigem Ausdruck erreichen, ist einerseits eine gewisse männliche derbe Gesundheit, andererseits eine bald würdevolle, bald schalkhafte Grazie. Die vollendetsten Beispiele von Beidem finden sich in Bach und Händel.*
>
> *Der große Fortschritt der neueren (romantischen) Claviercomposition ist die poetische Beseelung.*
>
> *Sie hat sich (ganz abgesehen von den technischen und akustischen Vervollkommnungen) über den Standpunkt erhoben, von welchem eine Tondichtung nur als ein in sich vollkommen construirtes, wohlgefälliges Klangwerk erscheint, sie erkennt ein Höheres für die Aufgabe der Musik. Die künstlerische Darstellung der menschlichen Gefühle, Stimmungen und Leidenschaften.*
>
> *Auf den Inhalt ist somit ihr erstes Augenmerk gerichtet, die Abrundung der Form steht an zweiter Stelle. Da dieser Inhalt ein Unendliches ist, so durchbricht er oft die Symetrie des musikalischen Baus, häuft hier die Gluth an, dort die Ruhe; hemmt oben den Melodien-Fluß, und läßt ihn unten überstürzen. Daher ist die romantische Claviermusik überschwänglich, ungleich, rapsodisch; während die „classische" schöngeformt, geputzt und gescheuert ist; in der „romantischen" rauscht der lebendige Urwald des Gefühls, während die „classische" sinnreich zugestutzte Alleen pflanzt; die „classische" speculirt, ohne viel Rücksicht auf die Bedeutung des Ganzen jede nur mögliche contrapunktische Combination heraus; die „romantische" macht lieber einen Herzschlag mehr, und einen Witz weniger ...[74].*

Erstes Concert spirituel. In: *Wiener Zeitung* 14.3.1848
Zur Biographie Mozarts und Beethovens. In: *Wiener Zeitung* 28.2.1853

Beiden Rezensionen ist trotz unterschiedlichen Inhalts gemeinsam, daß sich Hanslick hier massiv gegen eine Überinterpretation reiner Instrumentalmusik aus dem Geiste der Gefühlsästhetik richtet. Angriffspunkt ist beidesmal die Mozartdeutung des Russen A. D. Ulybyschew (Oulibi-

[70] a. a. O., Sp. 3
[71] Ibid.
[72] Ibid.
[73] Ibid.
[74] a. a. O.

cheff)[75]. In der Concert-spirituel-Kritik schreibt Hanslick über eine Mozart-Symphonie (in A, Nachlaß 1775): *Im Ganzen macht die Symphonie einen ungemein freundlichen Eindruck, einen gewaltigen tiefanregenden konnte man nicht erwarten. Es ist eine frische, klare, herzliche Musik; ein weiteres darin zu finden, dürfte höchstens dem Russen Oulibicheff gelingen, der in der G-moll-Symphonie durch alle Sätze den Schmerz unglücklicher Leidenschaft nachweist. Die G-moll-Symphonie ist weder glückliche noch unglückliche Liebe, sie ist Musik. Solche Ultra-Mozartianer, welche sehr ungerechter Weise, hiermit nicht zufrieden, Mozarts Instrumentalwerken Momente einer späteren Anschauungsweise aufdisputiren wollen, gerathen nicht nur auf bedauerliche Abwege, sondern schaden obendrein ihrer Sache, wie jeder, der zu beweisen sucht, daß zwei Mahl zwei fünf sei.[76]*

Ebenso geht es in der Besprechung neuer Mozart- und Beethovenbiographien gegen Oulibicheffs Ansatz. Dessen Darstellung sei *Alles nur nicht historisch, sie ist subjektiv, sprunghaft, leidenschaftlich Partei für oder wider nehmend ...[77].*

Fast wortwörtlich sind Formulierungen aus der Konzertkritik im Traktat übernommen. Auch hier geht es gegen Oulibicheff und seine Überinterpretation von Mozarts Instrumentalmusik: *Hiermit berichtigt sich leicht Oulibicheff's mißverständliche Ansicht, eine Instrumentalmusik könne nicht geistreich sein, indem „für einen Componisten der Geist einzig und allein in einer gewissen Anwendung seiner Musik auf ein directes oder indirectes Programm bestehe." Es wäre unsrer Ansicht nach ganz richtig, das berühmte dis in dem Allegro der „Don Juan"-Ouvertüre oder den absteigenden Unisonogang darin einen geistreichen Zug zu nennen, – nun und nimmermehr hat aber das erstere (wie Oulibicheff meint) „die feindliche Stellung Don Juan's gegen das Menschengeschlecht," und letzterer die Väter, Gatten, Brüder und Liebhaber der von Don Juan verführten Frauen vorgestellt. Sind alle diese Deutungen an sich schon vom Uebel, so werden sie es doppelt bei Mozart, welcher, – die musikalischste Natur, so die Kunstgeschichte aufzuweisen hat – Alles was er nur berührt hat in Musik verwandelte. Oulibicheff sieht auch in der G-moll-Symphonie die Geschichte einer leidenschaftlichen Liebe in 4 verschiedenen Phasen genau ausgedrückt. Die G-moll-Symphonie ist Musik und weiter nichts ...[78].*

Kritik des Wiener Musikverlages. In: *Wiener Zeitung* 5.12.1853

Ein fast textgleicher Passus dieser Kritik, der allgemeine Prinzipien des Wort-Ton-Verhältnisses behandelt, findet sich im Traktat von 1854. In der Kritik schreibt Hanslick, auf Gluck bezogen:

Der seit Gluck's bekannter Dedikation zur „Alceste" allgemein gewordene Satz, der Text sei die „richtige und wohlangelegte Zeichnung", welche die Musik lediglich zu koloriren habe, ist nur eine von tausend Proben, wie die musikalische Aesthetik sich fortwährend bildlich behilft. Ueber Bilder und Vergleichungen aber läßt sich ewig streiten. Jener Satz ist wahr gegenüber der Anmaßung einer souveränen Unabhängigkeit des Komponisten vom Dichter, er ist falsch, sobald er diese Abhängigkeit in gleich enge Schranken bannen will, wie sie der Zeichner dem Koloristen zieht. Wenn die Musik nicht in viel großartigerem als blos kolorirendem Sinn das Gedicht behandelt, wenn sie nicht, – selbst Zeichnung und Farbe zugleich –, etwas ganz Neues hinzubringt, das in ureigener Schönheitskraft blättertreibend die Worte zum bloßen Epheuspalier umschafft: dann kann sie die Staffel der Schülerübung oder Dilettantenfreude erklimmen, den Herrscherthron der Kunst nimmermehr.[79]

Im Traktat von 1854 ist im zweiten Kapitel, wo es um Vokalmusik geht, zu dem Satz *Die Vocalmusik illuminirt die Zeichnung des Gedichts[80]* als Anmerkung zu lesen:

Diesen bekannten bildlichen Ausdruck können wir hier als zutreffend gebrauchen ... Fragt es sich also nicht mehr abstract, was die Musik, indem sie Textworte behandelt thut, sondern wie sie im wirklichen Fall thun soll, so darf man ihre Abhängigkeit vom Gedicht nicht in gleich enge Schranken bannen, wie sie der Zeichner dem Coloristen zieht. Seit Gluck in der großen, nothwendigen Reaction gegen die melodischen Uebergriffe der Italiener nicht auf, sondern hinter die

---

[75] Dieser legte 1843 eine neue dreibändige Mozartbiographie vor, die 1847 und 1848 in deutscher Übersetzung erschien.

[76] a. a. O.

[77] a. a. O., S. 52, Sp. 2f.

[78] Vgl. vorliegende Ausgabe S. 87.

[79] a. a. O., S. 283, Sp. 1

[80] Vgl. vorliegende Ausgabe S. 55.

rechte Mitte zurückschritt (genau wie heutzutage Richard Wagner thut), wird der in der Dedication zur „Alceste" ausgesprochene Satz, es sei der Text die „richtige und wohlangelegte Zeichnung", welche die Musik lediglich zu coloriren habe, unablässig nachgebetet. Wenn die Musik nicht in viel großartigerem, als blos colorirendem Sinne das Gedicht behandelt, wenn sie nicht – selbst Zeichnung und Farbe zugleich – etwas ganz Neues hinzubringt, das in ureigener Schönheitskraft blättertreibend die Worte zum bloßen Epheuspalier umschafft: dann hat sie höchstens die Staffel der Schülerübung oder Dilettantenfreude erklommen, die reine Höhe der Kunst nimmermehr.[81]

Wortwörtlich ist der letzte Absatz übernommen, andere Sätze sind umformuliert. Hinzu kam die Invektive gegen R. Wagner, dessen Verfahren Hanslick mit dem Glucks identifiziert. Anstelle des *Herrscherthrons* der Kunst erscheint im Traktattext *reine Höhe der Kunst.* An solchen Details erkennt man Hanslicks Methode, aus vielen Textfragmenten zu schöpfen, alte Texte immer wieder in neue Zusammenhänge einzubauen.

Christoph Willibald Ritter von Gluck. Dessen Leben und Wirken von Anton Schmid. In: Österreichische Blätter für Literatur und Kunst. I, 3.7.1854; II, 10.7.1854

Offenbar mitten in die Arbeit am Traktat fiel diese Gluck betreffende Buchrezension, die Hanslick auch umgekehrt für seinen Traktat mitverwandte. So handelt ein Teil des Aufsatzes über den Gluckisten-Piccinnistenstreit. Hanslick schreibt darüber – mit dem Hintergedanken seines Kampfes gegen das „dramatische Prinzip" in der Oper:

*Wer, wie Schreiber dieses, sich die lohnende Mühe nicht gereuen läßt, auf die Quellen selbst zurückzugehen *) wird vielleicht erstaunen über den Mangel an wissenschaftlicher Tiefe, womit selbst bevorzugte Köpfe den prinzipiellen Theil des Streites behandelten.*

Von den Verfechtern Gluck's waren die bedeutendsten: S u a r d , der seine berühmten „petites lettres" unter dem Namen „L'Anonyme de Vaurigard" schrieb, und der Abbé A r n a u d ; von seinen Gegnern: die Schriftsteller L a H a r p e und M a r m o n t e l . Diese gingen in ihren Streitschriften wohl über die Bewunderung Gluck's und die Explication seiner einzelnen Vorzüge hinaus zu einer prinzipiellen Beleuchtung des d r a m a t i s c h e n Prinzips in der Oper und seines Verhältnisses zum m u s i k a l i s c h e n , allein sie behandelten dieses Verhältniß wie eine Eigenschaft der Oper unter vielen, nicht aber als das Lebensprinzip. Sie hatten keine Ahnung, daß von der Entscheidung dieses Verhältnisses die ganze Existenz der Oper abhänge. Die nähere Beleuchtung dieses Punktes würde hier zu weit führen; genug, daß in dem Gluckstreite, seit von einer Opernmusik die Rede sein kann, zum ersten Mal ihr innerer Konflikt zwischen dem dramatischen und den musikalischen Anforderungen zur Sprache kam.

Witz, Laune, die ganze Gewandtheit französischer Polemik auf der reichen Scala zwischen Grobheit und Schmeichelei kam in diesem Streit zum Vorschein, allein, zugleich eine solche Unmündigkeit zu tieferer Auffassung des Gegenstandes, ein solcher Mangel an gründlichem musikalischem Wissen, daß für die Aesthetik der Tonkunst ein R e s u l t a t aus diesen Debatten nicht gewonnen ist.[82]

---

*) Die wichtigsten dieser Streitschriften finden sich gesammelt in den im Jahr 1781 erschienenen: „Mémoires pour servir à l'histoire de la révolution operée dans la musique par Mr. le chevalier Gluck."

Dieser Passus wurde für den Traktat umformuliert und um französische Zitate von La Harpe und ihren Kommentar erweitert:

*Die größte kunstgeschichtliche Bedeutung des berühmten Streites zwischen den G l u c k isten und den P i c c i n n isten liegt für uns darin, daß dabei der innere Conflict der O p e r durch den Widerstreit ihrer beiden Factoren, des musikalischen und des dramatischen, zum erstenmal ausführlich zur Sprache kam. Freilich geschah dies ohne ein wissenschaftliches Bewußtsein von der principiellen unermeßlichen Bedeutung des Entscheides. Wer, wie Schreiber dieser Zeilen, sich die lohnende Mühe nicht gereuen läßt, auf die Quellen jenes Musikstreites selbst zurückzugehen *), wird wahrnehmen, wie darin auf der reichen Skala zwischen Grobheit und Schmeichelei die ganze witzige Fechtergewandtheit französischer Polemik herrscht, zugleich aber eine solche Unmündigkeit in der Auffassung des principiellen Theiles, ein solcher Mangel an tieferem Wissen, daß für die musikalische Aesthetik ein R e s u l t a t aus diesen langjährigen Debatten nicht zu Tage steht. – Die bevorzugtesten Köpfe: S u a r d und A b b é A r n a u d auf Gluck's Seite, M a r m o n t e l und L a H a r p e wider ihn, gingen zwar wiederholt über die Kritik Gluck's hinaus zu einer principiellen Beleuchtung des d r a m a t i s c h e n Princips in der Oper und seines Verhältnisses zum m u s i k a l i s c h e n , allein sie behandelten dieses Verhältniß wie eine Eigenschaft der Oper unter vielen, nicht aber als das innerste Lebensprincip derselben. Sie hatten keine Ahnung, daß von der Entscheidung dieses Verhältnisses die ganze Existenz der Oper abhänge.[83]*

81 Vgl. vorliegende Ausgabe S. 55f.
82 a. a. O.
83 Vgl. vorliegende Ausgabe S. 68f.

Dem folgt ein längerer, hinzugefügter Abschnitt mit einem Zitat La Harpes, einem Kommentar dazu und einer Überleitung zu R. Wagner[84].

Auch hier erkennt man Hanslicks Verfahren der Textmontage. Daß er später seine frühen Kritiken nicht mehr edieren wollte, kann nicht nur als Indiz für ihren vormärzlichen Charakter, sondern auch dafür genommen werden, daß er die Vorstufen seiner Ästhetikabhandlung nicht preisgeben wollte.

Daneben gibt es auch Überschneidungen zwischen späteren Kritiken und ihrem Einbau in eine der späteren Auflagen. Diese liegt vor bei einer Kritik eines Händelkonzerts von 1860, in dem Händels Werke *Timotheus (Alexanderfest)* und *Israel in Ägypten* aufgeführt wurden. Die Konzertkritik, die am Ende auf die Frage nach der Dauer von Musik hinausläuft, wurde in einem der Sammelbände mit Hanslickschen Kritiken wiederabgedruckt[85]. Diese allgemeine Erörterung wurde umformuliert und erschien dann im Vorwort zum ersten Band der *Gesammelten Kritiken*, die 1875 ediert wurden. Nochmals umgeändert schließlich erschien dieser Text im Traktat. Dort wurde diese Passage, die den Unsterblichkeitsglauben relativieren soll, in der sechsten Auflage von 1881 als Fußnote eingearbeitet. Zur besseren Übersicht über Hanslicks Verfahren und die Umformulierungen im einzelnen seien im folgenden die Texte synoptisch nebeneinandergestellt:

Kritik 1860	Vorwort/Traktat
Ueber die Vorfrage, ob etwas „w a h r h a f t schön" sei, in welchem Fall man ihm die Unsterblichkeit vindicirt, gibt es keinen Richter. Jeder Lebende hat Recht und jede Zeit hat mit demselben sicheren Vertrauen die „Unsterblichkeit" ihrer Tondichter proclamirt, wie wir von Mozart und Beethoven. Noch Adam Hiller in Leipzig behauptete, daß, wenn jemals die Opern H a s s e 's nicht mehr entzücken sollten, die allgemeine Barbarei hereinbrechen müsse. Noch Schubart sagte von J o m e l l i, es sei nicht denkbar, daß dieser Componist je in Vergessenheit gerathen könne. Und was sind wir heute Hasse und Jomelli? Aussprüche, wie die genannten, weist die Geschichte der Musik auf jeder Seite auf und wohlgemerkt, sie galten Componisten, die man ausdrücklich als Priester des „Echten und Wahren", nicht blos des Sinnlichschönen, verehrte. Eine Oper von Händel können wir nicht mehr ertragen, ja, wenn wir unbefangen die Empfindung beobachten, mit welcher manche Haydn'sche Symphonie anhören, für deren „ewige" Jugend man noch vor 30 Jahren sich hätte todtschlagen lassen, wird manch heilsames Bedenken in uns aufsteigen. Die Geschichte der Musik ist der treueste Spiegel auch für die Zukunft. Sie lehrt uns, daß eine durchschnittliche Lebensdauer von 100 bis 150 Jahren schon für eine äußerst feste Constitution eines Musikstückes zeuge, und im weltlichen Fach auch von den gefeiertsten Werken nur selten erreicht wird.	Das berühmte Axiom, es könne das „wahrhaft Schöne" (– wer ist Richter über diese Eigenschaft? –) niemals, auch nach längstem Zeitverlauf, seinen Zauber einbüßen, ist für die Musik wenig mehr, als eine schöne Redensart. Die Tonkunst macht es wie die Natur, welche mit jedem Herbst eine Welt voll Blumen zu Moder werden läßt, aus dem neue Blüthen entstehen. Alle Tondichtung ist Menschenwerk, Product einer bestimmten Individualität, Zeit, Cultur, und darum stets durchzogen von Elementen schnellerer oder langsamerer Sterblichkeit. Unter den großen Musikformen ist wieder die Oper die zusammengesetzteste, conventionellste und daher vergänglichste. Es mag traurig stimmen, daß selbst neuere Opern von edelster und glänzender Bildung (Spohr, Spontini) schon vom Theater zu verschwinden beginnen. Aber die Thatsache ist unanfechtbar und der Proceß nicht aufzuhalten durch das in allen Perioden stereotype Schelten auf den bösen „Zeitgeist". Die Zeit ist auch ein Geist und schafft sich ihren Körper. Die Bühne repräsentirt das Forum für die thatsächlichen Bedürfnisse des Publicums, im Gegensatz zu der Studirstube des stillen Partiturenlesers. Die Bühne bedeutet das Leben des Drama's, der Kampf um ihren Besitz den Kampf um sein Dasein. In diesem Kampf siegt gar häufig ein geringeres Kunstwerk über seine besseren Vorfahren, wenn dasselbe den Athem der Gegenwart, den Pulsschlag u n s r e s Empfindens und Begehrens uns entgegenbringt.

[84] Vgl. vorliegende Ausgabe S. 69f.
[85] *Aus dem Concertsaal* II, a. a. O., S. 200–203

Publicum wie Künstler fühlen einen berechtigten Trieb nach Neuem in der Musik, und eine Kritik, welche nur Bewunderung für das Alte hat und nicht auch den Muth der Anerkennung für das Neue, untergräbt die Production.

Dem schönen Unsterblichkeitsglauben müssen wir entsagen, – hat doch jede Zeit mit demselben getäuschten Vertrauen die Unvergänglichkeit i h r e r besten Opern proclamirt. Noch Adam Hiller in Leipzig behauptete, daß wenn jemals die Opern H a s s e ' s nicht mehr entzücken sollten, die allgemeine Barbarei hereinbrechen müßte. Noch Schubart, der Musikästhetiker vom Hohenasperg, versichert uns von J o m e l l i , es sei gar nicht denkbar, daß dieser Tondichter jemals in Vergessenheit gerathen könnte. Und was sind uns heute Hasse und Jomelli?

… Die Historie lehrt uns, daß Opern, für deren Unsterblichkeit man sich ehedem todtschlagen ließ, eine durchschnittliche Lebensdauer von 40 bis 50 Jahren haben, eine Frist, die nur von wenigen genialen Schöpfungen überdauert, von der Menge leichterer Lieblingsopern aber fast nie erreicht wird. …

Der Text in der Fußnote zum Traktat, der ansonsten identisch ist mit der Fassung im Vorwort zur *Modernen Oper,* bricht nach dem Satz *Und was sind uns heute Hasse und Jomelli?* ab. Der Schluß, der über die Langlebigkeit von Werken in Jahren spekuliert, wird nicht übernommen. Darin bestehen auch im Text der Kritik und des Vorworts die größten Differenzen, obwohl das sonstige Grundmaterial aus dieser Kritik stammt. Spricht die Kritik noch von 100 bis 150 Jahren Lebensdauer für ein großes Werk, so reduziert das Vorwort diese Zeitspanne auf 40 bis 50 Jahre. Der Grund dieser Differenz liegt in der Gattung, auf die sich diese Aussage bezieht, nicht in Hanslicks wechselnder Anschauung. In einem Fall – der Kritik – bezog er sich auf geistliche Werke, hier – im Vorwort – auf Opern. Im Traktat ist diese Fußnote eingeschoben, um den Zwang zu immer Neuem zu belegen, so daß eine Festlegung auf Jahre verfehlt gewesen wäre. Daher entfiel wohl der Schluß des Urtextes. Auch dieses Beispiel eines *domestic borrowing*[86] gibt Aufschluß über Hanslicks Verfahren der Textmontage.

---

[86]   S. Deas, a. a. O., S. 47

IV. Erläuterungen wichtiger Varianten (dem Verlauf des Traktats folgend)

Die Schwierigkeit eines Kommentars zu dieser historisch-kritischen Ausgabe liegt in der Gefahr, der Tautologie zu verfallen.

So sind die Veränderungen selbst mühelos anhand der Synopse abzulesen, harren aber einer Interpretation. Diese muß oft den Stand der Diskussion der zu erläuternden Stelle aufgreifen, den Zusammenhang des Diskurses nachzeichnen; denn ohne Kontext zerfällt die Deutung in Belanglosigkeit. So kann der Fall eintreten, daß der Text verdoppelt wird. Andererseits wurden wichtige Varianten bereits in der Darstellung der Sekundärliteratur behandelt und mußten erneut erörtert werden.

Es wurden daher Kompromisse geschlossen, teils auf Kosten des Zusammenhangs, teils mit der Folge einer Paraphrase des jeweiligen Textinhalts.

Ein weiteres Problem besteht in der Eindeutigkeit der Interpretation. Solange nur stilistische Varianten zu kommentieren sind, ist die Begründung dazu textimmanent erschließbar und bedarf keiner akribischen Deutung. Inhaltliche Veränderungen sind dagegen nicht immer eindimensional zu erklären. Einige sind bereits von der Forschung erörtert worden, andere verlangen noch weitere Untersuchungen.

Die Auskunft „Antwort auf Kritik" ist nur eine der Möglichkeiten, Texteingriffe zu kommentieren. Dabei ist bei der Vielzahl der Kritiken immerhin zu berücksichtigen, daß sie nicht mit mechanischer Notwendigkeit Änderungen zeitigten. Diese nachweisbaren Anregungen durch die Reaktion der Öffentlichkeit stehen im Kontrast zu den nicht eruierbaren eigenen Überlegungen Hanslicks, über die naturgemäß keine Öffentlichkeit Zeugnis ablegt. Weder in seiner Autobiographie noch in seinen Kritiken gibt Hanslick Aufschluß über Beweggründe zu seinen Veränderungen. Eher ist dort die Tendenz festzustellen, daß Hanslick die weitere Arbeit an seinem Traktat zu verschleiern sucht.

Mit letzter Sicherheit kann daher außer in den überdeutlichen Fällen nichts behauptet werden. Der Kommentar grenzt immer an Spekulation.

Die nachfolgenden Erläuterungen halten sich an die Abfolge des Traktattextes. Sie versuchen nicht, wie es bisher in der Hanslickliteratur geschehen ist, aus der Gesamtsicht der Varianten ein vollkommen neues Bild von Hanslicks Ästhetik zu entwerfen oder nach Abschluß der Untersuchung eines der bewährten Etiketten (Formalist, Positivist etc.) anzuheften. Eher sind Tendenzen feststellbar, die mit anderen Forschungen, etwa über Hanslicks Kritikertätigkeit, der Fortentwicklung der Musik seiner Zeit oder für sein Gebiet relevante Neupublikationen in Korrelation zu bringen wären.

1. Dedikationen [1]

Mit Robert Zimmermann, dem die zweite, dritte, fünfte, siebte, achte und neunte Auflage der Abhandlung gewidmet ist, war Hanslick schon in seiner Prager Studienzeit befreundet. Hanslick hatte sogar Gedichte seines Freundes vertont. Von Zimmermann, der dann den Weg in die Philosophie einschlug, stammte die erste lobende Rezension des Traktates in den *Oesterreichischen Blättern für Literatur und Kunst*. Tatsächlich hat Hanslick dem späteren Professor für Philosophie und Ästhetik zu Wien wohl nicht nur aus Dankbarkeit für die wohlwollende Rezension diese

---

[1] Vgl. vorliegende Ausgabe S. 8.

Auflagen gewidmet, sondern aus Freundschaft und Solidarität des ähnlich Denkenden, wie umgekehrt Zimmermann den zweiten Band seiner *Gesammelten Kritiken und Studien* von 1870, in dem die Rezension erneut abgedruckt war, Hanslick widmete. Dieser Wiederabdruck erfolgt mit nur geringfügigen Änderungen[2], obwohl Hanslick gerade auf diese Rezension hin einiges verändert hatte. Ob es dadurch zu Trübungen der Freundschaft kam, ist ungewiß. Die Widmung der vierten Auflage von 1874 geht jedenfalls nicht mehr an Zimmermann, sondern an den Historiker Adam Wolf, auch ein Freund Hanslicks aus der Prager Zeit. In der Autobiographie erwähnt Hanslick ihn zwar nur flüchtig[3], doch waren beide nicht nur an der Wiener Universität Kollegen. Wolf schrieb ebenso wie Hanslick in den fünfziger Jahren Beiträge für die Feuilletonbeilage der *Wiener Zeitung*. Wie aus den Akten hervorgeht, saß Wolf nicht in dem Professorengremium, das den Ausschlag gab zu Hanslicks Beförderung zum ordentlichen Professor 1869, so daß man die Widmung kaum als Danksagung auffassen kann[4].

Über G. Dömpke aus Königsberg, dem die sechste Auflage von 1881 gewidmet ist, gibt Hanslicks Autobiographie ebenfalls keine Auskunft. Hanslick hatte diesen Kritikerkollegen zur *Allgemeinen Zeitung* nach Wien gerufen. Er wurde bald, auch nach seiner Rückkehr nach Königsberg, als Anhänger Hanslicks und Gegner R. Wagners bekannt. Er trat in seinem Bach-Brahms-Kränzchen für diese beiden Komponisten ein.

Die späteren Auflagen tragen wieder Dedikationen an Zimmermann. Daß die Ausgabe letzter Hand ohne Widmung blieb, könnte vielleicht belegen, daß Hanslick diese auch selbst als letzte Ausgabe ansah.

Interessant sind noch die für österreichische Verhältnisse wichtigen Titulierungen, wonach Zimmermann meist als Akademiker, nur in der fünften Auflage (1876) als Hofrat erscheint.

2. Vorworte[5]

Zur Editionstechnik ist hier vorauszuschicken, daß die Vorworte der ersten drei Auflagen separat abgedruckt wurden, obwohl Teile der zweiten und dritten Auflage später wiederverwendet wurden. Vom Vorwort der ersten Auflage blieb allerdings nichts übrig. Nur der Terminus *verrottete Gefühlsästhetik*[6], gegen die die Schrift gerichtet sei, wurde erhalten, allerdings nicht in Hanslicks Schrift selbst, sondern durch die Rezeption, die den Ausdruck als Formel für die von Hanslick bekämpfte Ästhetik weitertradierte. Der zweiten Auflage gab Hanslick freilich noch das Vorwort zur ersten mit bei, unterließ es aber in den folgenden.

Der Separatdruck der Vorworte zur zweiten und dritten Auflage und die Orientierung der synoptischen Variantenwiedergabe an der vierten ist dadurch begründet, daß zwei verschiedene Ansätze der zweiten und dritten Auflage in der vierten erst zusammen auftreten. Es wäre drucktechnisch unmöglich gewesen, diese verschiedenen Ansätze in eine Synopse zu bringen.

Anstöße, das Vorwort zur zweiten Auflage vollkommen neu zu konzipieren, gaben unter anderem die Rezensionen der ersten Auflage, vor allem kritische Beiträge. Daher meinte Hanslick, seine Schrift vor der angedichteten *Polemik gegen Alles, was Gefühl ist*[7] in Schutz nehmen zu müssen. Daraus ergibt sich die Erläuterung seiner Methode, einem negativen Hauptsatz von der *falschen Einmischung der Gefühle in die Wissenschaft*[8] den positiven vom „Spezifisch-Musikalischen" entgegengestellt zu haben.

---

2 So weist Zimmermann darauf hin, daß der Traktat mittlerweile schon in drei Auflagen vorliege.
3 E. Hanslick: *Aus meinem Leben*, a. a. O., I., S. 149
4 Kopien der Akten aus dem Besitz des Wiener Universitätsarchivs im Besitz des Verfassers.
5 Vgl. vorliegende Ausgabe S. 9–18.
6 Ibid. S. 9
7 Ibid.
8 Ibid. S. 9f.

Als ein Urheber der Fabel, daß Hanslick die Gefühlswirkung von Musik vollständig negiert habe, dürfte der Philosoph Hermann Lotze gelten, der den Traktat schon 1854 besprochen und diese Rezension in den *Göttinger gelehrten Anzeigen* 1855 publiziert hatte. Er greift Hanslicks These von der Analogie zwischen Musik und der Dynamik der Gefühle auf, will ihm aber *nur mit Vorbehalt in seine Polemik gegen die ästhetische Bedeutung des Gefühls* folgen[9]. Daraufhin erläuterte Hanslick im Vorwort zur zweiten Auflage seine Intentionen. Außer im Vorwort zur dritten hat Hanslick diesen Passus in allen folgenden Auflagen beibehalten. Dennoch wurde so dem Mythos von Hanslicks Negation der Gefühle Vorschub geleistet.

Weiterhin ist an diesem Vorwort neu, daß sich Hanslick explizit gegen R. Wagners Schriften und F. Liszts sinfonische Dichtungen wendet[10]. Ihnen stellt er die Komponisten Bach, Haydn, Beethoven und Mendelssohn entgegen. Nicht zuletzt auf diesen Passus konnte sich die These stützen – der Passus wurde in den folgenden Auflagen noch modifiziert und erweitert –, daß Hanslick seinen Traktat vor allem aus Gegnerschaft zu R. Wagner geschrieben hätte. Von ihm ist im Vorwort zur ersten Auflage noch keine Rede. Im Hauptteil der Schrift finden sich zwar einige Bemerkungen, die gegen Wagner gerichtet sind, doch war er eher eine Aktualisierung der von ihm angegriffenen Ästhetik. Dies ist auch an Kürzungen abzulesen, die R. Wagner betreffen.

Freilich hat auch Hanslick zu dem Mythos insofern Anlaß gegeben, als er im Vorwort zur zweiten Auflage schreibt, daß zur Zeit der Abfassung des Traktats *die Wortführer der Zukunftsmusik eben am lautesten bei Stimme*[11] waren und *Leute von meinem Glaubensbekenntnis zur Reaction reizen* mußten[12].

Der Mythos wurde vor allem von der „Gegenpartei", Wagner selbst und seinen Anhängern in Szene gesetzt. Der spätere Beckmesser aus den *Meistersingern* sollte ursprünglich Veit Hanslick heißen. In der Neupublikation des 1850 unter dem Pseudonym Karl Freigedank erschienenen Aufsatzes *Das Judenthum in der Musik* von 1869[13] war auch Hanslick unberechtigterweise unter die „Musikjuden" eingereiht worden. Der Streit zwischen Form- und Inhaltsästhetik „entartete" schließlich in den von H. v. Wolzogen herausgegebenen *Bayreuther Blättern* zu einem Gegensatz zwischen arischer und semitischer Kunstanschauung[14]. Die geschichtlichen Konsequenzen, die mit aus diesem Umfeld herrühren, sind bekannt.

In dem kürzeren Vorwort zur dritten Auflage fühlt Hanslick sich offenbar genötigt, sich auf positive Kritik (Vischer, Lotze etc.) zu berufen. In den folgenden Ausgaben wurde diese Namensliste noch erweitert. Tatsächlich standen diese Gewährsleute dem Traktat mitunter auch kritisch gegenüber.

Die Fußnote zu Liszts *Faust*-Vertonung entfällt in der dritten Auflage, der Kommentar zu Wagner richtet sich nun nicht mehr gegen dessen Schriften, sondern gegen die aktuellen Opern *Tristan* und *Nibelungenring* sowie die Theorie der *unendlichen Melodie*[15]. Die dem entgegengehaltenen *großen Meister*[16], die Hanslick in der zweiten Auflage noch namentlich aufgeführt hatte, bleiben nun unbenannt. Hier sind aber die wenigen Stellen zu finden, die polemischen Charakter haben: Wagners Musik wird *zum Princip erhobene Formlosigkeit, die systemisirte Nichtmusik, das auf 5 Notenlinien verschriebene melodische Nervenfieber* nachgesagt[17]. Diese Vorwürfe wurden später jeweils neu pointiert, wobei *Formlosigkeit* stehenblieb. Allerdings ist aus diesem polemischen

9   H. Lotze: *Recension*, a. a. O., S. 204. Schon Schäfke verwies auf Lotzes Wirkung. Schäfke, a. a. O., S. 39
10 In einer Fußnote kommentiert er sogar Liszts *Faust*-Vertonung. Vgl. vorliegende Ausgabe S. 10.
11 Ibid. S. 10, 17
12 Ibid.
13 Wagner, a. a. O.
14 Vgl. H. Zelinsky, a. a. O., S. 75.
15 Vgl. vorliegende Ausgabe S. 11.
16 Ibid.
17 Ibid.

Kontext Hanslicks Formbegriff nicht deduzierbar. Dieser wurde oft auf den Nenner einer Wagners „musikalischer Prosa" entgegengesetzten Architektur gebracht. Dagegen ist Hanslicks Formbegriff, der in dem kürzesten Kapitel des Traktats expliziert wird, vielleicht der problematischste Punkt seines Traktats, jedoch nicht sein Anliegen. Daß Hanslicks Ästhetik auf solche Formeln gebracht wurde, zeigt die Tragweite des Mißverständnisses, das aber historisch wirksam war. So galt Wien lange Zeit als Hochburg gegen Wagner[18].

Aus der Synopse der Vorworte ab der vierten Auflage sind Hanslicks Eigencharakterisierungen seiner Varianten deutlich abzulesen. Er bezieht sich dabei allerdings immer auf die vorhergehende Auflage, so daß sich einiges summiert und die Beschreibung der achten Auflage, in der inhaltlich wenig geändert wurde, der er nur noch das *passendere Format* nachsagt[19], in dieser Relation gesehen sogar richtig ist.

Ab der sechsten Auflage von 1881 bezieht Hanslick einige Sätze Fr. Th. Vischers ein. Sie sind in dem analogen Fall des Wiederabdrucks einer älteren Schrift geäußert und sollen die geringfügigen Änderungen bekunden. Diese Behauptung widerlegt die historisch-kritische Ausgabe grundsätzlich.

Die Namensliste der günstig gesonnenen Kritiker wird in der vierten Auflage (1874) zunächst um H. Helmholtz, in der sechsten (1881) noch um M. Hauptmann, A. W. Ambros, O. Jahn, F. Hiller, H. Ehrlich und H. A. Köstlin erweitert. Dabei ist nicht zu übersehen, daß Hanslick auch kritische Stimmen vereinnahmte[20] wie die Ambros', dem er sich aber trotz dieser Gegnerschaft in ästhetischen Fragen freundschaftlich verbunden wußte, was auf ihre gemeinsame Zeit in Prag und ihre Zugehörigkeit zum gleichen Davidsbund zurückdatiert[21].

Ab der siebten Auflage von 1885 entfällt diese Berufung auf Kritiker und Rezensenten. Hanslicks Position als Musikwissenschaftler und Musikkritiker hatte sich inzwischen wohl soweit gefestigt[22], daß solche Belege, die inhaltlich wenig besagten, überflüssig wurden, er sich zudem einen bekannteren Namen erworben hatte als seine Gewährsleute.

Ab der sechsten Auflage von 1881 verweist Hanslick auf die Zusätze aus Fr. Grillparzers Aphorismen über Musik, der einzige substantielle Hinweis auf Varianten in den Vorworten.

Die Fußnote, die sich gegen O. Hostinskys 1877 erschienenes Buch richtet[23], ist nur in der sechsten und siebten Auflage (1881, 1885) zu finden, zunächst also als direkte Antwort auf dieses Buch. Wohl aus Aktualitätsgründen strich Hanslick diese Anmerkung in der achten Auflage (1891).

Die daran sich anschließenden Ausführungen blieben ab der vierten Auflage von 1874 relativ konstant. Neu hinzu kam der Abdruck eines Gedichtes E. Geibels, das Hanslicks Ästhetik zu poetisieren scheint. Auch die Prädikationen zu R. Wagner sind verändert[24].

Die These, daß Hanslick die zehnte Auflage von 1902, die zwei Jahre vor seinem Tod erschien, selbst als Ausgabe letzter Hand ansah, wird am Anfang ihres Vorwortes bestätigt. Bisher hatte er die Auflagen immer präzise mit der Auflagennummer benannt, hier spricht er nur noch von der *neuen Auflage*[25].

---

18 Vgl. H. Zelinsky, a. a. O., S. 72ff.

19 Vgl. vorliegende Ausgabe S. 13.

20 A. Seidl versuchte den Nachweis zu führen, daß Hanslicks Traktat nur von negativer Kritik beantwortet wurde, was falsch ist. Vgl. Seidl, a. a. O., S. 2f.

21 Hanslick führte dort den Davidsbündlernamen *Renatus*, den er auch für seine ersten Kritiken beibehielt. Ambros nannte sich *Flamin, der letzte Davidsbündler*. Vgl. E. Hanslick: *Aus meinem Leben*, a. a. O., I, S. 42. Das sozialgeschichtliche Umfeld der Schumannschen Idee des Davidsbundes hat Bernhard Appel untersucht: *Schumanns Davidsbund. Geistes- und sozialgeschichtliche Voraussetzungen einer romantischen Idee. AfMw* XXXVIII 1981, S. 1.

22 So sprach man mit G. Verdi von Hanslick bald nur noch als dem *Bismarck der Musikkritik*.

23 Vgl. vorliegende Ausgabe S. 15.

24 Die Polemik gipfelt im Vorwurf des *Opiumrausches* und, an die Adresse der Wagnerianer gerichtet, des Kultes, wofür man in Bayreuth einen Tempel errichtet habe. Die Aktualisierung dieser Bemerkung während und nach dem Bau des *Tempels* ist dabei für Hanslicks Bestreben typisch.

25 Vgl. vorliegende Ausgabe S. 14.

3. Inhaltsangabe[26]

Daß Hanslick in der zweiten Auflage radikale Änderungen vornahm, ist auch an der geänderten Inhaltsangabe abzulesen. Dies betrifft vor allem die ersten beiden Kapitel, in denen einiges neu konzipiert worden war. Hatte Hanslick das erste Kapitel in der Erstauflage noch in die zwei Punkte *Unwissenschaftlicher Standpunkt der bisherigen musikalischen Aesthetik* und *Die Gefühle sind nicht Zweck der Musik* untergliedert, so lautet die Überschrift ab der zweiten Auflage nur noch lapidar *Die Gefühlsästhetik*[27]. Begründet ist dies durch Umstellen längerer Passagen vom ersten Teil in den zweiten und umgekehrt. Daneben hatten ihm H. Lotze[28] und R. Zimmermann in ihren Rezensionen vorgehalten, seinen Wissenschaftsbegriff der spekulativen Ästhetik zu entnehmen, wovon seine Position eigentlich differiere. Hanslick schrieb daraufhin sein erstes Kapitel um und änderte konsequenterweise auch die Überschriften.

Auch das zweite Kapitel trägt eine neue Überschrift: *Die Gefühle sind nicht Inhalt der Musik* – analog zum zweiten Unterpunkt des ersten Kapitels der Erstauflage gebildet – wurde ersetzt durch *Die „Darstellung von Gefühlen" ist nicht Inhalt der Musik*[29]. Obwohl diese Umformulierung prima vista nur als Nuance erscheint, hat sie doch ihren Grund. Schon im Vorwort der zweiten Auflage hatte sich Hanslick, wohl aufgrund Lotzes Kritik, gegen die Unterstellung gewehrt, seine Abhandlung polemisiere gegen Gefühle schlechthin. Die Variante der Überschrift dokumentiert, daß Hanslick Mißverständnissen ausweichen will. Nicht gegen die unausbleiblichen Gefühlsreaktionen will er angehen, wie die Erstformulierung noch schließen lassen könnte, sondern gegen die Orientierung von sich wissenschaftlich gebenden Urteilen am Gefühl und das Vorurteil, Gefühle seien in Musik abgebildet. Daß Hanslick in solchen stilistischen Details sehr feinfühlig reagiert, zeigt bereits das Umändern der Kapitelüberschriften der Vorabdrucke im Vergleich zur Fassung im Traktat. So wurde in den *Österreichischen Blättern für Literatur und Kunst* der Aufsatz *Über den subjektiven Eindruck der Musik und seine Stellung in der Aesthetik* abgedruckt[30]. Aufgeteilt auf zwei Kapitel erhielt er im Traktat die Überschriften *Analyse des subjectiven Eindrucks der Musik* (Kapitel IV) und *Das ästhetische Aufnehmen der Musik gegenüber dem pathologischen*[31] (Kapitel V). Ein zweiter Vorabdruck mit der Überschrift *Die Tonkunst in ihren Beziehungen zur Natur* wurde umformuliert in *Die Beziehungen der Tonkunst zur Natur*[32] (Kapitel VI).

4. Kapitel I[33]

Im ganzen hat das erste Kapitel die meisten substantiellen Eingriffe erfahren. Die Ursachen wurden des öfteren beschrieben: vor allem R. Zimmermanns Rezension, die die Konzessionen an die idealistische Ästhetik kritisiert[34], wurde angeführt. Daneben dürfte auch H. Lotzes Rezension[35] einen nicht unbedeutenden Einfluß gehabt haben. Beide Male handelt es sich also um rezeptionsgeschichtliche Phänomene, Einflüsse von außen, die belegbar sind.

---

26 Vgl. vorliegende Ausgabe S. 19f.
27 Ibid.
28 So schrieb Lotze: *Die Ansicht des Verfassers hängt in ihrem Kern nur wenig mit dieser speculativen Aesthetik zusammen; und eben der Anschluß an jene Richtung auf das deductiv Schöne scheint mir die Ursache zu sein, daß die richtig und fein empfundene Auffassung des Musikalisch-Schönen, die er uns gibt, namentlich in den ersten Abschnitten seiner Schrift nicht ganz klar hervortritt.* Lotze: *Recension,* a. a. O., S. 201
29 Vgl. vorliegende Ausgabe S. 19.
30 a. a. O.
31 Vgl. vorliegende Ausgabe S. 19, Materialteil S. 115ff.
32 Vgl. vorliegende Ausgabe S. 19, Materialteil S. 125. Zum Vergleich von Vorabdrucken und der Endredaktion des Traktats vgl. die Ausführungen S. 66ff.
33 Vgl. vorliegende Ausgabe S. 21–41.
34 R. Zimmermann: *Zur Aesthetik der Tonkunst* . . . a. a. O.
35 H. Lotze: *Recension* . . . a. a. O.

Aber auch rezeptionspsychologische Aspekte, die freilich ohne Quellennachweise sind, müßten berücksichtigt werden. So ist ein erstaunliches Gefälle in Qualität und Quantität der Varianten vom ersten zum letzten Kapitel hin zu beobachten. Der Anfang, der ja auch beim Akt des Lesens[36] immer nachhaltiger wirkt, ist bevorzugtes Objekt einer Textveränderung. Ähnliches gilt vom Schluß, den Hanslick radikal kürzte.

Pauschal muß zunächst bemerkt werden, daß ab der achten Auflage (1891) die Kapitelüberschriften auch im Haupttext abgedruckt wurden, während in den vorangegangenen Auflagen nur die jeweilige Kapitelnummer zu lesen war.

Die eingreifendsten Veränderungen des ersten Kapitels wurden in der zweiten (1858) und sechsten Auflage (1881) vorgenommen. Diese Varianten beruhen nicht nur auf Neukonzeption. Es sind auch einige Abschnitte, im Text oft unverändert, an andere Stellen gerückt worden. So ist der erste Abschnitt des neuen Textes der zweiten Auflage (1858) aus dem fünften des Ersttextes gewonnen, der dritte bezieht sich auf den ersten, der sechste auf den fünften, der siebte auf den sechsten.

Eine Ausführung zu Hegel, die in der Erstauflage noch im 22. Abschnitt des Haupttextes zu finden war[37], taucht ab der sechsten Auflage (1881), nach vorne gezogen, als Fußnote wieder auf[38]. Einige Formulierungen aus dem sechsten Abschnitt des Ersttextes[39] sind von der zweiten bis zur fünften Auflage in einem anderen Kontext zu lesen[40]. Ab der sechsten Auflage sind sie weit nach hinten gerückt, auch in einen völlig neuen Zusammenhang[41]. Es geht dabei vor allem um die Formulierung: *er wird der zwingenden Macht nachspüren, w a r u m das Werk gefällt.* Dieses puzzleartige Umbauen bestimmter Textzusammenhänge gäbe vermutlich der These recht, Hanslicks Traktat sei weniger einheitlich, eher aphoristisch[42] gehalten.

Die substantiellen Änderungen des Anfangs hat C. Dahlhaus auf den Nenner einer eher an der Naturwissenschaft als an der Metaphysik orientierten Ästhetik gebracht[43]. Wenn er in seiner *Musikästhetik* vermerkt, diese Neuorientierung führe *zum Ruin*[44], so übersieht er gerade den wissenschaftsgeschichtlichen Hintergrund. Die Gewährsleute der ersten Auflage des Traktats – Hegel und Vischer –, deren Objektivitätsbegriff Hanslick seinem Wissenschaftsbegriff zugrundelegte, hatten Systemästhetiken geschrieben. Das heißt: vorangestellte, allgemeine metaphysische Leitsätze wurden in den einzelnen Kunstbereichen erörtert. Der allgemeine Teil war an die jeweilige Philosophie gekoppelt, etwa die Lehre von der „absoluten Idee". Kunst wurde so bei Hegel als *sinnliches Scheinen der Idee* gedeutet[45].

Diesem metaphysischen Ansatz wurde durch das starke Vordringen der Naturwissenschaften im 19. Jahrhundert, was in den Geisteswissenschaften den Positivismus brachte, ein Ende bereitet. Schließlich kam die These auf, daß das spätestens seit Descartes die philosophische Debatte beherrschende Subjekt nicht einheitlich strukturiert sei. Ernst Mach formulierte: *Das Ich ist nicht zu retten*[46]. S. Freuds Untersuchungen der Determinanten des Bewußtseins bedeuteten dann den Untergang der spekulativen Philosophie.

---

[36] W. Iser prägte diesen rezeptionsästhetischen Terminus. Vgl. W. Iser: *Der Akt des Lesens.* München 1976.
[37] Vgl. vorliegende Ausgabe S. 34.
[38] Ibid. S. 28
[39] Ibid. S. 22
[40] Ibid. S. 24
[41] Ibid. S. 31
[42] Gegen diese These, die von G. Adler herrührt, hat sich R. Schäfke verwahren wollen und ihr die einheitliche Grundkonzeption entgegengehalten. Vgl. Schäfke, a. a. O., S. 7f. Dagegen wiederum spricht die Vorveröffentlichung dreier Kapitel, wovon eines auf einen Vortrag zurückdatiert, des weiteren früher auftauchende Textfragmente in Musikkritiken. Vgl. die Ausführungen S. 66ff.
[43] C. Dahlhaus: *Eduard Hanslick* . . ., a. a. O., S. 145f. Vgl. auch oben S. 39ff.
[44] C. Dahlhaus: *Musikästhetik,* a. a. O., S. 81
[45] G. W. F. Hegel: *Vorlesungen* . . . a. a. O.
[46] Vgl. E. Mach: *Die Analyse der Empfindungen und das Verhältnis des Physischen zum Psychischen.* Wien 1886.

In diesem Spannungsfeld sind die Veränderungen Hanslicks anzusiedeln. Von Anfang an tritt er für Spezialästhetiken ein, orientiert sich aber, um einen objektiven Wahrheitsbegriff zu sichern, an idealistischen Ästhetiken, die ihrerseits keine Spezialästhetiken waren. Das führte zu den Widersprüchen, die ihm H. Lotze und R. Zimmermann vorwarfen. Wenn er sich daher ab der zweiten Auflage (1858) mehr an die Naturwissenschaft hält, so wird seine Intention einer vom Kunstobjekt abzuleitenden Ästhetik nicht verändert, nur die wissenschaftliche Basis.

Der Übergang vollzog sich nicht so radikal, wie Dahlhaus ihn schildert. Schon in der ersten Auflage spricht Hanslick von der *inductiven naturwissenschaftlichen Methode* und ihrer *wenigstens zeitlichen Oberhand*, sieht aber im *metaphysischen Princip* die *jüngsten Spitzen unserer Wissenschaft* vertreten[47]. Erst in der zweiten Auflage (1858) polemisiert er gegen die *knechtische Abhängigkeit der Specialästhetiken von dem obersten metaphysischen Princip einer allgemeinen Aesthetik*[48]. Die Berufung auf die Naturwissenschaft ist nicht so emphatisch wie Dahlhaus' Gegenüberstellung nahelegt. Hanslick fordert von der Musikästhetik: *Sie wird, will sie nicht ganz illusorisch werden, sich der naturwissenschaftlichen Methode wenigstens soweit nähern müssen, daß sie versucht, den Dingen selbst an den Leib zu rücken, und zu forschen, was in diesen, losgelöst von den tausendfältig wechselnden Eindrücken, das Bleibende, Objective sei.*[49] Gerade der Schluß dieser Passage, die mit der Annäherung an die Naturwissenschaften anhebt, ist wörtlich aus dem ersten Abschnitt der Erstfassung in diese Neufassung übernommen. Allein dies zeigt, daß es sich nur um graduelle Abweichungen handelt und das Prinzip der Objektivierbarkeit, das beibehalten wurde, das maßgebliche tertium comparationis ist.

Konsequent plädiert Hanslick im weiteren Verlauf der Neukonzeption für *Forschung* statt *System*[50], die sich an *Material*[51] und Technik der einzelnen Künste zu bewähren habe. Die Faktur, die objektiv beschreibbar ist, soll also Gegenstand des wissenschaftlichen Interesses sein. Das Ziel Hanslicks ist dabei Objektivierbarkeit, die er zunächst in der idealistischen Ästhetik, dann in der Naturwissenschaft bestätigt fand.

Ab der sechsten Auflage (1881) setzt Hanslick diesen Ausführungen eine Anmerkung hinzu. Darin verwirft er R. Schumanns von Hegel und der romantischen Ästhetik geprägten Satz *Die Ästhetik der einen Kunst ist die der anderen, nur ihr Material ist verschieden.*[52] Er kommentiert diesen Satz aber nicht selbst, sondern läßt einen Aphorismus Fr. Grillparzers für sich sprechen. Dessen Schriften zur Musik hatte Hanslick vorher entdeckt und in einem Aufsatz beschrieben. Dabei übersieht er, daß Grillparzers Unterscheidung von Poesie und Musik der von Hegel getroffenen sehr ähnlich ist. Nur der Anfang der Passage (*Der übelste Dienst, den man in Deutschland den Künsten erweisen konnte, war wohl der, sie sämmtlich unter den Namen der Kunst zusammenzufassen...*[53]) ist in seinem Sinn. Der Schluß des Abschnitts, der die Poesie als *Verkörperung des Geistigen* von der Musik als *Vergeistigung des Körperlichen*[54] unterscheidet, ist nichts weiter als eine Paraphrase der Hegelschen Gegenüberstellung beider Künste in seiner Ästhetik. Die Musik wird dabei als primär gefühlserregend gedacht, wovon ausgehend sie erst *in letzter Instanz an das Geistige gelangt*[55]. Dies widerspricht der Auffassung Hanslicks, wonach die Phantasie das Organ ist, mit dem Musik zu erleben sei[56].

---

[47] Vgl. vorliegende Ausgabe S. 21.
[48] Ibid. S. 22f.
[49] Ibid. S. 22
[50] Ibid. S. 23
[51] Diesen Terminus, der dann Musikgeschichte machte, vor allem in der von Adorno soziologisch verstandenen Bedeutung, übernahm Hanslick schon von Vischer und Hegel.
[52] Vgl. vorliegende Ausgabe S. 23.
[53] Ibid.
[54] Ibid. S. 24
[55] Ibid. S. 23
[56] Ibid. S. 28

Im siebten Abschnitt treffen Varianten und Ersttext wieder zusammen[57]. Auch diesen Abschnitt hat Hanslick umformuliert. Er präzisiert dabei die Richtung seiner Kritik unter der Vorstellung einer Idealästhetik und ihrer Methode. Wandte er sich in der ersten Auflage noch allgemein gegen die Gefühlsästhetik, so bezieht er ab der sechsten Auflage seine Kritik auf eine Ästhetik, die zwischen *theoretisch-grammatischen Regeln* und *ästhetischen Untersuchungen* trennt, erstere *so trocken verständig, letztere so lyrisch-sentimental als möglich* gehalten[58]. Namentlich wäre hier etwa H. Chr. Kochs Musik-Lexikon von 1802 zu nennen, das im Artikel *Komposition* genau in der von Hanslick kritisierten Weise verfährt[59].

Folgerichtig ersetzt Hanslick in diesem Abschnitt *Gefühle* durch *Affecte*, wie es auch an anderen Stellen geschieht. Offensichtlich war ihm die Unterordnung aller Nuancen von Emotionen unter den indifferenten Gefühlsbegriff selbst suspekt geworden. Möglicherweise ist diese Differenzierung im Zusammenhang mit der ihm – von Lotze etwa – vorgeworfenen Gefühlspolemik zu sehen, was ihn zur stilistischen Umgehung dieses Begriffs nötigte.

R. Zimmermanns Rezension zog die Radikalisierung des elften Abschnitts in der zweiten Auflage nach sich, auf die schon R. Schäfke aufmerksam machte[60]. Hanslick übernahm dabei Zimmermanns Paraphrase seines ursprünglichen Textes fast wörtlich, brach aber dort ab, wie H. Grimm[61] nachwies, wo Zimmermanns radikaler Formalismus ansetzte und hängte einen Satz aus seiner Erstausgabe an. Die Konsequenz aus diesen Darlegungen bedeutete im Extremfall eine Kunst ohne Subjekt, wenn man den Satz *Das Schöne ist und bleibt schön, auch wenn es keine Gefühle erzeugt, ja wenn es weder geschaut noch betrachtet wird*[62] ernst nimmt. Dies stünde tatsächlich einer objektlosen Kunstanschauung gegenüber, wie sie später der der Wagnerpartei angehörige Fr. v. Hausegger vertrat[63]. Wurde diese Passage noch von Schäfke als formalistische Unterwanderung interpretiert, so war ihre Wahrheit von der Musikgeschichte längst eingeholt. Spätestens seit Schönberg war klar, daß Produktion nach dem Stand des Materials und Rezeption auseinanderklaffen, was zu einer Musik ohne Hörer führte.

Freilich wird Hanslicks Formulierung durch den Kontext entschärft. Sie läßt sich nur auf den Extremfall, der inzwischen teilweise Realität wurde, beziehen, ist aber umgrenzt von der These, daß die Kunst sehr wohl ans Subjekt verwiesen ist, von ihm jedoch nicht die Maßstäbe des Urteils beziehen kann. Hanslick umschreibt dabei I. Kants Postulat des *interesselosen Wohlgefallens*, ohne ihn zu zitieren[64].

Analog dem Fußnotenzusatz im zweiten Kapitel (ab der sechsten Auflage von 1881), in dem Hanslick zwischen Ästhetik und Kritik differenziert[65], obwohl er im ersten Kapitel die Kritik als *praktischen Ausläufer* der Ästhetik bezeichnet[66], räumt Hanslick trotz der ab der zweiten Auflage geforderten strengen Trennung der Begriffe *Gefühl* und *Empfindung* ein, daß *gegen deren Verwechselung im gewöhnlichen Sprachgebrauch nichts einzuwenden ist*[67]. Hanslick unterscheidet für sich also Ästhetik und Kritik, wie aus dieser Nuancierung zu erfahren ist, ebenso wie er den alltäglichen Sprachgebrauch von dem philosophischen trennt. Dennoch mag die These der Sekundärliteratur stimmen, wonach Hanslicks Musikanschauung erst aus allen Schriften resultiert.

---

[57] Vgl. vorliegende Ausgabe S. 24f.

[58] Ibid.

[59] H. Chr. Koch, a. a. O. Koch beruft sich seinerseits auf W. Heinse, den Hanslick an anderer Stelle angreift.

[60] R. Schäfke, a. a. O., S. 30

[61] H. Grimm, a. a. O., S. 87ff.

[62] Vgl. vorliegende Ausgabe S. 26.

[63] Fr. v. Hausegger: *Die Musik als Ausdruck.* Wien 1885. Diese Polarität wurde diskutiert bei E. J. Danz, a. a. O., vgl. die Ausführungen S. 53ff.

[64] I. Kant: *Kritik der Urteilskraft*, a. a. O., S. 116

[65] Vgl. vorliegende Ausgabe S. 63f.

[66] Ibid. S. 24

[67] Ibid. S. 27

Der Grund, den Schluß des 13. Abschnitts[68] ab der zweiten Auflage als Fußnote wiederzugeben, ist schon in der ersten Auflage ablesbar, wo dieser durch Klammern abgesetzt ist. Daraus eine unter Zimmermanns Einfluß entstandene Hegelantipathie lesen zu wollen, führte zu weit. Es handelte sich schon in der ersten Auflage um einen erläuternden Zusatz.

Hanslicks Umschwung gegen den deutschen Idealismus wäre aber bei Änderungen anderer Stellen als Grund zu vermuten. So beruft sich der 15. Abschnitt im Ersttext auf die von Fr. Th. Vischer diskutierte Kategorie der Phantasie. Ab der vierten Auflage (1874) läßt Hanslick die Belegstelle aus Vischers Ästhetik weg. Ähnliches geschieht mit einem Hegelzitat, das in der ersten Auflage noch im Haupttext zu lesen war[69] – es geht um Hegels Darlegungen der im Abstrakten verharrenden Empfindungen beim Rezipieren eines Kunstwerks –, das ab der sechsten Auflage als Fußnote abgedruckt wird[70]. Vischer hatte in dem nach 1854 veröffentlichten musikästhetischen Teil seiner Ästhetik Hanslicks Gefühlsnegation kritisiert[71]. Chronologisch kann die Streichung des Vischer-Belegs allerdings nicht als Hanslicks unmittelbare Replik aufgefaßt werden: er hätte ihn dann schon in der zweiten Auflage (1858) streichen müssen, hat dies aber erst in der vierten Auflage (1874) vorgenommen.

Auch Zimmermanns Rezension kann daher nicht als unmittelbare Motivation herangezogen werden. Vollends bei der Umstellung des Hegelzitats versagt dieser Zwangsmechanismus, weil sie erst in der sechsten Auflage (1881) stattfand. Der Grund liegt hier eher in dem vollständigen Umbau des ursprünglichen Textes, so daß dieses Versatzstück an einen anderen Ort zu stehen kam.

Der Satz *Die Kunst hat vorerst ein Schönes darzustellen* wurde dem 15. Abschnitt der zweiten Auflage eingearbeitet[72]. Der Grund ist textimmanent zu erschließen: vorher hatte Hanslick nur behandelt, was Kunst nicht solle, so daß er nun, um seinen Phantasiebegriff einführen zu können, diesen Satz als positive Bestimmung vorausschicken muß.

Im 19. Abschnitt ersetzt Hanslick ab der zweiten Auflage – analog dem siebten Abschnitt – den Begriff *Gefühl* durch *Affect*[73]. Auch diese Differenzierung ist im Zusammenhang mit der ihm vorgeworfenen Gefühlspolemik zu sehen und wirkt sich in dieser stilistischen Nuance aus. Anstelle *Die Kraft und Tendenz, auf die Gefühle des Hörers zu wirken …*[74] schreibt Hanslick nunmehr *Die Macht und Tendenz, beliebige Affecte im Hörer zu erwecken … .* Auf den ersten Blick erscheint dies als stilistische Variante. Neu daran ist allerdings die Beliebigkeit. Die Deutungsmöglichkeit wird ausgeschlossen, Hanslick klammere die Gefühlseinwirkung gänzlich aus, wie es noch die Erstformulierung zuließ. Widersprüchlich ist freilich, daß Hanslick hier die Begriffe *Gefühl* und *Affect* austauscht, im gleichen Abschnitt aber noch fordert, man müsse die Begriffe *Gefühl, Affect, Stimmung* differenzieren. Dieser Passus ist ab der zweiten Auflage als Fußnote abgedruckt.

Die zweite große Veränderung, die Hanslick im ersten Kapitel vornahm, betrifft die Abschnitte 22-26. Diese Varianten konnten in der historisch-kritischen Ausgabe nicht synoptisch wiedergegeben werden, weil der Texteingriff erst in der sechsten Auflage (1881) erfolgte, ihm aber Änderungen an der Erstfassung vorausgingen, die ebenfalls zu berücksichtigen waren. Eine dieser frühen Varianten scheint kommentarbedürftig, weil etliche Parallelfälle vorliegen. Im 24. Abschnitt[75] bezieht sich Hanslick, um die Beliebigkeit der Rezeption sowohl bei Nationen als auch Generationen und Individuen aufzuzeigen, auf die verschiedenartige Aufnahme der

---

68 Vgl. vorliegende Ausgabe S. 27.
69 Ibid. S. 34
70 Ibid. S. 28
71 Vgl. Fr. Th. Vischer: *Aesthetik . . .* a. a. O., Bd. V, S. 19f.
72 Vgl. vorliegende Ausgabe S. 28.
73 Ibid. S. 29
74 Ibid.
75 Ibid. S. 35

Symphonien Beethovens, ersetzt das Beispiel aber in der vierten und fünften Auflage durch Beethovens letzte Quartette und Bachs Kantaten. Der Austausch erscheint vordergründig belanglos, hat aber historische Hintergründe. Zunächst war J. S. Bachs Vokalmusik im 19. Jahrhundert langsam wiederentdeckt worden, die Kantaten wohl zuletzt. Dann – letzlich wohl das Motiv zum Austausch der Beispiele – hatten Wagner und seine Partei Beethoven und seine Symphonien, vor allem die letzte, für sich vereinnahmt. Wagners Beethovenessay von 1870 geht der Variante von 1874 unmittelbar voraus. Wäre dieser Austausch ein Einzelfall, so könnte man die Begründung als Spekulation abtun, doch sind im weiteren Verlauf des Traktats noch mehrere analoge Änderungen zu beobachten.

Die endgültige Fassung dieser Abschnitte in der sechsten Auflage beruht nicht ausschließlich auf Neukonzeption. Vieles wurde umgestellt: der Schluß des 22. Abschnitts mit dem Hegelzitat wurde nach vorne genommen[76], der Anfang des neuen Textes enthält Teile aus einem zunächst am Eingang des Traktats befindlichen Teil[77].

Im früheren Text stand noch der Satz *Das Verhalten unserer Gefühlszustände zu irgendeinem Schönen ist vielmehr Gegenstand der Psychologie als der Aesthetik*[78]. Wie schon C. Dahlhaus bemerkte, entfiel der Satz[79]. Man kann den neuen Text jedoch nicht als Rücknahme der postulierten Trennung von Psychologie und Ästhetik lesen, denn Hanslick kritisiert immer noch die Tendenz, *Gefühlsaffection und musikalische Schönheit zu vermengen, statt sie in wissenschaftlicher Methode möglichst getrennt darzustellen*[80]. Welche wissenschaftliche Disziplin nun Gefühl und Schönes jeweils zu erforschen hätte, geht daraus hervor. Hanslick streicht also nur die Begriffe Psychologie und Ästhetik, möglicherweise als Replik auf O. Hostinskys Untersuchung, die seine Schrift als Kritik *im Namen der Psychologie*[81], nicht der Ästhetik wertete. Auch zeitlich paßte diese Reaktion, denn Hostinskys Buch von 1877 ging der Änderung von 1881 unmittelbar voraus.

Der Hauptteil der Neufassung dieser Abschnitte[82] kann als Zusammenfassung der Abschnitte 24–26 des Ersttextes oder ihre verknappte und systematisierte Wiedergabe gesehen werden. Viele Beispiele, so die Aufzählung verschiedener Titel für Charakterstücke[83], entfallen. Dafür gibt Hanslick eine historische Übersicht über das in verschiedenen Generationen andersartige Rezeptionsverhalten zu Haydn, Mozart und Beethoven, was die Beliebigkeit und die konventionelle Regelung des Kunsturteils, soweit es sich auf Gefühlswirkung beruft, demonstrieren soll. Hanslicks Ausführungen, die die Konvention des Kunsturteils betreffen, nehmen fast L. Wittgensteins späte Sprachuntersuchungen vorweg, die den Gebrauch als Maßstab der Bedeutung sowie konventionell geregelte Sprachspiele erörtern[84]. Möglicherweise war Hanslick seinen Ausführungen gegenüber skeptisch geworden[85]. Weitergedacht wäre die Konsequenz unvermeidlich gewesen, solche Konventionen des Gebrauchs zuzulassen, zumindest in ihrer Historizität, wogegen sein invarianter, überzeitlicher Schönheitsbegriff stand, der Grundlage der Polemik wurde. Daher faßte

---

76 Vgl. vorliegende Ausgabe S. 34, 28.
77 Ibid. S. 31, 22, 24
78 Ibid. S. 34
79 C. Dahlhaus: *E. Hanslick . . . a. a. O.*, S. 146
80 Vgl. vorliegende Ausgabe S. 31f.
81 O. Hostinsky, a. a. O., S. 8
82 Vgl. vorliegende Ausgabe S. 31–34.
83 Ibid. S. 36
84 L. Wittgenstein: *Philosophische Untersuchungen*, a. a. O.
85 *In den letzteren „Kirchen-, Kriegs-, Theatercomposition" findet man eine wahre Terminologie für die verschiedensten Gefühle, eine Terminologie, die den Componisten und Hörern eines Zeitalters so geläufig wird, daß sie im einzelnen Fall nicht den mindestens Zweifel darüber haben. Spätere Zeiten bekommen ihn aber.* Dieser Passus, der eine Gefühlsdarstellung, sogar terminologisch festgelegt, als historische Tatsache zugibt, widersprach Hanslicks Grundkonzept. Er entfiel daher ab der sechsten Auflage, nur der Bezugspunkt *Kirchen-, Kriegs-, Theatercomposition* klingt zusammen mit Charakterstücken kurz an. Vgl. vorliegende Ausgabe S. 32.

er sich im neuen Text der sechsten Auflage zu diesem Konventionsproblem kürzer. Dafür gewinnt der Text an historischer Systematik. Neu ist die Anmerkung zum letzten Teil[86], die als ein Beispiel für die auf Gefühlsästhetik beruhenden Kunsturteile ein Zitat des langjährigen Kritikers der *Allgemeinen Musikalischen Zeitung* Fr. Rochlitz bringt.

Der neu hinzugefügte Abschnitt, der ab der sechsten Auflage (1881) den Schluß des Haupttextes im ersten Kapitel markiert und sich auf Herbart beruft und ihn zitiert[87], wurde bereits in der Hanslickforschung diskutiert. Hanslick hatte damit das Vorurteil, er sei Formalästhetiker, nachträglich ratifiziert, auch wenn er sich in diesem Passus von Herbart absetzt. Bald hieß es dann, er sei *herbartischer als Herbart selbst*[88].

Auch die dem ersten Kapitel nachgeschaltete Anmerkung, die Belege der Gefühlsästhetik in Zitatform – zunächst von Mattheson bis Fr. Thiersch – sammelt, wurde verändert[89]. In der vierten Auflage (1874) wurde das zweite Zitat aus F. Hands *Ästhetik der Tonkunst* gestrichen. In der dritten Auflage (1865) trat ein Satz A. v. Dommers hinzu, in der sechsten (1881) Definitionen R. Wagners. Dessen Schriften kannte Hanslick schon vor Abfassung der ersten Auflage, wie aus dem Vorwort zur zweiten Auflage und einigen Äußerungen aus dem zweiten Kapitel hervorgeht. Hanslick hätte also von Anfang an Wagner an dieser Stelle mit aufnehmen können, hat dies aber dann erst nach dessen Angriffen, vor allem denen in seiner Schrift über das Judentum in der Musik getan. Wie festgestellt wurde[90], kann man in Wagners Beethovenschrift von 1870 geheime Polemik gegen Hanslick, ohne ihn namentlich zu nennen, finden. Hanslick reagierte darauf, indem er umgekehrt aus dieser Schrift zitierte und Stellen, wo er sich auf Beethoven beruft, abänderte. Natürlich ist bei dieser Erweiterung der Zitatsammlung auch die Tendenz zur Aktualisierung nicht zu vernachlässigen. Dommers Schrift, aus der Hanslick zitiert, erschien 1862, Wagners *Beethoven* 1870.

5. Kapitel II

Der Anfang des zweiten Kapitels zeigt, daß Hanslick trotz Zimmermanns Kritik an seinen idealistischen Passagen seinen Bezug zu Hegel nicht gänzlich aufgab. In einer Hegelparaphrase schreibt er: *Das einzelne Kunstwerk verkörpert demnach eine bestimmte Idee als Schönes in sinnlicher Erscheinung*[91]. Diesen Satz läßt er stehen, stellt aber ab der sechsten Auflage (1881) einen Satz voran, in dem die Unterschiedlichkeit der verschiedenen Künste auf die Unterschiedlichkeit der sie perzipierenden Sinne zurückgeführt wird[92]. Im Gegensatz zum ersten Kapitel, wo – auch in späteren Varianten und Zusätzen – die Differenz anhand des Objekts, dessen Material und Technik beschrieben wird, stehen hier rezeptionsästhetische Aspekte im Vordergrund.

Die Variante im fünften Abschnitt (*Eine ohne das Andre – Eine oder das Andre*)[93] ist als Druckfehler zu rechnen, der sich in der sechsten Auflage (1881) eingeschlichen hatte und später nicht mehr bemerkt wurde. Denn die spätere Fassung, daß Musik das *Eine oder das Andre* besitze[94], besagt, daß Musik nicht nur *Flüstern* ausdrücken könne, was Hanslick ja noch zugesteht, sondern auch das zugehörige Gefühl *Sehnsucht*, was gerade in diesem Abschnitt als subjektive Projektion abgelehnt wird.

---

86 Vgl. vorliegende Ausgabe S. 33f.
87 Ibid. S. 37f.
88 R. Wallaschek, a. a. O., S. 149
89 Vgl. vorliegende Ausgabe S. 38–41.
90 Vgl. D. Borchmeyer, a. a. O., S. 115.
91 Vgl. vorliegende Ausgabe S. 42.
92 Hegel hatte die Verschiedenheit auf das jeweils verschiedene Material bezogen und eine Kunst durch Materialnegation – dem dialektischen Grundprinzip folgend – aus der anderen hervorgehen lassen.
93 Vgl. vorliegende Ausgabe S. 43.
94 Ibid.

Die Tendenzwende – weg vom Idealismus – zeigt sich oftmals auch in stilistischen Nuancen. So geht es zunächst im neunten Abschnitt um den *Kreis von Ideen*[95], welche die Musik darstellen könne. Ab der vierten Auflage von 1874 kann die Musik nur noch einen *gewissen Kreis von Ideen* darstellen.

Die wichtige Änderung des zehnten Abschnitts[96] wurde schon von der Sekundärliteratur erkannt und als Reaktion auf Zimmermanns Rezension beschrieben. In der Variante nimmt Hanslick zwei Punkte zurück. An die Stelle der *Ahnung des Absoluten* tritt *Ahnung eines ewigen jenseitigen Friedens*, der Indikativ Futur *wird* wird durch den Potentialis *kann* abgemildert[97]. Trotz dieser Änderung des Schlusses bleibt der vorangegangene Teil stehen, der eine Stufenleiter von konkreter Erscheinung zur absoluten Idee auch für die Musik behauptet und seine idealistische Provenienz auch nach Zimmermanns Kritik und der daraufhin erfolgten Umformulierung nicht verleugnet.

Im zwölften Abschnitt verdeutlicht Hanslick *adäquat* in *entsprechend*[98]. Diese Eindeutschungstendenz gilt allgemein für die achte Auflage von 1891 und ist als stilistische Infiltration des nationalistischen Zeitgeistes am Ende des 19. Jahrhunderts auszumachen.

Hanslicks Reduktion der Darstellbarkeit von Gefühlen auf die Analogie in der Bewegungsdynamik wurde von seinen Rezensenten aufgegriffen oder – gegen ihn – erweitert (H. Lotze, E. v. Hartmann). Die Ersetzung von *psychisch* durch *physisch,* die in diesem Zusammenhang ab der achten Auflage (1891) auftritt[99], scheint allerdings ein später nicht mehr erkannter Druckfehler zu sein, denn Hanslick spricht zunächst von der Nachbildung von Gefühlen. Vom gesamten Passus aus gesehen, der auch die Nachahmung von Objekten und Ideen umfaßt, ist die Variante möglicherweise zutreffend. Ab der dritten Auflage erweitert Hanslick diesen Abschnitt um einen Zusatz, der noch einmal hervorheben soll, wie wichtig ihm der Bewegungsbegriff ist, und beklagt, daß dieser von der bisherigen Musikästhetik vernachlässigt worden sei[100]. Möglicherweise ist dieser Zusatz von der positiven Aufnahme seiner Theorie des Dynamischen bei Lotze angeregt.

Eine zunächst als stilistisch begründet erscheinende Variante des 20. Abschnitts spiegelt die Empörung, die Hanslicks Buch auslöste. In dem vorangegangenen Passus hatte er eine Analyse des Beginns der Beethovenschen *Prometheus*-Ouvertüre vorgelegt, die er als ein Muster dessen verstand, was über Musik aussagbar sei[101]. Dies wurde als ein Beweis für seinen Formalismus gesehen[102]. Darauf reagierte Hanslick im 20. Abschnitt, der schon in der Erstfassung diese Analyse zurücknahm (*Solche Zergliederung macht ein Gerippe aus blühendem Körper, geeignet, alle Schönheit, aber auch alle falsche Deutelei zu zerstören*[103]), in dem er den Satz *Einen weiteren Inhalt als den eben ausgedrückten vermögen wir durchaus nicht in dem Thema erkennen …* in der sechsten Auflage (1881) relativiert und die dezidierte Prädikation *ausgedrückt* durch *angedeutet* ersetzt[104]. „Ausdrücken" impliziert, daß alles gesagt ist, „Andeuten", daß noch mehr hätte ausgeführt werden können.

Dem ab der sechsten Auflage (1881) zusammengezogenen 21. und 22. Abschnitt, der schon im Haupttext einige Zusätze erfahren hatte, die die historische Entwicklung der Musik betreffen,

---

95 Vgl. vorliegende Ausgabe S. 45.
96 Ibid. S. 45f.
97 Ibid. S. 46
98 Ibid.
99 Ibid.
100 Ibid. S. 47f.
101 Ibid. S. 49f.
102 Noch P. Moos schloß sich diesem Urteil an. Dabei sind die Spuren der Romantik selbst in dieser sich „trocken" gebenden Analyse nicht zu verkennen, wenn Hanslick den Springbrunnen als Vergleich anführt und dies auch in weiteren Metaphern nachhallen läßt (*Tropfen, perlen*). Vgl. vorliegende Ausgabe S. 49.
103 Ibid. S. 50
104 Ibid.

ist ab der sechsten Auflage eine Anmerkung beigegeben, die Hanslicks Tendenz zur Aktualisierung des Traktats verdeutlicht. Hanslick wendet sich dabei gegen J. A. Ph. Spittas zu emotionale Bachinterpretationen. Der zweite Band der Spittaschen Bachmonographien war 1880 erschienen[105], also kurz vor Hanslicks sechster Auflage von 1881, die darauf Bezug nahm.

Der 23. Abschnitt bekundet Hanslicks Grenzen, die im Bevorzugen bestimmter historischer Erscheinungsweisen von Musik liegen. Ganz im Sinne der Romantik schreibt er: *Denn nur was von der Instrumentalmusik behauptet werden kann, gilt von der Tonkunst als solcher.*[106] Dies war spätestens seit E. T. A. Hoffmanns Rezension der fünften Symphonie Beethovens zum Topos romantischer Musikanschauung geworden, deren Linie Hanslick in die Wissenschaft hinüberretten will. Um seine These zu verdeutlichen, geht er im folgenden auf Vokalmusik ein, wo er die Beliebigkeit von Text und zugehöriger Musik zu erläutern sucht. Sein Konzept der Präferenz von Instrumentalmusik blieb nicht unwidersprochen. Unter seinen Kritikern war G. G. Gervinus, der in seiner auf Vokalmusik basierenden Ästhetik Hanslicks Absage an Gefühlsästhetik und Vokalmusik scharf verurteilte[107]. Der Schrift Gervinus', die 1868 veröffentlicht worden war, antwortete Hanslick in der darauffolgenden vierten Auflage seines Traktats (1874) mit einer Fußnote[108], in der er seinerseits auf Gervinus eingeht. In der sechsten Auflage (1881) erweitert er diese Anmerkung durch ein längeres Zitat aus F. Hillers Rezension des Gervinusschen Buches[109]. Hier ist allerdings keine zeitliche Nähe zur sechsten Auflage auszumachen, denn die Rezension Hillers wurde schon 1871 gedruckt, hätte also als Replik auf Gervinus schon 1874 veröffentlicht werden können. Dieses Verfahren ist vielleicht eher einer Gesamttendenz der Varianten zuzuordnen, wonach Hanslick oft bemüht ist, Gewährsleute für seine Aussagen zu nennen.

Die tiefsten Eingriffe im zweiten Kapitel sind im Bereich der nun folgenden Beispiele aus der Vokalmusik zu finden, die Hanslick austauscht und erweitert. Es geht ihm darum, darzulegen, daß zwischen Text und zugehöriger Musik keine notwendige Verbindung herrscht. Dies könne durch Textaustausch bewiesen werden. Als Beispiele führt er im Ersttext ein Thema aus G. Meyerbeers *Hugenotten* sowie eines aus Beethovens *Fidelio* an, denen er semantisch entgegengesetzte Texte unterlegt. In der zweiten Auflage ersetzt er die beiden Beispiele durch die bekannte Arie *Che farò senza Euridice* aus Glucks *Orpheus*-Vertonung. Daneben präzisiert er seine Beschreibungen[110]. Es geht ihm bei Vokalmusik um das ästhetische Postulat einer relativen Autonomie beider Teile, Wort und Ton: die Musik solle den Text nicht verdoppeln. Wenn ihm vorgeworfen wurde, die Beispiele aus neuerer Musik, die schon einen zu bestimmten Ausdruck habe, durch solche aus älterer Musik, die blasser sei, ersetzt zu haben, so ist dem zu entgegnen, daß es in den gesamten folgenden Passagen im Grunde um Gluck geht, so daß ein Beispiel aus dessen Werk umso treffender wirkt. Des weiteren hatte Hanslick zu den beiden ersten Beispielen die Textvertauschung selbst konstruiert, kann sich aber im Falle Gluck auf Gewährsleute berufen, die dies schon vor ihm vorgeschlagen hatten. Über Glucks „dramatisches Prinzip", auf das sich Wagner stützten konnte, trifft Hanslick natürlich auch diesen. In einem Zusatz schränkt Hanslick seine Aussage wieder ein, wenn er der Musik *für den Ausdruck schmerzlichster Traurigkeit ... weit bestimmtere Töne* zuspricht[111]. Er begründet immanent seine Variante durch ihre Schlagkräftigkeit, weil es den Komponisten trifft, dem *größte Genauigkeit im dramatischen Ausdruck zugeschrieben wird,* und weil diese Melodie durch Generationen Bewunderung hervorrief wegen des Gefühls *höchsten Schmerzes,* das darin ausgedrückt sei[112].

---

105 J. A. Ph. Spitta: *Johann Sebastian Bach.* Leipzig 1873, 1880
106 Vgl. vorliegende Ausgabe S. 52.
107 G. G. Gervinus, a. a. O., S. 172ff.
108 Vgl. vorliegende Ausgabe S. 53.
109 Ibid.
110 Ibid. S. 55ff.
111 Ibid. S. 57
112 Ibid.

In zwei weiteren Korrekturgängen versucht Hanslick, seine These durch die Kompositionspraxis selbst zu stützen. Er bezieht sich dabei auf die Technik der Umtextierung die ihm den historischen Beleg zu liefern scheint für den unbestimmten Ausdruck der Musik, der man beliebige Texte unterlegen könne. Als erstes setzt er ab der dritten Auflage (1865) Kontrafakturbeispiele aus G. F. Händels *Messias* hinzu, auf die C. G. V. v. Winterfeld aufmerksam gemacht hatte[113]. Hanslick kann sich hier also auf einen zusätzlichen Gewährsmann berufen. Ab der sechsten Auflage (1881) führt er noch Bachs *Weihnachtsoratorium* sowie Glucks *Armida* an[114]. Das letzte Beispiel macht seine Argumentationsstrategie gegen Gluck deutlich.

Dem 36. Abschnitt fügt Hanslick ab der sechsten Auflage die Fußnote[115] an, die seine Kritikertätigkeit, vor allem sprachliche Ungenauigkeiten bei Kritiken von Vokalmusik, in Schutz nehmen soll. Daß er sich dabei nur auf Vokalmusik bezieht, in Wirklichkeit aber auch in Kritiken von Instrumentalmusik die von ihm verworfenen Kriterien der Gefühlsästhetik anwandte, wurde ihm als Widerspruch angelastet[116]. Tatsächlich wäre eher daraus zu schließen, daß Hanslick diese Entschuldigung wohl auch für Instrumentalmusik in Anspruch genommen hätte. Der fundamentale Unterschied wäre, versteht man Hanslick recht, daß er für ästhetische Untersuchungen einen streng objektbezogenen Wissenschaftsbegriff fordert, für die Kritik eine auch auf den Leser zugeschnittene Sprache zuläßt, woraus sich diese Widersprüche ergeben und erklären.

Zum 41. Abschnitt, in dem Hanslick sich gegen die Dominanz des Dramatischen in der Oper ausspricht, gehörte in der Erstkonzeption eine Anmerkung[117] über R. Wagner. Was im Haupttext allgemein gesagt wurde, sollte hier am speziellen Fall demonstriert werden. Durch den Fortgang der Opernproduktion Wagners war die Anmerkung bald veraltet. Hanslick, der die Oper *Tannhäuser* schätzte und in seinen frühen Wiener Jahren für deren Aufführung kämpfte, stellt dieser gegenüber zunächst in *Lohengrin* eine *specifisch dramatische Tendenz* fest. Durch Wagners neuere Werke war diese Gegenüberstellung hinfällig geworden, so daß er *Lohengrin* durch *spätere Werke,* am Schluß der Anmerkung konkret durch *Tristan und Isolde* ersetzte[118]. Diese Aktualisierungen, die in der vierten Auflage (1874) vorgenommen wurden, entfielen schließlich ab der sechsten Auflage (1881), wo Hanslick die ganze Anmerkung tilgte und eine neue an deren Stelle setzte. Diese stellt der Präferenz des dramatischen Prinzips Mozarts Diktum über das Verhältnis von Musik und Poesie entgegen[119]. Mozarts Opern verkörperten für Hanslick das Ideal eines gelungenen Ausgleichs von Wort-Tontendenzen. Zusätzlich kann er sich dabei auf O. Jahns Mozartmonographie stützen, handelt sich aber durch das Zitat Widersprüche ein, die aus dem Rekurs auf die Gefühlswirkung der Musik entstehen (*sie* [die Musik] *wirkt ferner durch den Sinn des Gehörs in einer, wie es scheint, noch nicht aufgeklärten Weise unmittelbar auf die Phantasie und das Gefühl mit einer erregenden Kraft ein, welche die der Poesie momentan überflügelt*)[120]. Der dritte Band der Jahnschen Mozartarbeit war 1856 – also nach Hanslicks Erstausgabe – erschienen. Chronologisch gesehen hätte der Austausch also bereits in der zweiten Auflage (1858) erfolgen können. Die Gründe für den späten Texteingriff bleiben daher der Spekulation überlassen. Deutlich wird aber hier, daß es nicht vorrangig gegen Wagner geht. Freilich betrifft es auch diesen dadurch, daß Mozarts Opern als Paradigma dargestellt werden und der Kontext gegen das „dramatische Prinzip" gerichtet ist.

Verstärkt wird diese Interpretation durch eine weitere Variante, in der es um Wagner geht. Im 43. Abschnitt der Erstfassung führt Hanslick seine Argumentation gegen das Vorherrschen

---

113 Vgl. vorliegende Ausgabe S. 59f.

114 Ibid. S. 60

115 Ibid. S. 63f.

116 Vor allem von R. Schäfke, a. a. O., S. 55–70. Schäfke knüpft daran die Forderung, zwischen Hanslicks Ästhetik und Kritik zu differenzieren, was von der nachfolgenden Forschung (Stange, Abegg) wieder zurechtgerückt wurde.

117 Vgl. vorliegende Ausgabe S. 68.

118 Ibid.

119 Ibid. S. 67

120 Ibid.

des Dramatischen fort und kommentiert schließlich Wagners Satz von Mittel und Zweck der Musik und Dichtung. Zunächst beruft er sich in seiner Verurteilung auf J. Schmidt[121]. In einer Variante der dritten Auflage (1865) kürzt er diesen Teil erheblich, verweist nur noch lapidar auf J. Schmidt und Hinrichs. Diese Liste wird in der vierten Auflage (1874) schließlich noch um O. Jahn und F. Hiller erweitert. Gab er der Beschreibung des Wagnerschen Verfahrens durch seine Gewährsperson J. Schmidt zunächst noch das Prädikat *vortreffliche Beurtheilung*[122], so findet er es durch die in der dritten Auflage genannten Autoren nur noch *ausreichend charakterisiert*, durch die der vierten *ausreichend kritisiert*[123]. Ab der fünften Auflage (1876) entfällt diese Bezugnahme schließlich gänzlich, wodurch der Eindruck entsteht, es sei ihm nicht so wichtig. Tatsächlich ist es insofern unwichtig, als inhaltlich nichts Substantielles gesagt wird und Hanslick sich daher später die Hinweise auf diese ähnlich Denkenden sparen kann. Die wesentlichen Aussagen des Abschnitts jedoch, die Wagner zitieren und Widerspruch anmelden, bleiben unverändert. Sie erhalten sogar eine großangelegte Ausdehnung durch eine Anmerkung, in der Hanslicks Autonomiepostulat durch den Abdruck längerer Passagen aus Texten Fr. Grillparzers und M. Hauptmanns erhärtet werden soll[124]. Es geht auch hier um den Vorrang der Musik vor dem Text, zumindest um die Unabhängigkeit. Diese Zitatblöcke wurden dem Text ab der sechsten Auflage (1881) angefügt. Der Brief M. Hauptmanns, aus dem der Textteil stammt, war 1876 veröffentlicht worden. Grillparzers Äußerungen zur Musik hatte Hanslick ebenfalls erst vor dieser Auflage entdeckt und in einem Aufsatz beschrieben. Außerdem erweitert Hanslick in dieser Ausgabe den Haupttext um einen Abschnitt, der die Diskussion um Wagners Satz von Mittel und Zweck des Textes und der Musik in der Oper fortsetzt[125].

Eine endgültige Entscheidung über den Bezug des Traktates zu Wagner ist nicht textimmanent zu fällen, weil zu viele Momente: direkter Bezug und Ablehnung, Gegenargumentation über Mittelsleute (Beethoven, Gluck, Mozart), ohne Wagners Namen zu nennen, Ablehnung durch allgemeine Aussagen über das „dramatische Prinzip" eine Rolle spielen. Bei der Vielzahl der Texteingriffe gerade zu diesen Themen liegt jedoch die Vermutung nahe, daß Hanslick, wenn es vorrangig um Wagner gegangen wäre, die Möglichkeit genutzt hätte, weitere Belege oder Repliken auf Wagners Anfeindungen (wie die in dessen antisemitischer Schrift) in die Abhandlung zu integrieren. Diese wären aber weder Zeichen seiner persönlichen Generosität noch des wissenschaftlichen Standards gewesen, um den es ihm zu tun war, sondern hätten die Schrift lediglich desavouiert.

6. Kapitel III

Auch das dritte Kapitel, das nach der bisherigen Negation der Gefühlsästhetik die entgegengestellte Kategorie des *Musikalisch-Schönen* exponieren soll, verleugnet die idealistische Provenienz selbst nach R. Zimmermanns Rezension nicht. So definiert Hanslick *musikalische Ideen* als Ausdruck des Tonmaterials[126]. Nur die Fortsetzung dieser Definition, die auch der Musik eine *in hohem Grade jene symbolische, die großen Weltgesetze wiederspiegelnde Bedeutsamkeit* zugesteht[127], entfällt nach Zimmermanns Kritik ab der zweiten Auflage (1858).

In einem weiteren Zug mildert Hanslick in der dritten Auflage (1865) die durch die Rezeption zum Schlagwort des Traktats herabgesunkene Kernthese ab. Anstatt *Tönend bewegte Formen*

---

121 Vgl. vorliegende Ausgabe S. 70.
122 Ibid.
123 Ibid.
124 Ibid. S. 70ff.
125 Ibid. S. 73
126 Ibid. S. 75
127 Ibid.

sind einzig und allein Inhalt und Gegenstand der Musik, was sowohl durch Sperrdruck und Satzstellung als auch durch die polemische Reduktion von Inhalt und Gegenstand auf Formen die entsprechende Wirkung zeitigte, schreibt Hanslick nun: *Der Inhalt der Musik sind tönend be- wegte Formen*[128]. Daß das Behauptete „einzig und allein" zutreffe sowie daß es Inhalt und Gegenstand betreffe – in dieser Ineinssetzung zweier verschiedener Begriffe lag ja auch die Polemik –, wird zurückgenommen. Nicht nur die dagegen geführte Polemik mag Hanslick dazu veranlaßt haben, sondern auch die Widersprüchlichkeit, die einen Teil der Wirkung ausmachte[129]. Sie besteht in der Divergenz dieser These zu der im letzten Kapitel des Traktats geforderten Differenzierung der Begriffe Inhalt, Gegenstand, Sujet[130]. Die Kritiker versuchten nicht, den Satz im Kontext zur vorher erläuterten musikalischen Idee zu verstehen, sondern triumphierten über den sich anschließenden Vergleich der Musik mit der Arabeske und dem Kaleidoskop. Eine frühe Reaktion kam von A. W. Ambros. Er schrieb in dem 1856 veröffentlichten Buch *Die Gränzen der Musik und Poesie*, das als Gegenschrift zu Hanslicks Traktat verstanden werden kann: *Die tönende Arabeske ist eben auch nur ein artiger Einfall, der bei näherer Prüfung wie eine Seifenblase zerplatzt.*[131] Hanslicks Äußerungen über die musikalische Idee verkennend fällt Ambros schließlich in den Tonfall eines Predigers: *Ihr Formenphilosophen, ihr Männer der „tönenden Arabeske", denen sich der Geist nicht zeigt, weil ihr an ihn nicht glaubt, oder ihn in dem organischen Gefüge mit dem groben Skalpell des Anatomen ansuchen wollt...*[132]. Auch wurde in solcherlei Kritiken die kunstgeschichtliche Tradition des Arabeskenbegriffs von Kant, Fr. Schlegel, Novalis, Nägeli bis zu Hanslick übersehen[133]. Dieser, durch die anhaltende Kritik aufgeschreckt, milderte die Direktheit des Vergleichs ab: Zeigte die Arabeske in den ersten fünf Auflagen *schöne Formen ohne den Inhalt eines Affectes* noch *recht treffend*, war dieser Vergleich noch als *sehr nahekommend* charakterisiert, so wurden diese Attribute in der sechsten Auflage (1881) verwandelt in *entfernt bereits* und *einigermaßen nahekommend*[134]. Ebenso wurde der Kaleidoskopanalogie, die dem Arabeskenvergleich folgt, in der zweiten Auflage (1858) die *höhere Analogie* des *menschlichen Körpers* und der *Landschaft*, in der vierten Auflage (1874) die der *Architektur* beigegeben[135]. Trotz dieser Relativierungen hält Hanslick aber an der Vorrangigkeit des Kaleidoskopmodells fest. Es scheint ihm durch den Bezug auf Bewegung und Zeitgebundenheit *besonders treffend*[136]. Neben Ambros hatten auch Liszt und Wagner Kritik laut werden lassen. Daß die Variante aber weniger von diesen Äußerungen motiviert war, zeigt ein Brief des Hegelianers D. Fr. Strauss an Hanslick aus dem Jahr 1855. Darin ist folgender Passus zu lesen: *... daß der Anfangspunkt des musikalischen Schaffens nicht eine Idee, sondern eine Melodie, ein inneres Singen, nicht ein Fühlen ist, scheint mir von Ihnen schlagend bewiesen zu sein. Ob dabei die von Ihnen gebrauchten Bilder der Arabeske und des Kaleidoskops glücklich gewählt sind, möchte ich bezweifeln. Ersteres nehmen Sie selbst Seite 33 gewissermaßen zurück, und ich sehe nicht, warum Sie nicht ebensogut einen schönen menschlichen oder thierischen Körper, eine schöne Landschaft etc. als Beispiel gebrauchen konnten, die auch eine primitive Schönheit der Linien, Umrisse, Farbenverhältnisse haben, noch abgesehen von Seele, Charakter, Stimmung u. dgl. ...*[137]. Hanslick

[128] Vgl. vorliegende Ausgabe S. 75.
[129] Vgl. W. Abegg, a. a. O., S. 50.
[130] Vgl. vorliegende Ausgabe S. 161f.
[131] A. W. Ambros, a. a. O., S. 49
[132] Ibid. S. 106
[133] Der Begriff in seiner kunstgeschichtlichen Tragweite wurde bereits von der Hanslickforschung aufgearbeitet, so bei Glatt, a. a. O., S. 49–55, und Breitkreuz, a. a. O., S. 68ff. Die erste Anregung dazu gab Zimmermann in seiner Rezension der siebten Auflage des Traktats.
[134] Vgl. vorliegende Ausgabe S. 75.
[135] Ibid. S. 76. Vgl. dazu auch die Ausführungen S. 25.
[136] Vgl. vorliegende Ausgabe S. 76. Solche Analogiebildungen sind invarianter Bestandteil fast aller Musikanschauungen, die die Sphärenharmonie, Planetenbahnen, das Absolute, den Willen und schließlich die Gesellschaft in der Musik wiederfinden.
[137] Abgedruckt in: E. Hanslick: *Begegnungen mit Fr. Th. Vischer*, in ders.: *Musikalisches und Literarisches*, a. a. O., S. 279, hier S. 286.

baute von den von Strauss vorgeschlagenen Vergleichen einige in die nächste Auflage von 1858 ein. Er übernahm wörtlich den Vergleich *mit einem schönen menschlichen Körper* und *einer Landschaft,* ließ den *thierischen Körper* also weg. Den Nachsatz verkürzte er auf *die auch eine primitive Schönheit der Umrisse und Farben (abgesehen von der Seele, dem geistigen Ausdruck) haben.* Strauss' Vorschlag *Charakter, Stimmung* verwandelt Hanslick in *geistigen Ausdruck*[138]. Er vermeidet damit sowohl den Begriff *Stimmung,* der seinem Konzept zuwiderliefe, als er auch auf eine weitere Forderung Strauss' eingeht, der sich mehr Ausführungen über den Ausdruck wünscht[139]. Den Analogien wurde dann in der vierten Auflage (1874) die der Architektur beigegeben, wohl auf Anregung Ambros' hin.

Eine der wenigen Äußerungen Hanslicks zur Gegenkategorie des von ihm beschriebenen *Musikalisch-Schönen,* dem *Häßlichen* findet sich im 15. Abschnitt dieses Kapitels. Als erster hatte der Hegelianer Karl Rosenkranz diesen Begriff einer längeren Untersuchung unterzogen, dabei das Häßliche als einen pejorativen Begriff festgesetzt[140]. In diesem Sinn benutzt ihn auch Hanslick. Wie W. Abegg anhand der späteren Kritiken gezeigt hat, hat ihn Hanslick der Abqualifizierung ihm als schlecht erscheinender Musik vorbehalten, vor allem der Musik in der Nachfolge der Neudeutschen[141]. Wenn er diesen jedoch schließlich die Zukunft voraussagte[142], zeigt das einerseits seine Resignation, die vielleicht zur Folge hatte, daß er nach der sechsten Auflage des Traktats keine substantiellen Änderungen im Traktat mehr vornahm, andererseits aber die Etablierung einer neuen ästhetischen Kategorie und ihrer Vertreter, die ihren Ausgangspunkt in der Literatur E. A. Poes und Ch. Baudelaires nahm[143]. Hanslick widerspricht an dieser Stelle offensichtlich seinem eigenen Diktum, daß es kein Natur-Schönes für die Musik gebe[144], sowie seinem Wissenschaftsanspruch, wenn er annimmt, daß das *Unnatürliche ... nicht in der Form wissenschaftlichen Bewußtseins,* sondern *instinctiv in jedem gebildeten Ohr* empfunden werde[145]. Um dies zu stützen, setzt Hanslick diesem Abschnitt ab der sechsten Auflage (1881) ein Grillparzerzitat als Fußnote hinzu. In diesem Text wird die Grenze zwischen unbegrifflicher Musik und begrifflicher Literatur gezogen. In der Literatur könne vermöge ihrer Begrifflichkeit das dargestellte Häßliche noch negiert werden, in der Musik nicht, so daß sie beim Schönen stehenbleiben müsse[146]. Auch in diesem Text Grillparzers finden sich gefühlsästhetische Äußerungen, die dem eigentlichen Ansinnen Hanslicks zuwiderlaufen. Sie werden mitgetragen, ohne daß Hanslick sich davon distanzierte. Die Variante hat die Funktion, den Ersttext zu illustrieren, sie beleuchtet gleichermaßen Hanslicks geschichtliche Eingebundenheit und Begrenztheit.

Hanslicks Verdikt über die Programmusik betrifft auch H. Berlioz. Dennoch gesteht er ihm *außerordentliches Talent* zu[147] und hebt ihn damit von seinen deutschen Nachfolgern ab. Dies wird in den Varianten besonders deutlich. Nachdem er in der zweiten Auflage von 1858 das Prädikat *außerordentlich* gestrichen hat, verweist er in der vierten Auflage (1874) auf die Symphonischen Dichtungen Fr. Liszts, die Berlioz' Ideen fortgesetzt hätten. Ab der fünften Auflage (1876) spielt er beide gegeneinander aus, indem er Berlioz nun ein *glänzendes Talent* attestiert,

---

138 Vgl. vorliegende Ausgabe S. 76.
139 *Als Zweites schließen denn auch Sie den Ausdruck, die Bedeutung des musikalischen Gebildes nicht aus; Sie nennen ihn einen symbolischen; es möchte zu wünschen sein, daß Sie über das Wesen dieses Ausdrucks sich noch etwas näher erklärt hätten, als durch diese Beziehung und die Erinnerung an die Weltgesetze geschehen ist.* E. Hanslick: *Musikalisches und Literarisches,* a. a. O., S. 286
140 K. Rosenkranz: *Aesthetik des Häßlichen.* Königsberg 1853
141 Vgl. W. Abegg, a. a. O., S. 73ff.
142 Ibid. S. 129
143 Auf W. Benjamins Baudelaireschriften fußend hat Th. W. Adorno diese Kategorie – positiv gewendet – als Leitbegriff der Moderne entwickelt. Th. W. Adorno: *Ästhetische Theorie,* a. a. O., S. 74–78
144 Vgl. vorliegende Ausgabe S. 154.
145 Ibid. S. 79
146 Ibid.
147 Ibid. S. 86

dem Liszt *mit seinen weit schwächeren „symphonischen Dichtungen" nachgefolgt* sei[148]. In seiner Autobiographie berichtet Hanslick von seinen freundschaftlichen Begegnungen mit Berlioz. Vor allem ist die Bemerkung anläßlich seines Parisaufenthaltes von 1860 aufschlußreich, wonach Berlioz *mit zorniger Heftigkeit gegen die „Zukunftsmusiker" in Deutschland, mit denen er nichts gemein habe*, Stellung bezog[149]. Dies verdeutlicht die Gegenüberstellung Berlioz' und Liszts. Hanslicks Absage an die Programmusik wird verstärkt durch eine Variante der vierten Auflage, in der das beschriebene Komponierverfahren zweimal ausdrücklich auf den instrumentalen Tonsetzer bezogen wird[150]. Daß es sich bei der Liszt betreffenden Variante um eine polemische Replik Hanslicks auf dessen Weigerung, den Traktat an einen Verleger zu vermitteln, handeln soll[151] – wozu jeder Beweis fehlt –, ist auch chronologisch ausgeschlossen. Diese Replik hätte schon in der zweiten Auflage von 1858 erfolgen können und viel härter ausfallen müssen.

Textimmanent erklärt sich, warum Hanslick im nächsten Abschnitt den Verweis auf Beethovens Symphonien durch den auf seine Ouvertüren ersetzt hat[152]. Im gleichen Zusammenhang erwähnt er G. Verdi, so daß Unstimmigkeiten entstehen, wenn von dessen Symphonien die Rede ist, während bei Ouvertüren beide Komponisten betroffen sind. Natürlich könnte auch die Vereinnahmung der Beethovenschen Symphonien durch die Neudeutschen den Austausch veranlaßt haben.

Der Streit um die Programmusik wurde von ihren Anhängern und Gegnern unter Berufung auf Beethoven ausgetragen. Hanslick stellte dabei die *Einheit der musikalischen Stimmung*[153] der Einheit der angeblich ausgedrückten Gefühlszustände in den Sätzen einer Sonate entgegen. Dabei können Titel für Komponisten lediglich Hilfsmittel sein. Wo dies nicht der Fall ist, unterliegen sie einer *Selbsttäuschung*[154]. In einem Zusatz ab der sechsten Auflage (1881) werden auch Berlioz und Liszt dieser Selbsttäuschung bezichtigt.

Hanslicks Bemerkungen zu Beethoven stießen auf Kritik, die unter anderem J. Chr. Lobe sehr emotional formulierte[155]. Dessen Rezension war 1857 veröffentlicht worden. Hanslick reagierte darauf aber erst in der dritten Auflage von 1865. Der Grund liegt wohl im relativ frühen Redaktionsschluß der zweiten Auflage, wie aus den Habilitationsunterlagen Hanslicks von 1856 hervorgeht[156]. Hanslick antwortet Lobe nicht selbst, sondern schiebt ein Zitat aus einem 1864, kurz vor der dritten Auflage erschienenen Aufsatz O. Jahns[157] vor, der in Hanslicks Sinne programmatische Deutungen Beethovenscher Instrumentalmusik ablehnt. Der Abdruck dieser Replik erfolgt als Fußnote. Vordergründig scheint der scharfe Ton Lobes zu dieser Gegenreaktion gereizt zu haben. Gleichwohl kann der Grund auch in der verdeckten Argumentation gegen das neudeutsche Beethovenbild liegen.

Die Streichung eines kommentierenden Nachsatzes, der die historische Differenzierung der Begriffe „klassisch" und „romantisch" fordert[158], könnte für die These der historischen Indifferenz in Anspruch genommen werden, weil Hanslick auch in diesem Zusammenhang die Invarianz des *Musikalisch-Schönen* durch alle Epochen fordert. Daß diese Tilgung aber erst in der

[148] Vgl. vorliegende Ausgabe S. 86.
[149] Vgl. E. Hanslick: *Aus meinem Leben*, a. a. O., I. S. 61.
[150] Vgl. vorliegende Ausgabe S. 85f.
[151] Vgl. D. Altenburg, a. a. O., S. 9. Vgl. auch die Ausführungen S. 49ff.
[152] Vgl. vorliegende Ausgabe S. 86.
[153] Ibid. S. 89
[154] Ibid.
[155] *Nein! Herr Hanslick! Behaupten Sie nicht Dinge so keck, die Sie nicht genau kennen. Beethoven erfand seine Melodien nicht um ihrer selbst willen blos, sondern als Darstellerin eines Affektes.* Vgl. J. Chr. Lobe: *Gegen Dr. E. Hanslicks „Vom Musikalisch Schönen"*, a. a. O., S. 89. Eine weitere Veröffentlichung Lobes scheint die kurioseste Reaktion auf Hanslicks Traktat zu sein. Lobe druckt hier – nur die Überschrift ist deutlich gegen Hanslick gerichtet – eine Doppelfuge ab. Vgl. ders.: *Noch einmal gegen Dr. Hanslick – in Noten*, a. a. O., S. 183–189.
[156] Vgl. Materialteil S. 144f.
[157] O. Jahn: *Beethoven und die Ausgaben seiner Werke*. Leipzig 1864
[158] Vgl. vorliegende Ausgabe S. 91f.

dritten Auflage (1865) erfolgte, als Hanslick, der Autobiographie zufolge, längst zu historischen Studien übergegangen war, widerspricht dem. Die Motivation ist eher aus dem erläuternden Charakter dieses Passus' sowie der Tatsache, daß es nur um eine Forderung für die Musikwissenschaft der Zukunft geht, die hier gestellt wird, zu ersehen.

Zu den historisch wirksamen Mißverständnissen der Hanslickrezeption gehört die Festlegung auf Architektonik und damit zusammenhängender Symmetrie, die ihm als sein Formideal nachgesagt wurden, in Wirklichkeit nur oberflächliche Lektüre des Traktats offenlegen. Im 36. Abschnitt dieses Kapitels wehrt sich Hanslick etwa gegen eine Identifizierung des *Musikalisch-Schönen* mit der Symmetrie und formuliert die These, daß sich hochrangige Kompositionen nicht durch die *regelmäßige Anordnung geistloser, abgenützter Theilchen*, sondern durch *immer neue symmetrische Bildungen* auszeichnen[159]. Konsequent weitergedacht dokumentiert dies Hanslicks historisches Bewußtsein, das ihm immer abgesprochen wurde, und einen für die Zeit typischen Fortschrittsoptimismus[160]. Es wundert daher nicht, daß Hanslick diese These ab der sechsten Auflage von 1881 weiter ausführen will und diesem Abschnitt eine Fußnote beigibt, die den Bezug zum Zeitgeist, den Zwang zu immer Neuem, anhand der Oper darlegt und die These von der Überzeitlichkeit, der Hanslick von seinen Kritikern selbst gezogen wurde, Lügen straft[161]. Den Text dazu hat er allerdings nicht neu verfaßt, sondern früheren Schriften entnommen[162]. Daß dies von der Hanslickforschung als Symptom einer erst später geschichtlich vorgehenden Musikanschauung angeführt wurde[163], ohne die vielen anderen schon im Ersttext befindlichen historischen Differenzierungen zu beachten, ist nur eine der vielen Fehlinterpretationen, die Hanslicks Traktat provozierte. Das zugrundeliegende Problem ist kaum definitiv zu lösen, weil es eine chemisch reine Widerspruchslosigkeit voraussetzte. Eher wäre Hanslicks Musikästhetik als Balanceakt zwischen historischem und invariantem Denken zu begreifen.

7. Kapitel IV

Für die nun folgenden Kapitel IV–VII ist charakteristisch, daß sie weniger tiefgreifende Änderungen aufweisen. Das liegt unter anderem auch daran, daß sie bei weitem nicht so polemisch gefaßt sind und daher nicht so scharf kritisiert wurden.

Am Anfang des vierten Kapitels sind allerdings einige größere Umstellungen zu beobachten, die Hanslick in der sechsten Auflage (1881) vornahm. Der Anfang des zweiten Abschnitts ging in einer Parenthese des ersten auf[164]. Dabei wurde ein Satz gestrichen, der die Forderung des Objektvorrangs in ästhetischen Betrachtungen, *abgelöst von dem psychologischen Beiwerk seines Entstehens und Wirkens*[165], wiederholt. Gerade die subjektive Beteiligung, ob an Produktion, Reproduktion oder Rezeption, will Hanslick in diesem Kapitel aber darlegen, so daß der Satz in diesem Zusammenhang störend wirkte und wohl deshalb entfiel. Daneben ist die Kürzung in Verbindung zum Wegfall des Satzes im ersten Kapitel zu sehen, der Ästhetik und Psychologie trennte, was in derselben Auflage vonstatten ging[166]. Auch an dieser Stelle kann die Motivation zu dieser Tilgung als Reaktion auf O. Hostinskys Bemerkung, Hanslick spreche *im Namen*

159 Vgl. vorliegende Ausgabe S. 94f.
160 Die Formulierung ist in direktem Zusammenhang zu lesen mit der Passage, die den schnellen Verfall des musikalischen Materials beschreibt. Ibid. S. 86f.
161 Ibid. S. 95f.
162 Nicht nur dem Vorwort zur *Modernen Oper*, wie er angibt, sondern einer Kritik von 1860; vgl. S. Deas, a. a. O., S. 45.
163 R. Schäfke, a. a. O. S. 59
164 Vgl. vorliegende Ausgabe S. 103.
165 Ibid.
166 Ibid. S. 34

der Psychologie[167], gewertet werden oder einfach als Selbsterkenntnis Hanslicks, daß sein Traktat trotz seiner postulierten Trennung psychologisierende Sätze enthielt[168].

Einen weiteren großen Variantenkomplex, der auch in der sechsten Auflage entstand, stellen die Abschnitte 6 und 7 dar. Den sechsten Abschnitt strich Hanslick dabei bis auf einen Satz[169]. Das hier Weggestrichene entfiel allerdings nicht völlig. Zumindest der Schluß blieb erhalten und wurde dem folgenden Abschnitt eingearbeitet[170]. Der Mittelteil des sechsten Abschnitts, der die radikale These enthielt, daß *die Composition rein musikalisch erdacht wird*[171], verschwand. Hanslick waren vermutlich durch das starke Vordringen der Programmusik bis zu diesem Zeitpunkt Zweifel an der Gültigkeit dieser These gekommen. Daneben waren seine Ausführungen über den Anteil des Subjekts kritisiert worden[172].

Auch der siebte Abschnitt wurde in dieser sechsten Auflage gekürzt. Es entfielen die widersprüchlichen Zuschreibungen von mehr subjektiv Schaffenden an Beethoven und Spohr sowie *klar Formenden*[173] an Mozart und Mendelssohn. Wichtiger noch erscheint die Tilgung der These, auf die dieser Abschnitt hinauslief, es ließe sich *eine Musik denken, welche blos Musik, aber keine, die blos Gefühl wäre*[174], was im Zusammenhang zu sehen ist mit der Streichung im sechsten Abschnitt. Auch hier ist keine absolute Begründung für die Textveränderung zu liefern, eher ein Beziehungsgeflecht, das sich zusammensetzt aus der Kritik an Hanslicks Ausführungen über das Subjekt, der Polemik gegen seine Gefühlsnegation und schließlich der Einsicht in die Widersprüchlichkeit der Stelle, die das Subjekt ausscheidet und gleichzeitig den Typus des subjektiven Komponisten porträtiert. Eine weitere Motivation liefert Hanslick selbst in der neu hinzugesetzten Fußnote. Er verweist dort auf A. B. Marx' Beethovenmonographie, deren Hermeneutik, einer Erschließung der Biographie durch das Werk, A. W. Thayers Quellenforschungen widerlegt hätten. Dadurch wurde auch Hanslicks Deskription des subjektiven Komponierens hinfällig. Auch chronologisch ist diese Deutung aufrechtzuerhalten, weil Thayers Veröffentlichungen der sechsten Auflage des Traktats unmittelbar vorausgingen[175].

Im elften Abschnitt dieses Kapitels entfällt ab der sechsten Auflage die Bemerkung über Nägelis Nachweis der *Styllosigkeiten* bei Mozart[176]. Mehrere Gründe können dies veranlaßt haben. Hanslick hatte Mozart als idealen Opernkomponisten dargestellt, den er gegen Wagner ausspielte. Daher wäre durch diesen Vorwurf der Stillosigkeit, der in einem Abschnitt steht, der nur allgemein das Verhältnis von Stil und Architektonik darlegt, eine leichte Trübung dieses Mozartbildes entstanden. Des weiteren hätten sich Widersprüche zum Architekturbegriff des dritten Kapitels ergeben, dem Postulat *immer neuer symmetrischer Bildungen*[177]. Dem entsprechend ist auch der neue Text der sechsten Auflage zu lesen, der das Einheitsgebot lockert und *den Kontrast, die Episode und manche Freiheiten* zuläßt[178]. Diese Variante ist als genaues Gegenteil des früheren Textes zu verstehen, weil sie die angegriffenen Stillosigkeiten Mozarts, die nach Nägeli in diesen erweiterten Kategorien liegen, nun legitimiert.

Einen entscheidenden Grund für viele Änderungen der vierten Auflage (1874) lieferte H. Helmholtz' Buch *Die Lehre von den Tonempfindungen als physiologische Grundlage für die Theorie der*

167 O. Hostinsky, a. a. O., S. 8
168 Schon C. Dahlhaus hat darauf aufmerksam gemacht, bezog sich aber auf die Streichung im ersten Kapitel. C. Dahlhaus, a. a. O., S. 146.
169 Vgl. vorliegende Ausgabe S. 106f.
170 Ibid. S. 106
171 Ibid.
172 Vor allem von Fr. Stade, dessen Schrift von 1871 aber nicht direkt zu diesen Texteingriffen von 1881 geführt haben kann.
173 Vgl. vorliegende Ausgabe S. 107.
174 Ibid.
175 Diese datieren auf 1877 und 1879 und waren von Hanslick rezensiert worden.
176 Vgl. vorliegende Ausgabe S. 109.
177 Ibid. S. 94f.
178 Ibid. S. 109

Musik[179] von 1863, was sich besonders in diesem Kapitel niederschlug. Helmholtz wollte mit seinem Buch physiologische Rahmenbedingungen schaffen, die als Grundlage neben dem ästhetisch Möglichen stehen. In dem darin anklingenden Fortschrittsoptimismus war er Hanslick verwandt, so daß es nicht verwundert, daß er sich auf Hanslicks Ästhetik berief: *Inzwischen hat die Aesthetik der Musik in denjenigen Fragen, deren Entscheidung mehr auf psychologischen als auf sinnlichen Momenten beruht, unverkennbare Fortschritte gemacht, namentlich dadurch, daß man den Begriff der B e w e g u n g bei der Untersuchung der musikalischen Kunstwerke betont hat. E. Hans-lick hat in seinem Buche „ü b e r d a s M u s i k a l i s c h S c h ö n e" mit schlagender Kritik den falschen Standpunkt überschwänglicher Sentimentalität, von dem aus man über Musik zu theoretisieren liebte, angegriffen, und zurückgewiesen auf die einfachen Elemente der melodischen Bewegung.*[180] Nicht ohne Stolz zitiert Hanslick diesen Passus in seiner Autobiographie[181]. Auch in seinem Traktat integriert er einige Hinweise auf Helmholtz und streicht etliche Stellen, die nach Helmholtz' Untersuchung veraltet waren. Daß dies erst in der vierten Auflage von 1874 geschah, deutet auf die vermutlich späte Lektüre der Helmholtzschen Abhandlung oder die frühe Endredaktion der dritten Auflage. Für die Charakteristik des Traktats zeigt es, daß Hanslick noch lange daran arbeitete und aktuelle Forschungsergebnisse einbezog.

Unter diesen Prämissen ist etwa eine Streichung im 22. Abschnitt des vierten Kapitels zu sehen[182], in dem Hanslick von der Physiologie behauptet, noch keine Beiträge zu dem ästhetischen Problem, um das es ihm zu tun ist, geliefert zu haben, und deren Vorgehen er negativ bewertet. Die Beschreibung des Vorgehens der Physiologie läßt er – wohl unter dem Eindruck des Helmholtzschen Buches – ab der vierten Auflage (1874) weg.

Ebenso konzipiert er den 36. Abschnitt neu, wo er den physiologischen Weg der Musikrezeption nachvollziehen will und zum Resultat gelangt, die Physiologie gebe über Gefühlswirkungen keinen ausreichenden Aufschluß, zumindest nicht für ästhetische Fragen[183]. Die Quintessenz bleibt erhalten, doch werden einzelne Belege aus der Tonphysiologie auf den neuesten Stand gebracht. So verweist er schon im Haupttext auf Helmholtz' Buch, das die Wirkung des Tones auf die *Empfindung* darlege[184]. Auch die Konsonanz/Dissonanztheorie Helmholtz' übernimmt er[185]. Seine Kritik an der Physiologie jedoch, den Übergang von „Empfindung" zu „Gefühl" nicht erklären zu können, läßt er weiterhin unverändert. Die beiden ersten Fußnoten des Abschnitts, die ältere physiologische Arbeiten zitieren, fallen konsequenterweise ab der vierten Auflage von 1874 weg. Anstelle dessen erscheint der Verweis auf Helmholtz[186].

Der Text der Anmerkung, die ab der vierten Auflage (1874) dem 37. Abschnitt hinzugesetzt ist, ist nicht neu[187]. Es ist der Text des 41. Abschnitts, der, nach vorne gezogen, jetzt als Fußnote wiedergegeben wird. Begründet ist dies dadurch, daß Hanslick die Abschnitte 40–42 des Haupttextes, der Aussagen von Physiologen (Harleß, Lotze) sammelt, in der vierten Auflage gestrichen hat[188], vermutlich, weil diese Zitate nach Helmholtz' Untersuchungen veraltet waren. Nur die Ausführungen Lotzes bleiben in dieser umgestellten Fußnote erhalten.

Helmholtz' Untersuchung hatte auch die Umformulierung des 39. Abschnitts zur Folge, dessen substantielle Aussage, die die Physiologie an die Erforschung des Hörens verweist und ihre Insuffizienz für die Musikästhetik konstatiert, allerdings bestehen bleibt. Ab der vierten Auflage entfällt die Definition, die den Nutzen der Physiologie für die Musikwissenschaft auf den *Kreis*

[179] a. a. O.
[180] H. Helmholtz, a. a. O., S. 2
[181] E. Hanslick: *Aus meinem Leben*, a. a. O., I, S. 238f.
[182] Vgl. vorliegende Ausgabe S. 113.
[183] Ibid. S. 118ff.
[184] Ibid. S. 118f.
[185] Ibid. S. 120f.
[186] Ibid. S. 121
[187] Ibid. S. 122
[188] Ibid. S. 123f.

von *objektiven Anhaltspunkten, welche vor einschlägigen Fehlschlüssen bewahren*[189], einschränkt. Hanslick hatte wohl erkannt, daß Helmholtz' Ergebnisse damit nicht zu charakterisieren waren. Dessen Rückwirkung auf die Musiktheorie und die Musik selbst – etwa A. Schönbergs Diskussion der *Klangfarbenmelodie* und ihre Erprobung in dem Orchesterstück op. 16. 3 – haben dies nachträglich bewiesen.

8. Kapitel V

Die am wenigsten relevanten Veränderungen finden sich im fünften Kapitel, das „ästhetische" und „pathologische" Musikrezeption gegenüberstellt. Die Streichung der Fußnote des zweiten Abschnitts ist in Wirklichkeit nur Folge einer Umstellung dieses Textes, in dem Form, Inhalt und Gehalt behandelt werden[190]. Ab der vierten Auflage wird diese Anmerkung in den Haupttext genommen und zwischen den fünften und sechsten Abschnitt der Erstauflage eingegliedert[191]. Nur der erste Satz wird dabei etwas umformuliert.

In Analogie zu ähnlichen, Beethoven betreffenden Veränderungen, läßt Hanslick im 25. Abschnitt den Bezug auf Beethovens Symphonien weg und verweist nur noch auf die *vortrefflichste Symphonie*[192]. Dies kann allerdings auch textimmanente Gründe haben. Denn Hanslick erörtert in diesem Zusammenhang, daß unter gewissen Umständen, die er unter dem Begriff der *Naturwirkung* subsumiert, *ein Jodler* mehr bewirken könne *als jede Beethoven'sche Symphonie*[193]. Die dadurch ausgedrückte Abwertung Beethovens erschien Hanslick vielleicht zu blasphemisch. Dennoch bleibt zu bedenken, daß auch diese Änderung in der vierten Auflage (1874) vorgenommen wurde, nach der Wagnerschen Beethovenschrift, ähnlich den anderen Beethoven betreffenden Varianten, so daß dies als der primäre Grund erscheint.

Als geringfügige Variante kann der Austausch der Bedeutung von Ästhetik in demselben Abschnitt genommen werden. In der ersten Auflage ist der Begriff von Ästhetik noch weiter gefaßt. Danach ist für Hanslick nur der Bereich interessant, *welcher das Kunstschöne behandelt*[194], das heißt, er konzediert auch andere Teile innerhalb der Ästhetik. In der vierten Auflage bestimmt er Ästhetik enger als *Lehre vom Kunstschönen*[195]. Diese enge Definition lehnt sich an Hegel an. Dennoch wurden in den vor 1854 erschienenen Ästhetiken weit mehr Gebiete als die Kunstgattungen abgehandelt, sei es das Naturschöne, menschlich Schönes oder die Gartenbaukunst. Die historische Tendenz der Gleichsetzung von Ästhetik und Kunstphilosophie ist an dieser Variante deutlich abzulesen. Das Hanslickbild, das ihn auf ein invariantes Denken, an seinem Schönheitsbegriff orientiert, festlegen wollte, wird durch solche Details erschüttert.

9. Kapitel VI

Das sechste Kapitel, das die *Beziehungen der Tonkunst zur Natur* untersucht[196] und auf eine Vorveröffentlichung und einen Vortrag in Klagenfurt zurückdatiert – entstehungsgeschichtlich also der erste Beleg des Traktats –, wurde im Anfangsteil erheblich gekürzt. Auch hier ist Helmholtz' *Lehre von den Tonvorstellungen* maßgeblich gewesen. Der emendierte Teil bezieht sich

189 Vgl. vorliegende Ausgabe S. 123.
190 Ibid. S. 129f.
191 Ibid. S. 131f.
192 Ibid. S. 140
193 Ibid.
194 Ibid. S. 141
195 Ibid.
196 Ibid. S. 145

in der Erstausgabe auf bisherige akustische Untersuchungen, die als unterentwickelt abqualifiziert werden[197]. Durch Helmholtz' Schrift wurde dies hinfällig, so daß diese Sätze überflüssig wurden. Wenn auch Hanslick hier keinen Verweis auf Helmholtz anbringt, ist dessen Wirkung auch schon daran abzulesen, daß die Tilgung in der vierten Auflage von 1874 vonstatten ging, in der auch die anderen auf Helmholtz zurückzuführenden Varianten anzutreffen sind.

Noch offenkundiger wird dies im neunten Abschnitt, wo es um die Historizität des Tonsystems geht. Hier verweist Hanslick ab der vierten Auflage direkt auf Helmholtz' Schrift[198].

Die Quintessenz dieses Kapitels, es gebe für die Musik im Gegensatz zu anderen Künsten keine Naturvorbilder[199], wird in der sechsten Auflage an mehreren Stellen relativiert. So schreibt Hanslick im 12. Abschnitt den in der Natur vorkommenden Klängen keinen Musikcharakter zu, modifiziert dies aber in der sechsten Auflage durch den Zusatz, die Natur könne *für die ausgebildete menschliche Musik oft sehr kräftige Anregungen bieten*[200].

Der Hinweis auf Vischers Ästhetik und deren Darlegung des Naturbegriffs in der Fußnote zum 19. Abschnitt wurde in der zweiten Auflage (1858) gestrichen[201]. Als Grund wurde Hanslicks Ideosynkrasie gegen den Idealismus, vor allem nach R. Zimmermanns Rezension, angeführt[202]. Tatsächlich hatten aber Hanslick und Vischer, wie unter anderem in Hanslicks Autobiographie nachzulesen ist, große Sympathien füreinander[203]. Hanslick sollte sogar den speziellen musikästhetischen Teil in Vischers Ästhetik schreiben, was dann aufgrund der räumlichen Distanz nicht möglich war, als Gerücht aber von R. Wagner in Umlauf gesetzt wurde. Die Tilgung ist aus dem Nachsatz der Fußnote erklärlich, worin Hanslick sein Bedauern ausdrückt, daß der musikästhetische Teil der Vischerschen Ästhetik noch nicht ediert sei, was aber zur zweiten Auflage des Traktats von 1858 nachgeholt war, so daß dieser Text sinnlos wurde und die Streichung des ganzen Passus' zur Folge hatte.

Im 26. Abschnitt versucht Hanslick, anhand der Programmusik nachzuweisen, daß die Verbindung von Stoff und Musik nicht notwendig sei, wie deren Verfechter behaupten, sondern willkürlich. In der sechsten Auflage (1881) schränkt er seine Ausführungen ein. Der Satz, der die Unabhängigkeit und Selbständigkeit der Musik vom Stoff behauptet, wird relativiert, indem Hanslick diese Unabhängigkeit nur *für die ästhetische Betrachtung* fordert[204]. Außerdem setzt er zwei Möglichkeiten hinzu, wie der Komponist Stoff und Musik verbindet: eine irrationale, die den Stoff *auf eine unerforschliche Weise den Keim zur Erfindung jener Tonreihen* legen läßt, sowie eine pragmatische, die den Komponisten seinem Werk nachträglich einen Titel geben läßt[205]. Beide Varianten zeigen nicht unbedingt Hanslicks spätere Rückwendung zur Inhaltsästhetik, sondern dienen eher einer Präzisierung des Gemeinten, das ursprünglich leicht zu Mißverständnissen führte, ähnlich den Äußerungen über die Rolle des Gefühls. In der Forderung, für das ästhetische Urteil seien diese Zusammenhänge belanglos, bleibt Hanslick der alten Position treu, räumt allerdings eine gewisse außermusikalische Anregung ein, deren Weg nicht genau zu verfolgen und deren Irrelevanz für ästhetische Fragen somit offenkundig sei. Dementsprechend ist auch die Abschwächung anläßlich Berlioz' *König Lear* zu sehen, dessen Musik mit der inhaltlichen Vorstellung anfangs gar nicht, später *an und für sich* nicht zusammenhängt[206]. Freilich hatte sich

---

[197] Vgl. vorliegende Ausgabe S. 145.

[198] Ibid. S. 149

[199] Ibid. S. 154

[200] Ibid. S. 151

[201] Ibid. S. 154

[202] Vgl. R. Schäfke, a. a. O., S. 28.

[203] Vgl. E. Hanslick: *Aus meinem Leben*, a. a. O., I., S. 243. Dies bezeugt auch Hanslicks Aufsatz: *Begegnungen mit Fr. Th. Vischer*, in dem auch ein Brief Vischers, Hanslicks Traktat betreffend, abgedruckt ist. In: E. Hanslick: *Musikalisches und Literarisches*, a. a. O., S. 279

[204] Vgl. vorliegende Ausgabe S. 156.

[205] Ibid.

[206] Ibid. S. 157. Die Relativierung erfolgte in der fünften Auflage (1876).

die Programmusik trotz Hanslicks Bemühungen durchgesetzt, und diese stilistisch scheinende Variante wäre so als Konzession an den Zeitgeist zu verstehen.

Davon ist auch der Schluß betroffen, dem ab der sechsten Auflage (1881) eine längere Anmerkung beigegeben ist, in der Hanslick, auf O. Jahns Äußerungen über Programmusik gestützt, eine Anregung durch Naturlaute konzediert, gleichzeitig aber ihre freie Gestaltung als Zeichen *musikalischer Schönheit*[207] voraussetzt. Schon im vorangegangenen Haupttext hatte er in Varianten die Naturnachahmung, die er im Sinne der Romantik als poetisch ausgibt, vom spezifisch Musikalischen getrennt: durch den Verweis auf J. Pauls optische Wahrnehmung der Haydnschen *Jahreszeiten* (³1865), durch die Gegenüberstellung eines *direkten Nachbildens* und der Unmöglichkeit, *Naturstimmen direct zu wirklich musikalischen Zwecken verwenden zu können* (⁶1881) sowie die Zurücksetzung dieser Naturnachahmungen auf eine *blos beschreibende Tendenz* (⁶1881)[208]. R. Schäfkes Interpretation des Fußnotenzusatzes im Zusammenhang mit Hanslicks angeblicher Rückkehr zur Inhaltsästhetik[209] könnte aufgrund dieses Variantenbefundes geradezu umgekehrt werden: Hanslick hatte die Rolle der freien Gestaltung, was ihm Zeichen des *Musikalisch-Schönen* war, in seinen Texteingriffen sogar noch verstärkt, so daß von einer Wende zur Inhaltsästhetik nicht die Rede sein kann.

10. Kapitel VII

Hanslicks letztes Traktatkapitel, das die Form/Inhaltsproblematik aufgreift, war den Kritikern, die ihn als Formalästhetiker bezeichneten, der willkommene Anlaß zu dieser Etikettierung. Hanslick selbst hat diese Vorurteile nachträglich bestätigt. In einer Variante der dritten Auflage (1865) tauschte er in der Namensliste der Philosophen, die seine Position der Inhaltslosigkeit der Musik bestätigen sollten, Fr. Th. Vischer durch J. Fr. Herbart aus[210], der als Ziehvater der Formalästhetik galt. In der dazugehörigen Anmerkung verweist er auf R. Zimmermanns *Allgemeine Aesthetik als Formwissenschaft*, die sich an Herbart orientiert habe[211]. Zimmermann war der große Kontrahent Vischers in der Form-/Inhaltsdebatte. Er riet auch Hanslick dazu, sich vom deutschen Idealismus zu distanzieren, so daß sich daraus der Wegfall der Berufung auf Vischer ergibt. Durch seinen inhaltlich irrelevanten Beleg lieferte Hanslick aber seinen Gegnern die Beweise zum Formalismusvorwurf, der das größte Mißverständnis war, das die Schrift auslöste. Dies bestand entweder in der Vereinnahmung seitens der Formalästhetik (Zimmermann) oder der Ablehnung als Formalästhetik, ohne der divergenten Strömungen, die in Hanslicks Traktat vorliegen, gewahr zu werden. Auch die Forschung im 20. Jahrhundert hat nicht erkannt, daß dieses abschließende Kapitel nicht die Substanz seiner Ästhetik ausmacht. Während man sich befleißigte, für die jeweilige Neuinterpretation eilfertig aus Hanslicks Autobiographie zu zitieren, wurden dort gerade die Stellen übersehen, in denen Hanslick selbst die Problematik des Form-/Inhaltsbegriffes in der Musik erläutert[212].

Neben Zimmermann und Herbart wurden Lotze und Helmholtz ab der dritten Auflage (1865) in die Namensliste aufgenommen[213]. Die entscheidenden Änderungen, die auf deren, vor allem Helmholtz' physiologischen Untersuchungen beruhen, wurden aber erst in der vierten Auflage vorgenommen.

---

[207] Vgl. vorliegende Ausgabe S. 159.

[208] Ibid. S. 158

[209] R. Schäfke, a. a. O., S. 27

[210] Vgl. vorliegende Ausgabe S. 160.

[211] Ibid.

[212] *Das Wesen der Musik ist aber noch schwerer in philosophische Kategorien zu bannen, als das der Malerei, weil die entscheidenden Begriffe „Form" und „Inhalt" in der Musik nicht standhalten wollen . . .* Vgl. E. Hanslick: *Aus meinem Leben*, a. a. O., I, S. 243.

[213] Vgl. vorliegende Ausgabe S. 160.

Daß Hanslick selbst auf den Vorwurf des Formalismus reagierte, zeigt eine zunächst unbedeutend scheinende Kürzung im sechsten Abschnitt. Hanslick weist hier in der Erstfassung auf das zweite und dritte Kapitel zurück[214]. Deren Inhalt wird dabei kurz umrissen: das zweite sieht er in *seiner negativen Tendenz*, das dritte in den positiven Bestimmungen über das *rein formale Wesen der musikalischen Schönheit* charakterisiert[215]. Diese Erläuterungen fallen ab der vierten Auflage (1874) weg. Die Beschreibung des dritten Kapitels, das den Begriff des *Musikalisch-Schönen* behandelt, wird wohl zur Streichung veranlaßt haben, weil darin ein Bekenntnis zur Formalästhetik, das er vorher bezüglich anderer Autoren leistete, für seine eigene Schrift abzulesen war. Natürlich können auch stilistische Gründe die Kürzung motiviert haben, denn diese Sätze haben kommentierenden Charakter und tragen nichts Wesentliches zur Argumentation in diesem Zusammenhang bei.

Die Entwirrung der Begriffe „Inhalt", „Stoff", „Gegenstand", „Sujet" für die Musik, die Hanslick in diesem Kapitel vorschlägt[216], führt durch eine Variante der sechsten Auflage (1881) zur Begriffsverwirrung, wenn er Inhalt und Gegenstand wieder gleichsetzt[217]. Daß er den Inhalt letztlich mit dem Thema identifizierte, zeigt seine Historizität, des weiteren eine Anlehnung an eine Melodielehre, wie sie in der Musik und der zugehörigen Ästhetik seit der Romantik und Hegel dominierte. Durch seine eigene Begriffsvermischung wird aber deutlich, daß die als polemisch interpretierte These, wonach Inhalt und Gegenstand der Musik anfangs als *tönend bewegte Formen*[218] ausgegeben worden waren, nicht den von Abegg angenommenen Widerspruch darstellt[219]. Dieser Variante folgt in der gleichen Auflage eine Erweiterung des Themenbegriffs, den Hanslick als einzigen Repräsentanten des Inhalts entgegen der Präferenz der Durchführung in der Musiktheorie seiner Zeit bestimmte. Freilich war Hanslick davon nicht unbeeinflußt, wenn er das Thema als Ausgangspunkt aller möglichen Entwicklungen betrachtete. Dies zeigt auch eine Variante der sechsten Auflage an, die im Gegensatz zur Erstfassung die Weiterentwicklung des Themas als *freie Folge*[220] definiert.

Einen größeren Passus strich Hanslick im 20. Abschnitt dieses Kapitels. In der Erstfassung berief er sich dort auf Goethes Gehaltsbegriff, dessen Definition als *etwas Mystisches außer uns und über dem Gegenstand und Inhalt* er übernimmt und mit Ziffern (*45, 419*) belegt[221]. Ab der sechsten Auflage (1881) entfällt dies, wie Grimm[222] dargelegt hat, wegen des von E. Krüger übernommenen Belegs. Ergänzt werden muß, daß auch die Fortführung nach dem Goethezitat wegfiel, in der der Gehalt in der Tonkunst, zumindest ihren *höchsten Gebilden* als *gewaltige Offenbarung* ausgegeben wird[223]. Diese Stelle erschien Hanslick später vermutlich zu metaphysisch, so daß er den gesamten Passus mit dem Goetheschen Gehaltsbegriff, der mit seinem auch wenig harmonierte, strich.

Einer der wichtigsten Eingriffe des siebten Kapitels ist die Kürzung des letzten Abschnitts. Die Hanslickforschung hat bereits erläutert, daß R. Zimmermanns Rezension dafür verantwortlich ist. Idealistische, romantische Musikanschauung und die Theorie der Sphärenmusik werden hier synthetisiert. Als Schluß einer Abhandlung, die insofern als aufklärerisch gelten kann, als sie mit dem Mythos des Gefühls und seiner Rolle für die Ästhetik bricht, war dies denkbar ungeeignet. Darauf zielt Zimmermanns Kritik, die den Widerspruch zur Intention markierte[224]. Hanslick kürzte dar-

---

214 Vgl. vorliegende Ausgabe S. 163.
215 Ibid.
216 Ibid. S. 161f.
217 Ibid. S. 167
218 Ibid. S. 75
219 Vgl. W. Abegg, a. a. O., S. 50.
220 Vgl. vorliegende Ausgabe S. 167. Die Variante wäre im Kontext zur Ausdehnung der Stildefinition zu lesen, ibid. S. 109.
221 Ibid. S. 169
222 Grimm, a. a. O., S. 85. Vgl. oben S. 57f., 63
223 Vgl. vorliegende Ausgabe S. 169.
224 Vgl. R. Zimmermann: *Zur Aesthetik der Tonkunst*, a. a. O., S. 315, 2. u. 3. Spalte.

aufhin den Schluß, der an die Romantik und die Sphärenharmonie erinnerte[225], ließ aber den an Hegel orientierten Satz, der die Musik *mit allen anderen großen und schönen Ideen* in Verbindung brachte, in der zweiten Auflage (1858) stehen[226]. Erst in der dritten Auflage (1865) entfiel der Satz, so daß die Definition des Komponierens *als der freien Schöpfung des Geistes aus geistfähigem Material*[227], was die technische Seite betont, ihre idealistische Provenienz nicht verleugnet[228], als endgültiger Schluß des Traktats *Vom Musikalisch-Schönen* feststand.

11. Tendenzen

Die Tendenzen der Abhandlung *Vom Musikalisch-Schönen* aufzuzeigen, liefe auf eine neue Interpretation dieses Traktats hinaus. Dies bedürfte eines erweiterten Kommentars, der neben der Erläuterung der Varianten auch den alten Text unter diesem Blickpunkt stets berücksichtigte. So wären etwa die historischen Quellen, die im Traktat anklingen, die unbenannten Einflüsse der Musikanschauungen Kants, Hegels, Nägelis, Vischers u. a. und schließlich der historische Standpunkt Hanslicks zu dokumentieren. Dies konnte nicht die Aufgabe der vorliegenden Arbeit sein. Danach sind diese Tendenzen nicht unmittelbar für eine letztliche Deutung maßgeblich – soweit eine solche bei einem derartig polyvalenten Text überhaupt möglich ist –, erheischen sie nur und wären Gegenstand einer weiterführenden Untersuchung.

Demnach lassen sich Tendenzen nur unter dem Gesichtspunkt der Varianten feststellen, die ihrerseits wieder einen Blick auf historische Abläufe freigeben. Diese Tendenzen lassen sich unterteilen in sachliche und chronologische Aspekte.

Als sachliche Tendenzen wären anzuführen: der graduelle Übergang vom deutschen Idealismus zur Naturwissenschaft in der Orientierung des Wissenschaftsbegriffes; damit zusammenhängend die Tilgung idealistisch gefärbter Passagen; die Rücknahme des Trennungspostulates von Psychologie und Ästhetik – dem Text nach wenigstens –; die Konzessionen an den Zeitgeist, seien es stilistische Varianten wie die Eindeutschung oder sachlich-musikgeschichtliche wie die Relativierungen aufgrund der vorherrschenden Programmusik; die esoterische Argumentation gegen Wagner über den idealen Opernkomponisten Mozart oder über den von beiden Seiten vereinnahmten Beethoven; die Integration neuester Publikationen (Helmholtz, Jahn, Grillparzer u. a.); die Einwirkung der musikgeschichtlichen Weiterentwicklung nach 1854, besonders die Hegemonie der Neudeutschen; die Reaktion auf die Rezeption des Traktats, vor allem auf Kritik (Zimmermann, Lotze, Ambros, Lobe, Wagner, Stade, Hostinsky, Strauss); nicht zuletzt die Beseitigung von erkannten Widersprüchen.

Diese aufgeführten Punkte können natürlich nicht von der Zeit abgelöst werden. Hanslick konnte diese als sachlich gewerteten Varianten erst einarbeiten, wenn objektive Gründe vorlagen. Es ergibt sich folgendes Bild: Die meisten Änderungen wurden in der zweiten, dritten, vierten, sechsten und achten Auflage vorgenommen. Die Texteingriffe stehen in Korrelation zu den sachlichen Tendenzen. Die zweite Auflage, die die meisten Neukonzeptionen, vor allem zu Beginn, aufweist, ist, was ihre Varianten betrifft, als Reaktion auf Zimmermanns Kritik zu verstehen. Bei der dritten Auflage fällt eine solche Kategorisierung schwerer. Die vierte Auflage kann in bezug zu Helmholtz' Buch sowie zu Wagners Beethovenschrift gebracht werden. Die sechste Auflage ist charakterisiert durch die partielle Rücknahme der Trennung von Psychologie

---

225 Beides steht nicht in dem Gegensatz, den man, auf die Musikgeschichte gestützt, vorderhand annimmt. Noch F. W. J. v. Schellings *Philosophie der Kunst* synthetisiert diese divergenten Anschauungen in dem der Musik gewidmeten Teil. Vgl. F. W. J. v. Schelling, a. a. O.

226 Vgl. vorliegende Ausgabe S. 171.

227 Ibid.

228 Der Materialbegriff, der die ästhetische Diskussion bis Adorno beherrscht, wurde in extenso erstmals bei Hegel behandelt.

und Ästhetik und die Integration einiger Grillparzerzitate. In der achten Auflage sind vor allem stilistische Eingriffe – neben der Eindeutschung vieler Fremdwörter die Anpassung der Orthographie an den heute üblich gewordenen Standard – maßgeblich. Deutlich wird, daß etliche Auflagen (^{5}1876, ^{7}1885, ^{9}1896, ^{10}1902) weniger wichtige Änderungen aufweisen. Der jeweils beibehaltene Seitenumbruch belegt dies.

Der Abfolge des Textes nach sind die meisten wichtigen Varianten auf das Vorwort und die ersten drei Kapitel verteilt, die durch ihren polemischen Charakter die Kritik besonders provozierten und daher in Wechselwirkung den Dialog fortsetzten, indem sie auf die Kritik eingingen.

Diese Systematisierung hat allerdings den Nachteil aller Systeme: die Details werden vernachlässigt. Durch sie werden Hanslicks Varianten zwar überschaubar, doch wenig erklärt, was nur im Nachvollziehen des Einzelnen statthaben kann. Die Erklärung erforderte den umgekehrten, induktiven Weg, vom Detail aufs Ganze zu schließen. Dazu müßte eine weitere Erläuterung treten, die das Nachlassen der Texteingriffe nach 1881 erklärt. Es läßt auf Hanslicks Resignation angesichts des Durchbruchs der Neudeutschen schließen[229].

---

[229] In seiner Autobiographie wehrt sich Hanslick gegen einen ähnlich formulierten Vorwurf Max Nordaus, gesteht aber: *Nachdem ich durch vier Dezennien mich über Wagner sattsam ausgesprochen hatte, war meine Aufgabe beendet. Neues ist über Wagner kaum mehr zu sagen.* E. Hanslick: *Aus meinem Leben*, a. a. O., II, S. 233. Mit S. Freud könnte man Hanslicks Antwort als *Gestus der Verneinung* bezeichnen, die Nordaus Vermutung, damit der These der späteren Resignation Hanslicks, Recht gäbe.

V. Materialien

Wird jeden Montag Morgens ausgegeben.

Preis: Ganzjährig 1 fl. 20 kr. Halbjährig 40 kr. CM.

Oesterreichische
Blätter für Literatur und Kunst.

Beilage zur Oesterreichisch-Kaiserlichen Wiener Zeitung.

Montag, den 25. Juli 1853.

№ 30.

Ueber den subjektiven Eindruck der Musik und seine Stellung in der Aesthetik *)
Von Dr. Eduard Hanslick.

I.

Erachten wir es gleich als Prinzip und erste Aufgabe der musikalischen Aesthetik, daß sie die usurpirte Herrschaft des Gefühls unter die berechtigte der Schönheit stelle, so behaupten doch die affirmativen Aeußerungen des Fühlens im praktischen Musikleben eine zu auffallende und wichtige Rolle, um durch bloße Unterordnung abgethan zu werden.

Nachdem nicht das Gefühl, sondern die Phantasie, als Thätigkeit des reinen Schauens, das Organ ist, aus welchem und für welches alles Kunstschöne entsteht, so erscheint auch das musikalische Kunstwerk als ein von unserm Fühlen nicht bedingtes, spezifisch ästhetisches Gebild, das die wissenschaftliche Betrachtung abgelöst von dem psychologischen Beiwerk seines Entstehens und Wirkens in seiner inneren Beschaffenheit erfassen muß. In der Wirklichkeit erweist sich aber dies begrifflich von unserem Fühlen unabhängige, selbstständige Kunstwerk als wirksame Mitte zwischen zwei lebendigen Kräften: seinem Woher und seinem Wohin, d. i. dem Komponisten und dem Hörer. In dem Seelenleben dieser Beiden kann die künstlerische Thätigkeit der Phantasie, nicht so zu reinem Metall ausgeschieden sein, wie sie in dem fertigen, unpersönlichen Kunstwerk vorliegt, — vielmehr wirkt sie dort stets in enger Wechselbeziehung mit Gefühlen und Empfindungen. Das Fühlen wird somit vor und nach der Schöpfung des Kunstwerks, vorerst im Tondichter, dann im Hörer eine Bedeutung behaupten, der wir unsere Aufmerksamkeit nicht entziehen dürfen.

Betrachten wir den Komponisten. Ihn wird während des Schaffens eine gehobene Stimmung erfüllen, wie sie zur Befreiung des Schönen aus dem Schacht der Phantasie kaum entbehrlich gedacht werden kann. Daß diese gehobene Stimmung, nach der Individualität des Künstlers, mehr oder minder die Färbung des werdenden Kunstwerks annehmen, daß sie bald hoch, bald mäßiger fluthen wird, nie aber bis zum überwältigenden Affekte, der das künstlerische Hervorbringen vereitelt, daß die klare Besinnung hierbei wenigstens gleiche Wichtigkeit behauptet mit der Be-

geisterung, — dies sind bekannte, der allgemeinen Kunstlehre angehörige Bestimmungen. Was speziell das Schaffen des Tonsetzers betrifft, so muß festgehalten werden, daß es ein stetes Bilden ist, ein Formen in Tonverhältnissen. Nirgend erscheint die Souveränetät des Gefühls, welche man so gern der Musik andichtet, schlimmer angebracht, als wenn man sie im Komponisten während des Schaffens voraussetzt, und dieses als ein begeistertes Extemporiren auffaßt. Die schrittweis vorgehende Arbeit, durch welche ein Musikstück, das dem Tondichter anfangs nur in Umrissen vorschwebte, bis in die einzelnen Takte zur bestimmten Gestalt ausgemeißelt wird, allenfalls gleich in der empfindlich vielgestaltigen Form des Orchesters, ist so besonnen und komplizirt, daß sie kaum verstehen kann, wer nicht selbst einmal Hand daran gelegt. Nicht blos etwa fugirte oder kontrapunktische Sätze, in welchen wir abmessend Note gegen Note halten, das fließendste Rondo, die melodiöseste Arie erfordert, was unsere Sprache bedeutsam nennt, ein "Ausarbeiten" ins Kleinste. Die Thätigkeit des Komponisten ist eine in ihrer Art plastische und jener des bildenden Künstlers vergleichbar. Eben so wenig als dieser darf der Tondichter mit seinem Stoff unfrei verwachsen sein, denn gleich ihm hat er ja sein (musikalisches) Ideal objektiv hinzustellen, zur reinen Form zu gestalten.

Das dürfte von Rosenkranz vielleicht übersehen worden sein, wenn er den Widerspruch bemerkt aber ungelöst läßt, warum die Frauen, welche doch von Natur vorzugsweise auf das Gefühl angewiesen sind, in der Komposition nichts leisten? *) Der Grund liegt, — außer den allgemeinen Bedingungen, welche Frauen von geistigen Hervorbringungen ferner halten — eben in dem plastischen Moment des Komponirens, das eine Entäußerung der Subjektivität nicht minder, wenn gleich in verschiedener Richtung erheischt, als die bildenden Künste. Wenn die Stärke und Lebendigkeit des Fühlens wirklich maßgebend für das Tondichten wäre, so würde der gänzliche Mangel von Komponistinnen neben so zahlreichen Schriftstellerinnen und Malerinnen schwer zu erklären sein. Nicht das Gefühl komponirt, sondern die speziell musikalische, künstlerisch geschulte Begabung. Ergötzlich klingt es daher,

*) Fragment einer größeren Arbeit.

*) Rosenkranz Psychologie, 2. Aufl. S. 60.

wenn J. L. Schubart die „meisterhaften Andantes"
des Komponisten Staniß ganz ernsthaft als eine natürliche „Folge seines gefühlvollen Herzens" darstellt [**]
oder Christian Rolle versichert „ein leutseliger, zärt-
licher Charakter mache uns geschickt, langsame Sätze
zu Meisterstücken zu bilten." [***]

Ohne innere Wärme ist nichts Großes, noch Schönes im Leben vollbracht worden. Das Gefühl wird
beim Tondichter, wie bei jedem Dreten, sich reich
entwickelt vorfinden, nur ist er nicht der schaffende
Faktor in ihm. Gesetzt selbst, ein starkes, bestimmtes Pathos erfülle ihn gänzlich, so wird dasselbe Anlaß und Weihe manches Kunstwerks werden, allein, —
wie wir aus der Natur der Tonkunst wissen, welche
einen bestimmten Affekt darzustellen weder die Fähigkeit nach den Beruf hat, — niemals dessen Gegenstand.

Ein inneres Singen, nicht ein inneres Fühlen
treibt den musikalisch Talentirten zur Erfindung eines
Tonstücks. Es ist Regel, daß die Komposition rein
musikalisch erdacht wird, und ihr Charakter kein
Ergebniß der persönlichen Gefühle des Komponisten ist.
Nur ausnahmsweise extemporirt dieser die Melodien
als Ausdruck eines bestimmten, ihn eben erfüllenden
Affektes. Der Charakter dieses Affektes, einmal vom
Kunstwerk aufgesetzt, interessirt aber sodann nurmehr
als musikalische Bestimmtheit, als Charakter des
Stücks, nicht mehr des Komponisten.

Wir haben die Thätigkeit des Komponirens als ein
Bilden aufgefaßt; als solches ist sie wesentlich objektiv. Der Tonsetzer formt ein selbstständiges
Schöne. Der unendlich ausdrucksfähige, geistige Stoff
der Töne läßt es zu, daß die Subjektivität des in ihnen Bildenden sich in der Art seines Formens aus-
präge. Da schon den einzelnen musikalischen Elementen
ein charakteristischer Ausdruck eignet, so werden vorherrschende Charakterzüge der Komponisten: Sentimentalität, Energie, Nettigkeit usw. durch die konsequente Bevorzugung gewisser Tonarten, Rhythmen, Ueber-
gänge recht wohl nach den allgemeinen Momenten
abdrücken, welche die Musik wiederzugeben fähig
ist. Was der gefühlvolle und was der geistreiche Komponist bringt, der graziöse oder der erhabene, ist zuerst und vor Allem Musik (objektives Gebilde).
Prinzipiell untergeordnet bleibt das subjektive Moment immer, nur wird es nach Verschiedenheit der
Individualität in ein verschiedenes Größenverhältniß
zu dem objektiven treten. Man vergleiche vorwiegend
subjektive Naturen, denen es um Aussprache ihrer gewaltigen oder sentimentalen Innerlichkeit zu thun ist,
(Beethoven, Spohr) im Gegensatz zu klar Formenden,
(Mozart, Mendelssohn). Ihre Werke werden sich
von einander durch unverkennbare Eigenthümlichkei-
ten unterscheiden, und als Gesammtbild die Individualität ihrer Schöpfer abspiegeln, doch wurden
sie alle, die einen wie die andern, als selbstständiges
Schöne, rein musikalisch um ihretwillen erschaffen, und
erst innerhalb der Grenzen dieses künstlerischen Bildens
mehr oder weniger subjektiv ausgestattet. Ins Extrem
gesteigert, läßt sich daher wohl eine Musik denken,
welche blos Musik, aber keine, die blos Gefühl wäre.

[**] Schubart „Ideen zu einer Aesthetik der Ton-
kunst" 1806.
[***] „Neue Wahrnehmungen zur Aufnahme der Musik."
Berlin 1784. S. 102.

Nicht das thatsächliche Gefühl des Komponisten,
als eine blos subjektive Affektion, ist es, was die
gleiche Stimmung in den Hörern wachruft. Räumt
man der Musik solch' eine zwingende Macht ein, so
anerkennt man dadurch etwas Objektives in ihr, denn
nur dieses zwingt in allem Schönen. Dies Objektive sind hier die musikalischen Bestimmtheiten
eines Tonstücks. Streng ästhetisch können wir von irgend einem Thema sagen: es klinge stolz oder trübe,
nicht aber: es sei ein Ausdruck der stolzen oder trüben
Gefühle des Komponisten. Noch ferner liegen dem
Charakter eines Tonwerkes die sozialen und politischen
Verhältnisse, welche seine Zeit beherrschten. Jener
musikalische Ausdruck des Themas ist nothwendige Folge seiner so und nicht anders gewählten Ton-
faktoren, daß diese Wahl aus psychologischen oder kul-
turgeschichtlichen Ursachen hervorging, müßte an dem
bestimmten Werke (nicht blos aus Jahreszahl und Ge-
burtsort) nachgewiesen werden, und nachgewiesen, wäre
dieser Zusammenhang zunächst eine lediglich historische
oder biographische Thatsache. Die ästhetische Betrachtung kann sich auf keine Umstände stützen, die
außerhalb des Kunstwerkes selbst liegen.

So gewiß die Individualität des Komponisten in
seinen Schöpfungen einen symbolischen Ausdruck finden
wird, so irrig wäre es, aus diesem persönlichen
Moment Begriffe ableiten zu wollen, die eine wahrhafte Begründung nur in der Objektivität des
künstlerischen Bildens finden. Dahin gehört der Begriff des Styls [*].

Wir möchten den Styl in der Tonkunst von Seite
seiner musikalischen Bestimmtheiten aufgefaßt
wissen, als die vollendete Technik, wie sie im Ausdruck
des schöpferischen Gedankens als Gewöhnung erscheint.
Der Meister bewahrt „Styl" indem er die klar er-
faßte Idee verwirklichend, alles Kleinliche, Unpassende,
Triviale wegläßt und so in jeder technischen Einzel-
heit die künstlerische Haltung des Ganzen übereinstimmend wahrt. Mit Vischer (Aesthetik §. 527) würden wir das Wort „Styl" auch in der Musik abso-
lut gebrauchen, absehend von den historischen oder
individuellen Eintheilungen, sagen: Dieser Komponist
hat Styl, in dem Sinne als man von Jemand
sagt, er hat Charakter.

Die architektonische Seite des musikalisch
Schönen tritt bei der Stylfrage recht deutlich in den
Vordergrund. Eine höhere Gesetzlichkeit, als die der
blosen Proportion, wird der Styl eines Tonkunst
durch einen einzigen Takt verletzt, der an sich untadel-
haft, nicht zum Ausdruck des Ganzen stimmt. Genau
so wie eine unpassende Arabeske im Bauwerk, nennen
wir stylos eine Kadenz, oder Modulation, welche als
Inkonsequenz aus der einheitlichen Durchführung des
Grundgedankens abspringt. Einen äußerst richtigen
Blick hat Nägeli bewahrt, als er in einigen Instrumentalwerken von Mozart „Styllosigkeiten"
nachwies und dabei nicht vom Charakter des Kompo-

[*] Irrig ist deshalb Forkel's Ableitung der verschiedenen musikalischen Schreibarten aus „den Ver-
schiedenheiten zu denken," wonach der Styl jedes
Komponisten darin seinen Grund hat, daß der
schwärmerische, der aufgeblasene, der kalte, künstliche und redanische Mann in dem Zusammenhang
seiner einzigen Gedanken Schwulst und unerträgliche Emphas
ßls bringt, oder trotzig und affektirt ist." („Theorie
der Musik" 1777. S. 23.)

nisten, sondern von objektiv musikalischen Bestimmungen ausging, freilich ohne den Begriff selbst zu erklären oder zu begründen.

In der Komposition eines Musikstückes findet
daher eine Entäußerung des eigenen, persönlichen Affektes nur insoweit Statt, als es die Grenzen einer
vorherrschend objektiven, formenden Thätigkeit zulassen.

Der Akt, in welchem die unmittelbare Ausströmung
eines Gefühls in Tönen vor sich gehen kann, ist nicht
sowohl die Erfindung eines Tonwerkes, als vielmehr
die Reproduktion desselben. Daß für den philosophischen Begriff das temponirte Tonstück, ohne
Rücksicht auf dessen Aufführung, das fertige Kunstwerk ist, darf uns nicht hindern, die Spaltung der
Musik in Komposition und Reproduktion, eine der
folgenreichsten Spezialitäten unserer Kunst, überall zu
beachten, wo sie zur Erklärung eines Phänomens beiträgt.

In der Untersuchung des subjektiven Eindrucks der
Musik macht sie sich ganz vorzugsweise geltend. Dem
Spieler ist es gegönnt, sich des Gefühls, das ihn
eben beherrscht, unmittelbar durch sein Instrument zu
befreien und in seinen Vortrag das wilde Stürmen,
das sehnliche Ausbrennen, die heitere Kraft und Freude
seines Innern zu hauchen. Schon das körperlich
Innige, das durch meine Fingerspitzen die innere
Bebung unvermittelt an die Saite drückt oder dem
Bogen reißt, oder gar im Gesange selbsttönend wird,
macht den persönlichsten Erguß der Stimmung im
Musiziren recht eigentlich möglich. Eine Subjektivität
wird hier unmittelbar in Tönen tönend wirksam,
nicht blos stumm in ihnen schlafend. Der Komponist
schafft langsam, unterbrochen, der Spieler in einem
unaufhaltsamen Flug; der Komponist für das Bleiben,
der Spieler für den erfüllten Augenblick. Das Tonwerk wird geformt, die Aufführung erleben wir.
So liegt denn das Gefühlsentäußernde und erregende
Moment der Musik in Reproduktionsakt, welcher den
elektrischen Funken aus dunklem Geheimniß lockt und
in das Herz der Zuhörer überspringen macht. Freilich
kann der Spieler nur das bringen, was die Komposition enthält, allein diese erwartet wenig mehr als die
Richtigkeit der Noten. „Der Geist des Tondichters
sei es ja nur, den der Spieler errathe und offenbare"
— wohl, aber eben dies Aneignung im Moment des
Wiederschaffens ist sein, des Spielers, Geist. Dasselbe Stück beleidigt oder entzückt, je nachdem es zu
tönender Wirklichkeit belebt wird. Es ist wie derselbe
Mensch, einmal in seiner verklärendsten Begeisterung,
das andremal in mißmuthiger Alltäglichkeit aufgefaßt.
Die künstlichste Spieluhr kann das Gefühl des Hörers
nicht bewegen, doch der einfachste Musikant wird es,
wenn er mit voller Seele bei seinem Liede ist.
Zur höchsten Unmittelbarkeit befreit sich die Offenbarung eines Seelenzustandes durch Musik, wo Schöpfung und Ausführung in Einen Akt zusammenfallen.
Dies geschieht in der freien Phantasie. Wo diese
nicht mit formell künstlerischer, sondern mit vorwiegend
subjektiver Tendenz (pathologisch in höherem Sinn)
auftritt, da kann der Ausdruck, welchen der Spieler
den Tasten entlockt, ein wahres Sprechen werden. Wer
dies censurfreie Sprechen, dies entfesselte Sichselbstge-
ben mitten im strengen Bannkreise je an sich erlebt
hat, der wird ohne Weiters wissen, wie da Liebe,
Eifersucht, Wonne und Leid unverhüllt und doch un-
fehnbar hinausrauschen aus ihrer Nacht, ihre Feste
feiern, ihre Sagen singen, ihre Schlachten schlagen,
bis der Meister sie zurückruft, beruhigend, beunruhigend.

Durch die entbundene Bewegung des Spielers theilt
sich der Ausdruck des Gespielten dem Hörer mit.
Wenden wir uns zu diesem.

Wir sehen ihn von einer Musik ergriffen, froh oder
wehmüthig bewegt, weit über das blos ästhetische
Wohlgefallen hinaus im Innersten emporgetragen oder
erschüttert. Die Existenz dieser Wirkungen ist unläug-
bar, wahrhaft und echt, ist die höchsten Grade errei-
chend, zu bekannt endlich, als daß wir ihr ein be-
schreibendes Verweilen widmen dürften. Es handelt
sich hier nur um zweierlei: worin im Unterschied von
andern Gefühlsbewegungen der spezifische Charakter
dieser Gefühlserregung durch Musik liegt und
wieviel von dieser Wirkung ästhetisch sei?

Müssen wir auch das Vermögen, auf die Gefühle zu
wirken, allen Künsten ausnahmslos zuerkennen; so
ist doch der Art und Weise, wie die Musik es aus-
übt, etwas Spezifisches, nur ihr Eigenthümliches
zuzusprechen. Musik wirkt auf den Gemüthszustand
rascher und intensiver, als irgend ein anderes Kunstschöne. Mit wenigen Akkorden können wir einer Stimmung überliefert sein, welche ein Gedicht erst durch
längere Exposition, ein Bild durch anhaltendes Hin-
eindenken erreichen würde, obgleich diesen beiden, im
Vortheil gegen die Tonkunst der ganze Kreis der Vorstellungen dienstbar ist, von welchen unser Denken die
Gefühle von Lust oder Schmerz abhängig weiß. Nicht
nur rascher, auch unmittelbarer und intensiver ist die
Einwirkung der Töne. Die andern Künste überreden,
die Musik überfällt uns. Diese ihre eigenthümliche Gewalt auf unser Gemüth erfahren wir am stärksten,
wenn wir uns in einem Zustand größerer Aufregung
oder Herabstimmung befinden.

In Gemüthszuständen, wo weder Gemälde, noch
Gedichte, weder Statuen noch Bauten mehr im Stande
sind, uns zu theilnehmender Aufmerksamkeit zu reizen,
wird Musik noch Macht über uns haben, ja gerade
heftiger als sonst. Wer in schmerzhaft aufgeregter
Stimmung Musik hören oder machen muß, dem
schwingt sie wie Essig in der Wunde. Keine Kunst
kann da so tief und scharf in unsere Seele schneiden.
Form und Charakter des Gehörten verlieren ganz
ihre Bedeutung, sei es nächtigtrübes Adagio oder ein
hellfunkelnder Walzer, wir können uns nicht loswinden
von seinen Klängen, ja nicht mehr das Tonstück fühlen, sondern die Töne selbst, die Musik als ge-
staltete dämonische Gewalt, wie sie mit Zauberaugen
glühend an die Nerven unseres ganzen Leibes rückt *).

Als Goethe in hohem Alter noch einmal die Gewalt der Liebe erfuhr, da erwachte in ihm zugleich
eine nie gekannte Empfänglichkeit für Musik. Er schreibt
über jene wunderbaren Marienbader Tage (1823) an
Zelter: „Die ungeheure Gewalt der Musik auf mich
in diesen Tagen! Die Stimme der Milder, das Klang-
reiche der Szymanowska, ja sogar die öffentlichen Exhi-
bitionen des hiesigen Jägerkorps falten mich auseinander, wie man ein geballte Faust freundlich flach
läßt. Ich bin völlig überzeugt, daß ich im ersten Takte
deiner Singakademie den Saal verlassen müßte." Zu
einsichtsvoll, um nicht den großen Antheil nervöser
Aufregung in dieser Erscheinung zu erkennen, schließt
Goethe mit den Worten: „Du würdest mich von einer
krankhaften Reizbarkeit heilen, die denn doch eigent-

---

*) Briefwechsel, 3. B:. S. 332.

lich als die Ursache jenes Phänomens anzusehen ist." Diese Beobachtungen müssen uns schon aufmerksam machen, daß in den musikalischen Wirkungen auf das Gefühl ein fremdes, nicht rein ästhetisches Element mit im Spiele sei. Eine rein ästhetische Wirkung wendet sich an die volle Gesundheit des Nervenlebens, und zählt auf kein krankhaftes Mehr oder Weniger desselben.

Die intensive Einwirkung der Musik auf gesunde und ihre alleinige Einwirkung auf krankhafte Nervensysteme vindizirt ihr in der That einen Machtüberschuß vor den anderen Künsten. Wenn wir aber die Natur dieses Machtüberschusses untersuchen, so erkennen wir, daß er ein qualitativer sei und daß die eigenthümliche Qualität auf physiologischen Bedingungen ruhe. Der sinnliche Faktor, der bei jedem Schönheitsgenuß den geistigen trägt, ist bei der Tonkunst größer, als in den andern Künsten. Die Musik, durch ihr körperloses Material die geistigste, von Seite ihres gegenstandlosen Formenspiels die sinnliche Kunst, zeigt in dieser geheimnißvollen Vereinigung zweier Gegensätze ein lebhaftes Assimilationsbestreben mit den Nerven, diesen nicht minder räthselhaften Organen des unsichtbaren Telegraphendienstes zwischen Leib und Seele.

(Schluß folgt.)

Ueber den subjektiven Eindruck der Musik und seine Stellung in der Aesthetik

Von Dr. Eduard Hanslick.

I.

(Schluß.)

Die intensive Wirkung der Musik auf das Nervenleben ist als Thatsache von der Psychologie wie von der Physiologie vollständig anerkannt. Leider fehlt noch eine ausreichende Erklärung derselben. Es vermag die Psychologie nimmermehr das magnetisch Zwingende des Eindrucks zu ergründen, den gewisse Akkorde, Klangfarben und Melodien auf den ganzen Organismus des Menschen üben, weil es dabei zuvörderst auf eine spezifische Reizung der Nerven ankommt. Eben so wenig hat die im Triumph fortschreitende Wissenschaft der Physiologie etwas Entscheidendes über unser Problem gebracht und pflegt bei der Untersuchung des Hörens vielmehr den Schall und Klang überhaupt, als insbesondere den musikalisch verwendeten, im Auge zu haben.

Was die musikalischen Monographen dieses Zwittergegenstandes betrifft, so ziehen sie es fast durchgängig vor, die Tonkunst durch Ausbreitung glänzender Schaustücke in einen imposanten Nimbus von Wunderthätigkeit zc. bringen, als in wissenschaftlicher Forschung den Zusammenhang der Musik mit unserm Nervenleben auf sein Wahres und Merkwürdiges zurückzuführen. Dies allein aber thut uns Noth, und weder die Ueberzeugungstreue eines Doktor Albrecht, welcher seinen Patienten Musik als schweißtreibendes Mittel verschrieb, noch .. Unglaube Oersted's, der das Heulen eines Hundes bei gewissen Tonarten durch rationelle Prügel erklärt, mittelst welcher derselbe zum Heulen abgerichtet worden sei *).

*) „Der Geist in der Natur." III. 9.

Manchem Musikfreund dürfte es unbekannt sein, daß wir eine ganze Literatur über die körperlichen Wirkungen der Musik und deren Anwendung zu Heilzwecken besitzen. An interessanten Kuriositäten reich, doch in der Beobachtung unzuverlässig, in der Erklärung unwissenschaftlich, suchen die meisten dieser Musik-Mediziner eine sehr zusammengesetzte und beiläufige Eigenschaft der Tonkunst zu selbstständiger Wirksamkeit aufzustellen.

Von Pythagoras her (der nach Caelus Aemilianus) zuerst Wunderkuren durch Musik in Kalabrien verrichtete bis auf unsere Tage taucht zeitweilig immer wieder, mehr durch neue Beispiele als durch neue Ideen bereichert, die Lehre auf, man könne die aufregende oder lindernde Wirkung der Töne auf den körperlichen Organismus als Heilmittel gegen zahlreiche Krankheiten in Anwendung bringen. Peter Lichtenthal erzählt uns ausführlich in seinem „Musikalischen Arzt" wie durch die Macht der Töne Gicht, Hüftweh, Epilepsie, Starrsucht, Pest, Fieberwahnsinn, Konvulsionen, Nervenfieber, ja sogar „Dummheit (stupiditas)" geheilt worden sei *).

Rücksichtlich der Begründung ihrer Theorie lassen sich diese Schriftsteller in zwei Klassen theilen. Die Einen argumentiren vom Körper aus und gründen die Heilkraft der Musik auf die physische Einwirkung der Schallwellen, welche sich durch den Gehörnerven den übrigen Nerven mittheile und durch solch' allgemeine Erschütterung eine heilsame Reaktion des gestörten Organismus hervorrufe. Die Affekte, welche zugleich sich bemerkbar machen, seien nur eine Folge dieser nervösen Erschütterung, indem Leidenschaften nicht bloß körperliche Veränderungen hervorrufen, sondern diese auch ihrerseits die ihnen entsprechenden Leidenschaften zu erzeugen vermögen.

Nach dieser Theorie, welcher (unter dem Vortritt des Engländers Webb) Nicolai, Schneider, Lichtenthal, J. J. Engel, Sulzer u. A. anhängen, würden wir durch die Tonkunst nicht anders bewegt, als etwa unsere Fenster und Thüren, die bei einer starken Musik zu zittern beginnen. Als unterstützend werden Beispiele angeführt, wie der Bediente Boyle's, dem die Zähne zu bluten anfingen, sobald er eine Säge wetzen hörte, oder viele Personen, welche beim Kratzen einer Messerspitze auf Glas Konvulsionen bekommen.

Das ist nun keine Musik. Daß diese mit jenen so heftig auf die Nerven wirkenden Erscheinungen dasselbe Substrat, den Schall theile, wird uns für spätere Folgerungen wichtig genug werden, hier ist — einer materialistischen Ansicht gegenüber — lediglich hervorzuheben, daß die Tonkunst erst da anfange, wo jene isolirten Klangwirkungen aufhören, daß die Wehmuth in welche ein Adagio den Hörer versetzen kann mit der körperlichen Empfindung eines schrillen Mißklangs gar nicht zu vergleichen ist.

*) Die höchste Konfusion erreichte diese Lehre bei dem berühmten Arzt Baptista Porta, welcher die Begriffe von Medizinalpflanze und Musikinstrument kombinirte und die Wassersucht mit einer Flöte heilte, die aus den Stengeln des Helleborus verfertigt war. Ein aus dem populus verfertigtes Musikinstrument sollte Hüftschmerzen, ein aus Zimmtrohr gezeichnetes Ohnmachten heilen.
(Encyclopédie article „musique.")

Die andere Hälfte unserer Autoren (unter ihnen Rausch und die meisten Aesthetiker) erklärt die heilkräftigen Wirkungen der Musik von der psychologischen Seite aus. Musik, — so argumentiren sie — erzeugt Affekte und Leidenschaften in der Seele, Affekte haben heftige Bewegungen im Nervensystem zur Folge, heftige Bewegungen im Nervensystem verursachen eine heilsame Reaktion im kranken Organismus. Dies Raisonnement, auf dessen Sprung gar nicht erst hingedeutet zu werden braucht, wird von der genannten idealen „psychologischen" Schule gegen die frühere materielle so standhaft verfochten, daß sie, unter der Autorität des Engländers Whyt, sogar aller Physiologie zu Trotz den Zusammenhang des Gehörnervs mit den übrigen Nerven läugnet, wornach eine körperliche Uebertragung des durch das Ohr empfangenen Reizes auf den Gesammtorganismus freilich unmöglich wird.

Der Gedanke, durch Musik bestimmte Affekte, als Liebe, Wehmuth, Zorn, Entzücken, in der Seele zu erregen, welche den Körper durch wohlthätige Aufregung heilen, klingt so übel nicht. Uns fällt dabei stets das köstliche Parere ein, welches einer unserer berühmtesten Naturforscher über die sogenannten „Goldberger'schen elektromagnetischen Ketten" abgab. Er sagte: es sei nicht ausgemacht, ob ein elektrischer Strom gewisse Krankheiten zu heilen vermöge, — das aber sei ausgemacht, daß die „Goldberger'schen Ketten" keinen elektrischen Strom zu erzeugen im Stande sind. Auf unsere Tondoktoren angewandt, heißt dies: Es ist möglich, daß bestimmte Gemüthsaffekte eine glückliche Krisis in leiblichen Krankheiten herbeiführen, — allein es ist nicht möglich, durch Musik beliebige Gemüthsaffekte hervorzubringen.

Darin kommen beide Theorien, die psychologische und die physiologische überein, daß sie aus bedenklichen Voraussetzungen noch bedeutlichere Ableitungen folgern und endlich die bedenklichste praktische Schlußfolgerung daraus ziehen. Logische Ausstellungen mag sich eine Heilmethode etwa gefallen lassen, aber daß sich bis jetzt nur immer kein Arzt bewegen findet, einen Typhuskranken in Meyerbeers „Propheten" zu schicken, oder statt der Lanzette ein Waldhorn herauszuziehen, das ist gewiß unangenehm.

Die körperliche Wirkung der Musik ist weder an sich so stark, noch so sicher, noch von psychischen und ästhetischen Voraussetzungen so unabhängig, noch endlich so willkürlich behandelbar, daß sie als wirkliches Heilmittel in Betracht kommen könnte. Jede mit Beihilfe von Musik vollführte Kur trägt den Charakter eines Ausnahmsfalls, dessen Gelingen niemals der Musik allein zuzuschreiben war, sondern zugleich von speziellen, vielleicht ganz individuellen körperlichen und geistigen Bedingungen abhing. Es däucht uns sehr bemerkenswerth, daß die einzige Anwendung von Musik, welche wirklich in der Medizin vorkommt, nämlich in der Behandlung von Irrsinnigen, vorzugsweise auf die geistige Seite des musikalischen Wirkung reflektirt. Die moderne Psychiatrie verwendet bekanntlich Musik in vielen Fällen und mit glücklichen Erfolgen. Dieser beruht aber weder auf der materiellen Erschütterung des Nervensystems, noch auf der Erregung von Leidenschaften, sondern auf dem besänftigend aufheiternden Einfluß, welchen das halb zerstreuende, halb fesselnde Tonspiel auf ein verdüstertes oder überreiztes Gemüth auszuüben vermag. Lauscht der Geisteskranke auch dem Sinnlichen, nicht dem Künstlerischen des Tonstücks, so steht er doch, da er mit Auf-

merksamkeit hört, schon auf einer, wenn gleich untergeordneten Stufe ästhetischer Auffassung.

Was nun alle diese musikalisch-medizinischen Werke für die richtige Erkenntniß der Tonkunst beitragen? Die (schon durch ihre bloße Existenz dargethane) Thatsache einer von jeher beobachtenden starken physischen Erregung bei allen durch Musik hervorgerufenen „Affekten" und „Leidenschaften." Steht einmal fest, daß ein integrirender Theil der durch Musik erzeugten Gemüthsbewegung physisch ist, so folgt weiter, daß dies Phänomen als wesentlich in unserm Nervenleben vorkommend, auch von dieser seiner körperlichen Seite erforscht werden müsse. Es kann demnach der Musiker über dies Problem sich keine wissenschaftliche Ueberzeugung bilden, ohne sich mit den Ergebnissen bekannt zu machen, bei welchen der gegenwärtige Standpunkt der Physiologie in Untersuchung des Zusammenhangs der Musik mit den Gefühlen hält.

Verfolgen wir, ohne Benutzung des anatomischen Details, den Gang, welchen eine Melodie nehmen muß, um auf unsere Gemüthsstimmung zu wirken. Zuerst treffen die Töne den Gehörnerv. Die Physiologie, in Verbindung mit der Anatomie und Akustik weisen die Bedingungen nach, unter welchen unser Ohr einen Ton vernehmen kann oder nicht, wie viel Luftschwingungen zum höchsten oder tiefsten wahrnehmbaren Ton erforderlich sind, in welcher Stärke und Schnelligkeit sich diese Luftstöße zum Akustikus fortpflanzen. Diese und ähnliche dahin gehörende Kenntnisse darf die Aesthetik voraussehen. Nicht der entstehende, sondern erst der fertige, vom Ohre aufgenommene Ton und dieser erst in Verbindung mit andern, gehört ihr an. Der Weg vom vibrirenden Instrument bis zum Gehörnerv ist, vollends für das ästhetische Interesse, hinreichend aufgeklärt, obwohl schon hier die Schwierigkeit hemmend eintritt, daß wir am menschlichen Ohr nicht experimentiren können und mit akustischen Apparaten uns begnügen müssen[*]. Unerklärt ist der Nervenprozeß, wodurch die perzipirte Tonreihe, Lust oder Unlust erzeugend, zum Gefühl wird. Die Physiologie weiß, daß das, was wir als Ton empfinden, eine Molecularbewegung in der Nervensubstanz ist, und zwar wenigstens eben so gut als im Akustikus in den Centralorganen[**]. Sie weiß, daß die Fäsern des Gehörnervs mit anderen Nerven zusammenhängen, und seine Reize auf sie übertragen, daß das Gehör namentlich mit dem kleinen und großen Gehirn, dem Kehlkopf, der Lunge, dem Herzen in Verbindung stehe. Unbekannt ist, ihr aber die spezifische Art, wie Musik auf diese Nerven wirkt, noch mehr die Verschiedenheit, mit welcher bestimmte musikalische Faktoren, Akkorde, Rhythmen, Instrumente auf verschiedene Nerven wirken. Wer theilt sich eine musikalische Gehörsempfindung auf alle mit dem Akustikus zusammenhängenden Nerven, oder nur auf einige? Mit welcher Intensität, mit welcher Schnelligkeit? Von welchen musikalischen Elementen wird das Gehirn, von welchen die zum Herzen oder zur Lunge sich den Nerven am meisten affizirt? Un-

[*] „Die inneren Theile des Ohrs sind so klein und liegen so tief in der unmittelbaren Nachbarschaft der wesentlichen Lebenswerkzeuge verborgen, daß sich keine Versuche an ihnen anstellen lassen."
G. Valentin, Physiologie I. S., Zweite Auflage.

[**] Vergl. R. Wagner's Handwörterbuch der Physiologie, Artikel „Hören," S. 312.

langbar ist, daß Tanzmusik in jungen Leuten, deren
natürliches Temperament nicht durch die Uebung der
Civilisation ganz zurückgehalten wird, ein Zucken im
Körper namentlich in den Füßen hervorruft. Es wäre
einseitig, den physiologischen Einfluß von Marsch-
und Tanzmusik zu läugnen, und ihn lediglich auf psychologische Ideenassociation reduciren zu
wollen. Was daran psychologisch ist, — die wachgerufene
Erinnerung an das schon bekannte Vergnügen des Tan-
zes, — entbehrt nicht der Erklärung, allein diese reicht
für sich keineswegs aus. Nicht weil sie Tanzmusik
ist, hebt sie die Füße, sondern sie ist Tanzmusik,
weil sie die Füße hebt. Wer in der Oper ein wenig
um sich blickt, wird bald bemerken, wie bei lebhaften,
faßlichen Melodien die Damen unwillkürlich mit dem
Kopfe hin- und herschaukeln, nie wird man dies aber
bei einem Adagio sehen, sei es so ergreifend oder
melodisch. Läßt sich daraus schließen, daß gewisse musikalische, namentlich rhythmische Verhältnisse auf mo-
torische Nerven wirken, andere nur auf Empfindungs-
nerven? Wann ist das erstere, wann das letztere der
Fall? *) Erleidet das Solargeflecht, welches tradi-
tionell für einen vorzugsweisen Sitz des Empfindens gilt,
bei der Musik eine besondere Affektion? Erleiden sie
etwa die „sympathetischen Nerven" (— denen, wie
der geistreiche Purkinje uns bemerkt, ihr Name
das schönste ist —)? Warum ein Klang schrillend,
widerwärtig, ein anderer rein und wohllautend erscheine,
das wird auf akustischem Wege durch die Gleichförmig-
keit oder Ungleichförmigkeit der aufeinanderfolgenden
Luftstöße erklärt. Mit der einfachen Empfindung
hat der Aesthetiker es nicht zu thun, er verlangt nach
der Erklärung des Gefühls und fragt: wie kommt
es, daß eine Reihe von wohlklingenden Tönen
den Eindruck der Trauer, eine zweite von gleichfalls wohlklingenden Tönen den Eindruck der Freude
mache? Woher die entgegengesetzten, oft mit zwingen-
der Kraft auftretenden Stimmungen, welche verschiedene Akkorde oder Instrumente von gleich reinem, wohlklingenden Ton dem Hörer unmittelbar einflößen?

Dies alles kann, — so weit unser Wissen und Urtheil reicht, — die Physiologie nicht beantworten. Wie
sollte sie auch? Weiß sie doch nicht, wie der Schmerz
die Thräne erzeugt, wie die Freude das Lachen, —
weiß sie doch nicht, was Schmerz und Freude sind?
Hüte sich deshalb Jeder, von einer Wissenschaft Aufschlüsse zu verlangen, die sie nicht geben kann.

Freilich muß der Grund jedes durch Musik hervorgerufenen Gefühls vorerst in einer bestimmten Affek-
tionsweise der Nerven durch einen Gehöreindruck liegen. Wie aber eine Reizung des Gehörnervs, die wir
nicht einmal bis zu dessen Ursprungsstelle verfolgen können, als bestimmte Empfindungsqualität ins Bewußtsein fällt, wie der körperliche Eindruck zum Seelenzu-
stand, die Empfindung endlich zum Gefühle wird, —

*) Wenn Carus den Reiz zur Bewegung damit er-
klärt, daß er den Nerven im kleinen Gehirn ent-
springen läßt, in dieses den Sitz des Willens ver-
legt und aus diesen die eigenthümliche Wirkungen der Gehöreindrücke auf Handlungen des Menschen u. a. ableitet, so ist dies ein Beweis aus Hy-
pothesen. Denn nicht einmal die Abstammung
des Gehörnervs aus dem kleinen Gehirn ist
eine wissenschaftlich ausgemachte Thatsache.
Harleß vindicirt der bloßen Wahrnehmung
des Rhythmus, ohne allen Gehöreindruck, denselben Trieb zu Bewegungen wie der rhythmischen
Musik, was uns der Erfahrung zu widersprechen
scheint.

das liegt jenseits der dunkeln Brücke, die von keinem
Forscher überschritten ward. Es sind tausendfältige
Umschreibungen des Einen Räthsels: vom Zusammenhang des Leibes mit der Seele. Diese Sphynx
wird sich niemals ins Wasser stürzen.

Was die Physiologie der Musikwissenschaft bietet,
ist ein Kreis von objektiven Anhaltspunkten, welche
vor einschlägigen Fehlschlüssen bewahren. Mancher Fortschritt in Erkenntniß der durch Gehöreindrücke her-
vorgebrachten Erscheinungen kann durch die Physiologie noch geschehen, in der musikalischen Hauptfrage
wird dies nicht leicht der Fall sein.

Hierüber mögen die Aussprüche zweier der geistvoll-
sten Physiologen der Gegenwart Platz finden, die überdies der Musik ein aufmerksameres Interesse zuwenden
als es die Männer dieser Wissenschaft zu haben
pflegen.

Hr. Lotze sagt in seiner „medizinischen Psychologie" (S. 270): „Die Betrachtung der Melodien
würde zu dem Geständniß führen, daß wir gar
nichts über die Bedingungen wissen, unter
denen ein Uebergang des Nerven aus einer Form der
Erregung in die andere eine physische Grundlage für
die kraftvollen ästhetischen Gefühle bietet, die der Ab-
wechslung der Töne folgen." Ferner über den Eindruck
von Lust oder Unlust, den selbst ein einfacher Ton auf
das Gefühl ausüben kann (S. 236): „Es ist uns
völlig unmöglich, gerade für diese Eindrücke einfacher
Empfindungen einen physiologischen Grund anzugeben,
da uns die Richtung, in welcher sie die Nerventhätig-
keit verändern, zu unbekannt ist, als daß wir aus ihr
die Größe der Begünstigung oder Störung, die sie erfährt, abzuleiten vermöchten."

E. Harleß spricht sich über die Bedingungen, von
welchen eine Lösung unserer Frage nothwendig auszugehen hatte, in R. Wagners „Handwörterbuch der
Physiologie" (24. und 25. Lieferung 1850) also aus:
„Es ist nicht allein die Unkenntniß der Funktion,
welche die einzelnen Theile des Gehörapparates in physikalischer Beziehung haben, sondern noch vielmehr die
allgemeinen Verhältnisse der Nerven und ihr Zusammenhang mit den Centralorganen in physiologischer
Beziehung, was alles noch in einem tiefen Dunkel
liegt."

Aus diesen physiologischen Resultaten ergibt sich für
die Aesthetik der Tonkunst die Betrachtung, daß diejenigen Theoretiker, welche das Prinzip des Schönen
in der Musik auf deren Gefühlswirkungen bauen,
wissenschaftlich verloren sind, weil sie über das Wesen
dieses Zusammenhangs nichts wissen können, also
besten Falls nur darüber zu rathen oder zu phantasiren
vermögen. Vom Standpunkte des Gefühls wird eine
künstlerische oder wissenschaftliche Bestimmung der Musik niemals ausgehen können. Mit der Schilderung
der subjektiven Bewegungen, welche den Kritiker bei
Anhörung einer Symphonie überkommen, wird er deren
Werth und Bedeutung nicht begründen, eben so wenig
kann er von den Affekten ausgehend den Kunstjünger
etwas lehren. Letzteres ist wichtig. Denn stünde der
Zusammenhang bestimmter Gefühle mit gewissen musikalischen Ausdrucksweisen so zuverlässig da, als man
geneigt ist zu glauben, und als er bestehen müßte, um
die ihm vindizirte Bedeutung zu behaupten, so wäre
es ein Leichtes, den angehenden Komponisten bald zur
Höhe ergreifendster Kunstwirkung zu leiten. Man
wollte dies auch wirklich. Matheson lehrt im dritten
Kapitel seines „vollkommenen Kapellmeisters", wie
Stolz, Demuth und alle Leidenschaften zu komponiren
seien, indem er z. B. sagt, die „Erfindungen" zur

Eifersucht müssen „alle was Verdrießliches, Grimmiges und Klägliches haben." Ein anderer Meister des vorigen Jahrhunderts, Heinichen, gibt in seinem „Generalbaß" acht Bogen Notenbeispiele wie die Musik „rasende, zankende, prächtige, ängstliche oder verliebte Empfindungen" ausdrücken solle *). Es fehlt nur noch, daß derlei Vorschriften mit der Kochbuch-Formel „Man nehme" anhuben, oder mit der medizinischen Signatur m. d. s. endigten. Es holt sich aus solchen Bestrebungen die lehrreichste Ueberzeugung wie spezielle Kunstregeln immer zugleich zu eng und zu weit sind.

Diese an sich bodenlosen Regeln für die musikalische Erweckung bestimmter Gefühle gehören jedoch um so weniger in die Aesthetik, als die erstrebte Wirkung keine rein ästhetische, sondern ein unausscheidbarer Antheil daran körperlich ist. Das ästhetische Rezept mußte lehren, wie der Tonkünstler das Schöne in der Musik erzeuge, nicht aber beliebige Affekte im Auditorium. Wie ganz ohnmächtig diese Regeln wirklich sind, das zeigt am schönsten die Erwägung, wie zaubermächtig sie sein müßten. Denn wäre die Gefühlswirkung jedes musikalischen Elementes eine nothwendige und erforschbare, so könnte man auf dem Gemüth des Hörers, wie auf einer Klaviatur spielen. Und falls man es vermöchte, — wurde das Aufgabe der Kunst dadurch gelöst? So nur lautet die berechtigte Frage und verneint sich von selbst. Musikalische Schönheit allein ist das Ziel des Tonkünstlers. Auf ihren Schultern schreitet er sicher durch die reißenden Wogen der Zeit, in denen das Gefühlsmoment ihm keinen Strohhalm bietet vorm Ertrinken.

Man sieht, unsre beiden Fragen, — nämlich, welches spezifische Moment die Gefühlswirkung durch Musik auszeichnen, und ob dies Moment wesentlich ästhetischer Natur sei? — erledigen sich durch die Erkenntniß ein und desselben Faktors: Der intensiven Einwirkung auf das Nervensystem. Auf dieser beruht die eigenthümliche Stärke und Unmittelbarkeit, mit welcher die Musik im Vergleich mit jeder andern nicht durch Töne wirkenden Kunst, Affekte aufzuregen vermag.

Je stärker aber eine Kunstwirkung körperlich überwältigend, also pathologisch auftritt, desto geringer ist ihr ästhetischer Antheil. Dies ist der Satz, der sich freilich nicht umkehren läßt. Es muß darum in der musikalischen Hervorbringung und Auffassung ein anderes Element hervorgehoben werden, welches das unvermischt Aesthetische dieser Kunst repräsentirt, und als Gegenbild zu der spezifisch-musikalischen Gefühlserregung, sich den allgemeinen Schönheitsbedingungen der vorigen Künste annähert. Dies ist die reine Anschauung. Ihre besondere Erscheinungsform in der Tonkunst, so wie die vielgestaltigen Verhältnisse, welche sie in der Wirklichkeit zum Gefühlsleben eingeht, mag unser zweiter (zugleich letzte) Aufsatz zu beleuchten versuchen.

---

*) Wunderschön sind die Belehrungen des Herrn geheimen Raths und Doktors der Philosophie, v. Böcklin, welcher S. 34 seiner „Fragmente zur höhern Musik" unter Anderem sagt: »Angenommen, der Komponist wolle einen Beleidigten darstellen, so muß in dieser Musik ganz ästhetische Wärme auf Wärme, Schlag auf Schlag, ein erhabener Gesang mit zuberster Lebhaftigkeit hervorspringen, die Mittelstimmen raten und schaudervolle Stöße den erwartungsvollen Zuhörer schrecken.«

Ueber den subjektiven Eindruck der Musik und seine Stellung in der Aesthetik

Von Dr. Eduard Hanslick.

II. (Schluß.)

Nichts hat die wissenschaftliche Entwicklung der musikalischen Aesthetik so empfindlich gehemmt, als der übermäßige Werth, welchen man in die Wirkungen der Musik auf die Gefühle beilegte. Je auffallender sich diese Wirkungen zeigten, desto höher pries man sie als Herolde musikalischer Schönheit. Wir haben im Gegentheil gesehen, daß gerade den überwältigendsten Eindrücken der Musik der stärkste Antheil körperlicher Erregung von Seite des Hörers beigemischt ist. Von Seite der Musik liegt diese heftige Eindringlichkeit in das Nervensystem eben so wenig in ihrem künstlerischen Moment, das ja aus dem Geiste kommt, und an den Geist sich wendet, — sondern in ihrem Material, dem die Natur jene unergründlich physiologische Wahlverwandtschaft eingeboren hat. Das Elementarische der Musik, der Klang und die Bewegung ist es was die wehrlosen Gefühle so vieler Musikfreunde in die Ketten schlägt, mit denen sie so gerne klirren. Weit sei es von uns, die Rechte des Gefühls an die Musik verkürzen zu wollen. Allein dies Gefühl, welches thatsächlich mehr oder minder mit der reinen Anschauung paart, kann nur dann als künstlerisch gelten, wenn es sich seiner ästhetischen Herkunft bewußt bleibt, d. h. der Freude an einem und zwar gerade diesem, bestimmten Schönen. Fehlt dies Bewußtsein, fehlt die freie Anschauung des bestimmten Kunstschönen und fühlt das Gemüth sich von der Naturgewalt der Töne befangen, so kann die Kunst zu solchem Eindruck um so weniger zu Gute schreiben, je stärker er auftritt. Die Zahl derer, welche auf solche Art Musik hören oder eigentlich fühlen, ist sehr bedeutend. Indem sie das Elementarische der Musik in passiver Empfänglichkeit auf sich wirken lassen, gerathen sie in eine vage nur durch den Charakter des Tonstücks bestimmte übersinnlich-sinnliche Erregung. Ihr Verhalten gegen die Musik ist nicht anschauend, sondern pathologisch; ein stetes Dämmern, Fühlen, Schwärmen, ein Hangen und Bangen in klingendem Nichts. Lassen wir an dem Gefühlsmenschen mehrere Tonstücke gleichen, etwas rauschend fröhlichen Charakters, vorbeiziehen, so wird er in dem Banne desselben Eindrucks bleiben. Nur was diesen Stücken gleichartig ist, also die Bewegung des rauschend Fröhlichen assimilirt sich seinem Fühlen, während das Besondere jeder Tondichtung, das künstlerisch Individuelle seiner Auffassung entschwindet. Gerade umgekehrt wird der musikalische Zuhörer verfahren. Die eigenthümliche künstlerische Gestaltung einer Komposition, das, was sie unter einem Dutzend ähnlich wirkender zum selbstständigen Kunstwerk stempelt, erfüllt sein Aufmerken so vorherrschend, daß er ihrem gleichen oder verschiedenen Gefühlsausdruck nur geringes Gewicht beilegt. Das isolirte Aufnehmen eines abstrakten Gefühlsinhaltes anstatt der konkreten Kunsterscheinung ist in solcher Ausbildung der Musik gar eigenthümlich. Nur die Gewalt einer besonderen Beleuchtung erscheint mir nicht letzten analog, wenn sie Manchen so ergreift, daß er über die beleuchtete Landschaft selbst sich gar keine Rechenschaft zu geben vermag. Eine unmotivirte und darum desto eindring-licere Totalempfindung wird in Bausch und Bogen eingesogen *).

Haltlos in ihrem Fauteuil geschmiegt, lassen jene Enthusiasten von den Schwingungen der Töne sich tragen und schaukeln, statt sie scharfen Blickes zu betrachten. Wie das stark und stärker anschwillt, nachläßt, aufjauchzt oder auszittert, das versetzt sie in einen unbestimmten Empfindungszustand, den sie für rein geistig zu halten so unschuldig sind. Sie bilden das „tonkranke" Publikum, und dasjenige, welches geeignet ist, die Würde der Musik am sichersten zu diskreditiren. Das ästhetische Merkmal des geistigen Genusses geht ihrem Hören ab; eine feine Cigarre, ein pikanter Leckerbissen, ein laues Bad leistet ihnen unbewußt, was eine Symphonie. Vom gedankenlos gemächlichen Dösen der Einen bis zur tollen Verzückung der Andern ist das Prinzip dasselbe: die Lust am Elementarischen der Musik. Die neue Zeit hat übrigens eine herrliche Entdeckung gebracht, welche für Hörer, die ohne alle Geistesbethätigung nur den Gefühlsniederschlag der Musik suchen, diese Kunst weit überbietet. Wir meinen den Schwefeläther. In der That zaubert uns die Aethernarkose einen höchst angenehmen, wachsenden, den ganzen Organismus systematisch durchbebenden Rausch, — ohne die Gemeinheit des Weintrinkens, welches auch nicht ohne musikalische Wirkung ist.

Die Werke der Tonkunst reihen sich für solche Auffassung zu den Naturprodukten, deren Genuß uns entzückt, aber nicht zwingen kann zu denken, einem bewußt schaffenden Geiste nachzudenken. Der süße Athem eines Akazienbaums läßt sich auch geschlossenen Auges, träumend einsaugen. Hervorbringungen menschlichen Geistes verwehren sich das durchaus, wenn sie nicht eben auf die Stufe sinnlicher Naturreize herabsinken sollen.

In keiner andern Kunst ist dies so hohen Grades möglich, als in der Musik, deren sinnliche Seite einen geistlosen Genuß wenigstens zuläßt. Sehen das Verrauschen derselben, während die Werke der übrigen Künste bleiben, gleicht in bedenklicher Weise dem Akt des Verzehrens.

Ein Bild, eine Kirche, ein Drama lassen sich nicht schlucken, eine Arie sehr wohl. Darum gibt auch der Genuß keiner andern Kunst sich zu solch accessorischem Dienst der. Die besten Kompositionen können als Tafelmusik gespielt werden und die Verdauung der Pascha erleichtern. Musik ist die zudringlichste und

_____

*) Der verliebte Herzog in Shakespeares „Twelfth night" ist eine poetische Personifikation solchen Musikhörens. Er sagt:

„If music be the food of love, play on. —

„O, it came o'er my ear like the sweet south.

„That breathes upon a bank of violets.

„Stealing and giving odour.—

Und später, im 2. Akt, ruft er:

„Give me some music now.

„Methought it did revive my passion much" etc.

**) Wird von dem Neapolitanischen Sänger Palma u. v. A. erzählt (Anecdotes of music, by A. Burgh 1814.)

auch wieder die nachsichtigste Kunst. Die jammerlichste Leierorgel, so sich vor unserem Haus postirt, muß man hören, aber zuzuhören braucht man selbst einer Mendelssohn'schen Symphonie nicht.

Aus diesen Betrachtungen ergibt sich leicht die richtige Werthschätzung für die sogenannten „moralischen Wirkungen" der Musik, die als glänzendes Seitenstück zu den im ersten Artikel erwähnten „physischen" von älteren Autoren mit so viel Vorliebe herausgestrichen werden. Da hiebei die Musik nicht im Entferntesten als ein Schönes genossen, sondern als rohe Naturgewalt empfunden wird, die bis zu besinnungslosem Handeln treibt, so stehen wir an dem geraden Widerspiel alles Aesthetischen. Ueberdies liegt das Gemeinschaftliche dieser angeblich „moralischen" Wirkungen mit den anerkannt physischen zu Tage.

Der drängende Gläubiger, der durch die Töne seines Schuldners bewogen wird, ihm die ganze Summe zu schenken **), ist dazu nicht entfernter als der Rasende, den ein Walzermotiv plötzlich zum Tanz begeistert. Der Erstere wird mehr durch die geistigeren Elemente: Harmonie und Melodie, der Zweite durch den sinnlicheren Rhythmus bewegt. Keiner von beiden handelt aber aus freier Selbstbestimmung, keiner überwältigt durch geistige Ueberlegenheit oder ethische Schönheit, sondern in Folge befördernder Nervenreize.

Die Musik löst ihnen die Füße oder das Herz, gerade so wie der Wein die Zunge. Solche Siege predigen nur die Schwäche des Besiegten.

Ein Erleiden unmotivirter ziel- und stoffloser Affekte durch eine Macht, die in keinem Rapport zu unserm Wollen und Denken steht, ist des Menschengeistes unwürdig. Wenn vollends Menschen in so hohem Grade von dem Elementarischen einer Kunst sich hinreißen lassen, daß sie ihres freien Handelns nicht mehr mächtig sind, so scheint uns dies weder ein Ruhm für die Kunst noch viel weniger für die Helden selbst.

Die Musik hat diese Bestimmung keineswegs, allein ihr intensives Gefühlsmoment macht es möglich, daß sie in solcher Tendenz genossen werde. Dies ist der Punkt, in welchem die ältesten Anklagen gegen die Tonkunst ihre Wurzel haben: daß sie entnerve, verweichliche, erschlaffe.

Wo man Musik als Erregungsmittel „unbestimmter Affekte" macht, als Nahrung des „Fühlens" an sich, da wird jener Vorwurf nur zu wahr. Beethoven verlangte, die Musik solle dem Mann „Feuer aus dem Geiste schlagen." Wohlgemerkt, soll." Ob nicht selbst ein Feuer, das durch Musik erzeugt und genährt wird, die willensstarke, denkkräftige Entwicklung des Mannes hemmend zurückhält?

Jedenfalls scheint uns diese Anlage des musikalischen Einflusses würdiger als dessen übermäßige Lobpreisung. Sowie die physischen Wirkungen der Musik im geraden Verhältniß stehen zu der krankhaften Gereiztheit des ihnen entgegenkommenden Nervensystems, so wächst der moralische Einfluß der Töne mit der Unkultur des Geistes und Charakters. Je kleiner der Widerhall der Bildung, desto gewaltiger das Dreinschlagen solcher Macht. Die stärkste Wirkung übt Musik bekanntlich auf Wilde.

Das schreckt unsere Musik-Ethiker nicht ab. Sie beginnen, gleichsam präludirend, am liebsten mit zahlreichen Beispielen, „wie sogar die Thiere" sich der Macht der Tonkunst beugen. Es ist wahr, der Ruf der Trompete erfüllt das Pferd mit Muth und Schlachtbegier, die Geige begeistert den Bären zu Balletversuchen, die zarte Spinne *) und der plumpe Elephant

_____

122

bewegen sich horchend bei den geliebten Klängen. Ist es denn aber wirklich so ehrenvoll, in solcher Gesellschaft Musik-Enthusiast zu sein?

Auf die Thierproductionen folgen die menschlichen Kabinetsstücke. Sie sind meist im Geschmack Alexander des Großen, welcher durch das Saitenspiel des Timotheus zuerst wüthend gemacht, hierauf durch den Gesang des Antigenides wieder besänftigt wurde. So ließ ein nicht minder bekannte König von Dänemark Kreus bonus, um sich von der gepriesenen Gewalt der Musik zu überzeugen, einen berühmten Musikus spielen, und zuvor alles Gewehr entfernen. Der Künstler versetzte durch die Wahl seiner Modulationen alle Gemüther zuerst in Traurigkeit, dann in Frohsinn. Letzteren mußte er bis zur Raserei zu steigern. „Selbst der König brach durch die Thür, griff zum Degen und brachte von den Umstehenden vier ums Leben." Und das war noch der „gute Erich." (Albert Krantzius, Dan. lib. V., cap. 3.)

Wären solche „moralische Wirkungen" der Musik noch an der Tagesordnung, so käme man unseres Erachtens vor innerer Empörung gar nicht dazu, sich über die Herrennatur vernünftig auszusprechen, welche in souveräner Exterritorialität den Menschengeist, unbekümmert um dessen Gedanken und Entschlüsse bezwingt und verwirrt.

Die Betrachtung jedoch, daß die berühmtesten dieser musikalischen Trophäen dem grauen Alterthum angehören, macht wohl geneigt, der Sache einen historischen Standpunkt abzugewinnen.

Es leidet gar keinen Zweifel, daß die Musik bei den alten Völkern eine weit unmittelbarere Wirkung äußerte wie gegenwärtig, weil die Menschheit eben in ihren primitiven Bildungsstufen dem Elementarischen viel verwandter und preisgegebener ist, als später, wo Bewußtsein und Selbstbestimmung in ihr Recht treten. Dieser natürlichen Empfänglichkeit kam der eigenthümliche Zustand der Musik im Römischen und Griechischen Alterthum hilfreich entgegen. Sie war nicht Kunst in unserem Sinn. Klang und Rhythmus wirkten in ihrer vereinzelter Selbständigkeit und vertraten in dürftigem Vordringen die Stelle der reichen, geisterfüllten Formen, welche die gegenwärtige Tonkunst bilden. Alles was von der Musik jener Zeit bekannt ist, deutet mit Gewißheit auf ein bloß sinnliches, darür aber in dieser Beschränkung verfeinertes Wirken derselben schließen. Musik in der modernen, künstlerischen Bedeutung gab's nicht im klassischen Alterthum, sonst hätte sie für die spätere Entwicklung eben so wenig verloren gehen können, als die klassische Dichtkunst, Plastik und Architektur verloren gegangen sind. Die Vorliebe der Griechen für ein gründliches Studium ihrer ins Subtilste zugespitzten Tonverhältnisse gehört als eine rein wissenschaftliche nicht hierher.

Der Mangel an Harmonie, die Befangenheit der Melodie in den engsten Grenzen recitativischen Ausdruck; endlich die Entwicklungsunfähigkeit des alten Tonsystems zu wahrhaft musikalischem Gestaltenreichthum machten eine absolute Bedeutung der Musik als Tonkunst im ästhetischen Sinne unmöglich; sie ward

auch fast niemals selbstständig, sondern stets in Verbindung mit Poesie, Tanz und Mimik angewandt, mithin als eine Ergänzung der andern Künste. Musik hatte nur den Beruf durch rhythmischen Pulsschlag und Verschiedenheit der Klangfarben zu beleben; endlich als intensive Steigerung recitirender Deklamation Worte und Gefühle zu kommentiren. Die Tonkunst wirkte daher lediglich nach ihrer sinnlichen und ihrer symbolischen Seite. Auf diese beiden Faktoren hingedrängt, mußte sie dieselben durch solche Koncentration zu großer, ja raffinirter Wirksamkeit ausbilden. Die Zuspitzung des melodischen Materials bis zur Anwendung der Vierteltöne und des „enharmonischen Tongeschlechts" hat die heutige Tonkunst eben so wenig mehr aufzuweisen, als den charakteristischen Sonderausdruck der Tonarten und ihr enges Anschmiegen an das gesprochene oder gesungene Wort.

Diese gesteigerten tonischen Verhältnisse der Alten fanden für ihren engen Kreis überdies eine viel größere Empfänglichkeit in den Hörern vor. Wie das Griechische Ohr unendlich feinere Intervallen-Unterschiede zu fassen fähig war, als es das unsere in der schwebenden Temperatur aufzuringen ist, so war auch das Gemüth jener Völker der wechselnden Umstimmung durch Musik weit zugänglicher und begehrlicher, als wir, die an dem künstlerischen Bilden der Tonkunst ein kontemplatives Gefallen hegen, das deren elementarischen Einfluß paralysirt. So erscheint denn eine intensivere Wirkung der Musik im Alterthum wohl begreiflich.

Desgleichen ein bescheidener Theil der Historien, die uns von der speziellen Wirkung der verschiedenen Tonarten bei den Alten überliefert sind. Sie gewinnen einen Erklärungsgrund in der strengen Scheidung, mit welcher die einzelnen Tonarten zu bestimmten Zwecken gewählt und unvermischt erhalten wurden. Die dorische Tonart brauchten die Alten für ernste, namentlich religiöse Anlässe; mit der phrygischen feuerten sie die Heere; die lodische bedeutete Trauer und Wehmuth, und die aeolische erklang, wo es in Liebe oder Wein lustig herging. Durch diese strenge, bewußte Trennung von vier Hauptarten für eben so viel Klassen von Seelenzuständen, so wie durch ihre konsequente Verbindung mit nur zu dieser Tonart passenden Gedichten mußten Ohr und Gemüth unwillkürlich eine entschiedene Tendenz gewinnen, beim Erklingen einer Musik gleich das ihrer Tonart entsprechende Gefühl zu antizipiren. Auf der Grundlage dieser einseitigen Ausbildung war nun die Musik unentbehrliche, fügsame Begleiterin aller Künste, war Mittel zu pädagogischen, politischen und andern Zwecken, sie war alles, nur keine selbstständige Kunst. Wenn es bloß einiger phrygischer Klänge bedurfte, um den Soldaten muthig gegen den Feind zu treiben, und die Treue der Strohwittwen durch dorische Lieder gesichert war, so mag der Untergang des Griechischen Tonsystems von Feldherrn und Ehegatten betrauert werden, — der Aesthetiker wird es nicht zurückwünschen.

Wir setzen jenem pathologischen Ergriffenwerden das bewußte reine Anschauen eines Tonwerks entgegen. Diese kontemplative ist die einzig künstlerische, wahre Form des Hörens; ihr gegenüber fällt der rohe Affekt des Wilden und der schwärmende des Musikenthusiasten in Eine Klasse. Dem Schönen entspricht ein Genießen, kein Erleiden, wie ja das Wort „Kunstgenuß" sinnig ausdrückt. Die Gefühlvollen halten es freilich für Ketzerei gegen die Allmacht der Musik, wenn Jemand von den Herzens-Revolutionen und Krawallen Umgang nimmt, welche sie in jedem Tonlaut antreffen und redlich mitmachen. Man ist dann offen-

---

*) Interessant ist die Thatsache, daß man bisher nicht im Stande war, an der Spinne ein Gehörorgan zu entdecken. Sie empfindet wie viele andere Thiere die Töne bloß als Bewegungen. — (Vergl. Harleß „Hören.")

bar „kalt," „gemüthlos" „Verstandesnatur." Immerhin. Edel und bedeutend wirkt es, dem schaffenden Geiste zu folgen, wie er zauberisch eine neue Welt von Elementen vor uns aufschließt, diese in alle denkbaren Beziehungen zu einander lockt, und so fortan aufbaut, niederreißt, hervorbringt und vernichtet, den ganzen Reichthum eines Gebietes beherrschend, welches das Ohr zum feinsten und ausgebildetsten Sinneswerkzeug adelt. Nicht eine angeblich geschilderte Leidenschaft reißt uns in Mitleidenschaft. Ruhig freudigen Geistes, in affektlosem, doch innigdringendem Genießen sehen wir das Kunstwerk an uns vorüberziehen und feiern erkennend was Schelling so schön „die erhabene Gleichgiltigkeit des Schönen" nennt *). Dieses Sich-Erfreuen mit wachem Geiste ist die würdigste, heilsamste und nicht die leichteste Art, Musik zu lieben.

Der wichtigste Faktor in dem Seelenvorgang, welcher das Auffassen eines Tonwerks begleitet und zum Genuße macht, wird am häufigsten übersehen. Es ist die geistige Befriedigung, die der Hörer darin findet, den Absichten des Komponisten fortwährend zu folgen und voran zu eilen, sich in seinen Vermuthungen bestätigt, dort angenehm getäuscht zu finden. Es versteht sich, daß dieses intellektuelle Hinüber- und Herüberströmen, dieses fortwährende Geben und Empfangen, unbewußt und blitzschnell vor sich geht. Nur solche Musik wird vollen künstlerischen Genuß bieten, welche dies geistige Nachfolgen, welches ganz eigentlich ein Nachdenken der Phantasie genannt werden könnte, hervorruft und lohnt. Ohne geistige Thätigkeit gibt es überhaupt keinen ästhetischen Genuß. Der Musik aber ist diese Form von Geistesthätigkeit darum vorzüglich eigen, weil ihre Werke nicht unverrückbar und in Einem Schlag dastehen, sondern sich successiv am Hörer abspinnen, daher sie von diesem kein, ein beliebiges Verweilen und Unterbrechen zulassendes Betrachten, sondern ein in schärfster Wachsamkeit unermüdliches Begleiten fordern. Diese Begleitung kann bei verwickelten Kompositionen sich bis zur geistigen Arbeit steigern. Wie viele einzelne Individuen, so können auch manche Nationen sich ihr nur sehr schwer unterziehen. Die ausgeprägte Alleinherrschaft der Oberstimme bei den Italienern hat einen Hauptgrund in der geistigen Bequemlichkeit dieses Volks, welchem das ausdauernde Durchdringen unerreichbar ist, womit der Nordländer einem künstlichen Gewebe von harmonischen und kontrapunktischen Verschlingungen zu folgen liebt. Dafür wird Hörern, deren geistige Thätigkeit gering ist, der Genuß leichter, und solche Musikbeete kennen Massen von Musik verzehren, vor welchen der künstlerische Geist zurückbebt.

Das bei jedem Kunstgenuß nothwendige geistige Moment wird sich bei mehreren Zuhörern desselben Tonwerks in sehr verschiedener Abstufung thätig erweisen; es kann in sinnlichen und gefühlvollen Naturen auf ein Minimum sinken, in vorherrschend geistigen Persönlichkeiten das geradezu Entscheidende werden. Die wahre „rechte Mitte" muß sich, nach unserm Gefühl, hier etwas nach rechts neigen. Zum Berauscht werden braucht's nur der Schwäche, aber es gibt eine Kunst des Hörens.

*) „Das Verhältniß der bildenden Künste zur Natur. Akademische Rede."

Das Gefühlschwelgen ist meist Sache jener Hörer, welche für die künstlerische Auffassung des musikalisch Schönen keine Ausbildung besitzen. Der Laie fühlt bei Musik am meisten, der gebildete Künstler am wenigsten. Je bedeutender nämlich das ästhetische Moment im Hörer (grade wie im Kunstwerk), desto mehr nivellirt es das blos elementarische. Darum ist das ehrwürdige Axiom der Theoretiker: „eine düstere Musik erregt Gefühle der Trauer in uns, eine heitere erweckt Fröhlichkeit," — in dieser Ausdehnung nicht richtig. Wenn jedes hohle Requiem, jeder lärmige Trauermarsch, jedes winselnde Adagio die Macht haben sollte, uns traurig zu machen, — wer möchte denn länger so leben! Blickt eine Tondichtung uns an mit klaren Augen der Schönheit, so erfreuen wir uns inniglich daran, und wenn sie alle Schmerzen des Jahrhunderts zum Gegenstand hätte. Der lautere Jubel aber eines Verdi'schen Finales oder einer Musard'schen Quadrille hat uns noch nie froh gemacht.

Der Laie und Gefühlsmensch fragt gerne, ob eine Musik lustig sei oder traurig? — Der Musiker, ob sie gut sei oder schlecht! Dieser kurze Schlagschatten weist deutlich, auf welch verschiedenen Seiten beide Parteien gegen die Sonne stehen.

Wenn wir sagten, daß unser ästhetisches Wohlgefallen an einem Tonstück sich nach dessen künstlerischem Werth richte, so hindert dies nicht, daß ein einfacher Hornruf, ein Jodler im Gebirg uns zu größerem Entzücken aufrufen kann, als jede Beethoven'sche Symphonie. In diesem Fall tritt aber die Musik in die Reihe des Naturschönen. Nicht als dieses bestimmte Gebilde in Tönen, sondern als diese bestimmte Art von Naturwirkung in solchen kommt uns das Gehörte entgegen und kann übereinstimmend mit dem landschaftlichen Charakter der Umgebung und der persönlichen Stimmung jeden Kunstgenuß an Macht hinter sich zurücklassen. Es gibt also ein Uebergewicht an Eindruck, welches das Elementarische über das Artistische erreichen kann, allein die Aesthetik — oder wenn man strengsten formuliren will, derjenige Theil derselben, welcher das Kunstschöne behandelt — hat die Musik lediglich von ihrer künstlerischen Seite aufzufassen, also auch nur jene ihrer Wirkungen anzuerkennen, welche sie als menschliches Geistesprodukt, durch eine bestimmte Gestaltung jener elementarischen Faktoren auf die reine Anschauung hervorbringt.

Die nothwendigste Forderung einer ästhetischen Aufnahme der Musik ist aber, daß man ein Tonstück um seiner selbst willen höre, welches es nun immer sei und in welcher Auffassung immer. Sobald die Musik nur als Mittel angewandt wird, eine gewisse Stimmung in uns zu fördern, accessorisch, dekorativ, da hört sie auf als Kunst zu wirken. Das Elementarische der Musik wird unendlich oft mit der künstlerischen Schönheit derselben verwechselt, also ein Theil für das Ganze genommen, und dadurch namenlose Verwirrung verursacht. Hundert Aussprüche, die über „die Tonkunst" gefällt werden, gelten nicht von dieser, sondern von der sinnlichen Wirkung ihres Materials.

Wenn Heinrich der Vierte bei Shakespeare (II. Theil. IV. 4.) sich sterbend Musik machen läßt, so geschieht es wahrlich nicht, um die vorgetragene Komposition anzuhören, sondern um träumend in deren gegenstandslosem Element zu wiegen. Eben so wenig werden Porzia und Bassanio (im „Kaufmann von Venedig") gestimmt sein, während der verhängnißvollen Kästchenwahl der bestellten Musik Aufmerksamkeit zu schenken. J. Strauß hat reizende, ja geistreiche Musik in seinen bessern Walzern niedergelegt, — sie hören auf es zu sein, sobald man lediglich dabei im Takt tanzen will. In allen diesen Fällen ist es ganz gleichgiltig, welche Musik gemacht wird, wenn sie nur den verlangten Grundcharakter hat. Wo aber Gleichgiltigkeit gegen das Individuelle eintritt, da herrscht Klangwirkung, nicht Tonkunst. Nur derjenige, welcher nicht bloß die allgemeine Nachwirkung des Gefühls, sondern die unvergeßliche, bestimmte Anschauung eben dieses Tonstücks mit sich nimmt, hat es gehört und genossen. Jene erhebenden Eindrücke auf unser Gemüth und ihre hohe psychische, wie physiologische Bedeutung dürfen nicht hindern, daß die Kritik überall unterscheide, was bei einer vorhandenen Wirkung künstlerisch, was elementarisch sei. Eine ästhetische Anschauung hat Musik niemals als Ursache, sondern stets als Wirkung aufzufassen, nicht als Produzirendes, sondern als Produkt.

Eben so häufig als die elementarische Wirkung der Musik, wird deren maßhaltendes, Ruhe und Bewegung, Dissonanz und Konsonanz vermittelndes, allgemein harmonisches Element mit der Tonkunst selbst verwechselt. Bei dem gegenwärtigen Stand der Tonkunst und der Philosophie dürfen wir uns im Interesse beider die altgriechische Ausdehnung des Begriffes "Musik" auf alle Wissenschaft und Kunst, sowie auf die Bildung sämmtlicher Seelenkräfte nicht gestatten. Die berühmte Apologie der Tonkunst im "Kaufmann von Venedig" (V.1.)*) beruht auf solcher Verwechslung der Tonkunst selbst mit dem beherrschenden Geist des Wohllangs, der Uebereinstimmung des Musik. Man könnte in ähnlichen Stellen ohne viel Aenderung statt "Musik" auch "Poesie," "Kunst," ja "Schönheit" überhaupt setzen. Daß aus der Reihe der Künste gerade die Musik hervorgeholt zu werden pflegt, verdankt sie der zweideutigen Macht ihrer Popularität. Gleich die weiteren Verse der angeführten Rede bezeugen dies, wo die zähmende Wirkung der Töne auf Bestien sehr gerühmt wird, die Musik also wieder einmal als von Affen erscheint.

Die lehrreichsten Beispiele bieten Bettina's "musikalische Explosionen," wie Goethe ihre Briefe über Musik galant bezeichnete. Als das wahrhafte Prototyp aller vagen Schwärmerei über Musik, zeigt Bettina, wie ungebührlich man den Begriff dieser Kunst ausdehnen kann, um sich bequem darin umherzutummeln. Mit der Prätension, von der Musik selbst zu sprechen, redet sie stets von dunkler Einwirkung, welche diese auf ihr Gemüth übt, und deren üppige Traumseligkeit sie absichtlich von jedem forschenden Denken absperrt. In einer Komposition sieht sie immer ein unerforschliches Naturerzeugniß, nie ein menschliches Kunstwerk, und begreift daher Musik nie anders, als rein phänomenologisch. "Musik," "musikalisch" nennt Bettina unzählige Erscheinungen, die lediglich ein oder das andere Element der Tonkunst: Wohlklang, Rhythmus, Gefühlserregung mit ihr gemein haben. Auf diese Faktoren kömmt es aber gar nicht an, sondern auf die spezifische Art wie sie in künstlerischer Gestaltung als Tonkunst erscheinen. Es versteht sich von selbst, daß die musiktrunkene Dame in Goethe, ja in Christus große Musiker sieht, obwohl von Letz-

*) "The man, that has no music in himself,
Nor is not moved with concord of sweet sounds,
Is fit for treasons, stratagems and spoils etc."

terem Niemand weiß, daß er einer, von Ersterem Jedermann, daß er keiner gewesen.

Das Recht historischer Bildungen und poetischer Freiheit halten wir in Ehren. Wir begreifen es, warum Aristophanes in den "Wespen" einen feingebildeten Geist "den Weisen und Musikalischen" nennt (σοφον και μουσικον), und finden den Ausdruck Graf Reinhardt's sinnig, Oehlenschläger habe "musikalische Augen." Wissenschaftliche Betrachtungen jedoch dürfen der Musik nie einen andern Begriff beilegen oder voraussetzen, als den streng ästhetischen, wenn nicht alle Hoffnung zur einstigen Feststellung dieser zitternden Wissenschaft aufgegeben werden soll.

Die Tonkunst in ihren Beziehungen zur Natur.
Von Dr. Eduard Hanslick.

Das Verhältniß zur Natur ist für jedes Ding das Erste, darum das Ehrwürdigste und das Einflußreichste. Wer auch nur flüchtig an den Puls der Zeit gefühlt, der weiß wie die Herrschaft dieser Erkenntniß in mächtigem Anwachsen begriffen ist. Durch die moderne Forschung geht ein so starker Zug nach der Naturseite aller Erscheinungen, daß selbst die abstraktesten Untersuchungen merklich gegen die Methode der Naturwissenschaften gravitiren. Auch die Aesthetik, will sie kein bloßes Scheinleben führen, muß die knorrige Wurzel kennen wie die zarte Faser, an welcher jede einzelne Kunst mit dem Naturgrund zusammenhängt. Hat die bisherige Kenntniß die Wissenschaft des Schönen für Maler und Poeten Fragmentarisches geliefert, so schuldet sie dem Musiker nicht viel weniger als Alles.

Man pflegte die Naturbeziehungen der Musik hauptsächlich nur aus physikalischem Standpunkte zu betrachten und ist über Schallwellen, Klangfiguren, Monochord u. s. w. wenig hinausgekommen. Geschah irgend ein Schritt zu großartigerer Untersuchung, so gerieth er alsbald ins Stocken, weil er vor seinen eigenen Resultaten erschrak oder doch vor dem allzuheftigen Konflikt mit der herrschenden Lehre. Und doch erschließt das Verhältniß der Tonkunst zur Natur die wichtigsten Folgerungen für die musikalische Aesthetik. Die Stellung ihrer schwierigsten Materien, die Lösung ihrer kontroversesten Fragen hängt von der richtigen Würdigung dieses Zusammenhanges ab.

Die Künste, — vorerst als empfangend, noch nicht als rückwirkend betrachtend, — stehen zu der umgebenden Natur in einer doppelten Beziehung. Erstens durch das rohe körperliche Material, aus welchem sie schaffen, dann durch den schönen Inhalt, den sie für künstlerische Behandlung vorfinden. In beiden Punkten verhält sich die Natur zu den Künsten als mütterliche Spenderin der ersten und wichtigsten Mitgift. Es gilt der Versuch, diese Ausstattung im Interesse der musikalischen Aesthetik rasch zu besichtigen und zu prüfen, was die vernünftig und darum ungleich schenkende Natur für die Tonkunst gethan hat.

Untersucht man, in wiefern die Natur Stoff für die Musik biete, so ergibt sich, daß sie dies nur in dem untersten Sinn des rohen Materials thut, welches der Mensch zum Tönen zwingt. Das stumme Erz der Berge, das Holz des Waldes, der Thiere

Fell und Gedärm sind Alles was wir vorfinden, um den eigentlichen Baustoff für die Musik: den reinen Ton zu bereiten. Wir erhalten also vorerst nur Material zum Material. Dies letztere ist der reine, nach Höhe und Tiefe bestimmte, d. i. meßbare Ton. Er ist erste und unumgängliche Bedingung jeder Musik. Diese gestaltet ihn zu Melodie und Harmonie, den zwei Hauptfaktoren der Tonkunst. Beide finden sich in der Natur nicht vor, sie sind Schöpfungen des Menschengeistes. Das geordnete Nacheinanderfolgen meßbarer Töne, welches wir Melodie nennen, begegnen wir in der Natur auch nicht in den dürftigsten Anfängen; ihre successiven Schallerscheinungen entbehren der verständlichen Proportion und entziehen sich der Reduktion auf unsere Skala. Die Melodie aber ist, mit einem neueren Schriftsteller zu sprechen, „der springende Punkt," das Leben, die erste Kunstgestalt des Tonreiches, an sie ist jede weitere Bestimmtheit, alle Erfassung des Inhaltes geknüpft.

Eben so wenig wie Melodie kennt die Natur, diese großartige Harmonie aller Erscheinungen, Harmonie im musikalischen Sinn, als Zusammenklingen bestimmter Töne. Hat Jemand in der Natur einen Dreiklang gehört, einen Terz- oder Septimakkord? Wie die Melodie, so war auch (nur in viel langsamerem Fortschreiten) die Harmonie ein Erzeugniß menschlichen Geistes.

Die Griechen kannten keine Harmonie, sondern sangen in der Oktave oder im Einklang, wie noch heut zu Tage jene asiatischen Völkerschaften, bei welchen überhaupt Gesang angetroffen wird. Der Gebrauch der Dissonanzen, wozu auch Terz und Sext gehörten, begann allmälig vom zwölften Jahrhundert an, und bis ins sünfzehnte beschränkte man sich bei Ausweichungen auf die Oktave. Jedes der Intervalle, die jetzt unserer Harmonie dienstbar sind, mußte einzeln gewonnen werden, und oft reichte ein Jahrhundert nicht hin für solch kleine Errungenschaft. Das kunstgebildetste Volk des Alterthums, sowie die gelehrtesten Tonsetzer des früheren Mittelalters nicht, wie unsere Hirtinnen auf der eitlen in Terzen singen. Durch die Harmonie Tonkunst nicht etwa ein neues Licht, sondern zum ersten Mal Tag geworden. Tonschöpfung wurde von dieser Zeit an geboren." (Nägeli.)

Harmonie und Melodie fehlen also in der . . . . Nur ein drittes Element in der Musik, getragen dem die beiden ersten getragen werden, getreten . . vor und außer dem Menschen: der Rhythmus. Im Galopp des Pferdes, dem Klappern der Mühle, im Gesang der Amsel und Wachtel äußert sich eine Art, zu welcher aufeinanderfolgende Zeittheilchen sich zusammenfassen und ein anschauliches Ganze bilden. Nicht alle, aber viele Lautäußerungen der Natur sind rhythmisch. Und zwar herrscht in ihr das Gesetz des zweitheiligen Rhythmus, als Hebung und Senkung, Anlauf und Auslauf. Was diesen Naturrhythmus von der menschlichen Musik trennt, muß alsbald auffallen. In der Musik gibt es nämlich keinen isolirten Rhythmus als solchen, sondern nur Melodie oder Harmonie, welche rhythmisch sich äußert. In der Natur hingegen trägt der Rhythmus weder Melodie noch Harmonie, sondern nur unmeßbare Luftschwingungen. Der Rhythmus ist das einzige musikalische Urelement in der Natur; er ist auch das erste, das im Menschen erwacht, im Kinde, im Wilden sich am frühesten entwickelt. Wenn die Südsee-Insulaner mit Metallstücken und Holzstäben rhythmisch klappern und dazu ein unsäglich

ches Geheul ausstoßen, so ist das natürliche Musik, denn es ist eben keine Musik. Was wir aber einen Tiroler Bauer singen hören, zu welchem anscheinend keine Spur von Kunst gedrungen, ist durchaus künstliche Musik. Der Mann meint freilich, er singe, wie ihm der Schnabel gewachsen ist: aber damit dies möglich wurde, mußte die Saat von Jahrhunderten wachsen.

Wir hätten somit die nothwendigen Elementarbestandtheile unserer Musik betrachtet und gefunden, daß der Mensch von der ihn umgebenden Natur nicht musiciren lernte. In welcher Art und Folge sich unser heutiges Tonsystem ausgebildet hat, lehrt die Geschichte der Tonkunst. Wir haben diese Nachweisung vorauszusetzen und nur ihr Ergebniß festzuhalten, daß Melodie und Harmonie, daß unsere Intervallen-Verhältnisse und Tonleiter, die Theilung in Dur und Moll nach der verschiedenen Stellung des Halbtons, endlich die schwebende Temperatur, ohne welche unsere (europäisch-abendländische) Musik unmöglich wäre, langsam und allmälig entstandene Schöpfungen des menschlichen Geistes sind. Die Natur hat dem Menschen nur die Organe und die Lust zum Singen mitgegeben, dazu die Fähigkeit, sich auf Grundlage der einfachsten Verhältnisse nach und nach ein Tonsystem zu bilden. Man hüte sich vor der Verwechslung, als ob dieses (gegenwärtige) Tonsystem selbst nothwendig aus der Natur läge. Die Erfahrung, daß selbst Naturalisten heut zu Tage mit den musikalischen Verhältnissen unbewußt und leicht handtiren, wie mit angebornen Kräften, die sich von selbst verstehen, stempelt die herrschenden Tongesetze keineswegs zu Naturgesetzen; es ist dies bereits Folge der unendlich verbreiteten musikalischen Kultur. Hand bemerkt ganz richtig, daß jenem auch unsere Kinder in der Wiege schon besser singen, als erwachsene Wilde. „Läge die Tonfolge der Musik in der Natur fertig vor, so sänge auch jeder Mensch und immer rein" *).

Wenn man unser Tonsystem ein „künstliches" nennt, so gebraucht man dies Wort nicht in dem raffinirten Sinn einer willkürlichen, konventionellen Erfindung. Es bezeichnet blos ein Gewordenes im Gegensatz zum Erschaffenen.

Dies übersieht M. Hauptmann, wenn er den Begriff eines künstlichen Tonsystems einen „durchaus nichtigen" nennt, „indem die Musiker eben so wenig haben Intervalle bestimmen und im Tonsystem erfinden können als die Sprachgelehrten die Worte der Sprache und die Sprachfügung erfunden haben" **). Grade die Sprache ist in demselben Sinn wie die Musik ein künstliches Erzeugniß, indem beide nicht in der äußeren Natur vorgebildet liegen, sondern unerschaffen sind und erlernt werden müssen. Nicht die Sprachgelehrten, aber die Nationen bilden

---

*) Hand, Aesth. d. T. I. S. 53. Erträfelnd wird passend angeführt, daß die Galen in Schottland bekanntlich mit imzischen und chinesischen Völkerstämmen den Mangel der Quarte und Septime theilen, die Folge ihrer Töne also c d e g a c lautet. Bei der körperlich sehr ausgebildeten Patagoniern im südlichen Amerika findet sich keine Spur von Musik oder Gesang.

**) „Die Natur der Harmonik und Metrik," 1853. Leipzig, Breitkopf. S. 7.

126

sich ihre Sprache nach ihrem Charakter und Bedürfniß, erneuern und ändern sie fortwährend. So haben auch die „Tongelehrten" unsere Musik nicht „errichtet," sondern lediglich das firirt und begründet, was der allgemeine musikalisch befähigte Geist mit Vernünftigkeit aber nicht mit Nothwendigkeit unberührt ersonnen hatte [***]).

Aus diesem Proceß ergibt sich, daß auch unser Tonsystem im Zeitverlauf neue Bereicherungen und Veränderungen erfahren wird. Doch sind innerhalb des gegenwärtigen Systems noch zu große und vielfache Evolutionen möglich, als das eine Aenderung im Wesen des Systems anders als sehr fernliegend erscheinen dürfte. Bestände diese Bereicherung z. B. in der „Emancipation der Vierteltöne," wovon eine moderne Schriftstellerin schon Andeutungen in Chopin finden will [*]), so würde Theorie, Compositionslehre und Aesthetik der Musik eine total andere. Der musikalische Theoretiker kann daher gegenwärtig auf diese Zukunft noch kaum anders sein lassen, als durch die einfache Anerkennung ihrer Möglichkeit.

Unserem Anspruch, es gebe keine Musik in der Natur, wird man den Reichthum mannigfaltiger Stimmen einwenden, welche die Natur so wundervoll beleben. Sollte das Rieseln des Bachs, das Klatschen der Meereswellen, der Donner der Lawinen, das Stürmen der Windsbraut nicht Anlaß und Vorbild für die menschliche Musik gewesen sein? Hatten all die lispelnden, pfeifenden, schmetternden Laute mit unserm Musikwesen nichts zu schaffen? Wir müssen in der That ein Nein antworten. Alle diese Aeußerungen der Natur sind lediglich Schall und Klang, d. h. in ungleichen Zeittheilen auseinanderfolgende Luftschwingungen. Höchst selten und dann nur isolirt bringt die Natur einen Ton hervor, d. i. einen Klang von bestimmter, meßbarer Höhe und Tiefe. Töne sind aber die Grundbedingung aller Musik. Mögen diese Klangäußerungen der Natur noch so mächtig oder reizend das Gemüth anregen, sie sind keine Stufe zur menschlichen Musik, sondern lediglich elementarische Andeutungen einer solchen. Selbst die reinste Erscheinung des natürlichen Tonlebens, der Vogelgesang, steht zur menschlichen Musik in keinem Bezug, da er unserer Scala nicht angepaßt werden kann. Auch das Phänomen der Naturharmonie ist auf seine richtige Bedeutung zurückzuführen. Die harmonische Progression erzeugt sich auf der gleichbesaiteten Aeolsharfe von selbst, gründet also auf einem Naturgesetz, allein das Phänomen selbst hört man nirgend von der Natur unmittelbar erzeugt. Sobald nicht auf einem musikalischen Instrument ein bestimmter, meßbarer Grundton angeschlagen wird, erscheinen auch keine sympathischen Nebentöne, keine harmonische Progression. Der Mensch muß also fragen, damit die

Natur Antwort gebe. Die Erscheinung des Echo erklärt sich noch einfacher. Es ist merkwürdig, wie selbst tüchtige Schriftsteller sich von dem Gedanken einer eigentlichen (nur unvollkommenen) „Musik" in der Natur nicht losmachen können. Selbst Hand, von dem wir absichtlich früher Beispiele zitirten, welche seine richtige Einsicht in das inkommensurable, kunstunfähige Wesen der natürlichen Schallerscheinungen darthun, bringt ein eigenes Kapitel von der „Musik der Natur," deren Schallerscheinungen „gewissermaßen" auch Musik genannt werden müssen. Ebenso Krüger [**]). Wo es sich aber um Prinzipienfragen handelt, da giebt es nur „gewissermaßen," — was wir in der Natur vernehmen ist entweder Musik, oder es ist keine Musik. Das entscheidende Moment kann nur in die Meßbarkeit des Tons gelegt werden. Hand legt den Nachdruck überall auf die „geistige Beseelung" „den Ausdruck innerer Lebens, innerer Empfindung," „die Kraft der Selbstthätigkeit, wodurch unmittelbar ein Inneres zur Aussprache gelangt." Nach diesem Prinzip müßte der Vogelgesang Musik genannt werden, die mechanische Spieluhr hingegen nicht; während gerade das Entgegengesetzte wahr ist.

— Die „Musik" der Natur und die Tonkunst des Menschen sind zwei verschiedene Gebiete. Der Uebergang von der ersten zur zweiten geht durch die Mathematik. Ein wichtiger, folgenreicher Satz. Freilich darf man ihn nicht so denken, als hätte der Mensch seine Töne durch absichtlich angestellte Berechnungen geordnet; es geschah dies vielmehr durch unbewußte Anwendung ursprünglicher Größen- und Verhältniß-Vorstellungen, durch ein verborgenes Messen und Zählen, dessen Gesetzmäßigkeit erst später die Wissenschaft konstatirte.

Dadurch, daß in der Musik alles kommensurabel sein muß, in den Naturlauten aber Nichts kommensurabel ist, stehen diese beiden Schallreiche unvermittelt neben einander. Die Natur gibt uns nicht das künstlerische Material eines fertigen, vorgebildeten Tonsystems, sondern nur den rohen Stoff der Körper, die wir der Musik dienstbar machen. Nicht die Stimmen der Thiere, sondern ihre Gedärme sind uns wichtig, und das Thier dem die Musik am meisten verdankt, ist nicht die Nachtigall, sondern das Schaf. —

Nach dieser Untersuchung, welche für das Verhältniß des musikalisch Schönen nur ein Unterbau, aber ein nothwendiger war, heben wir uns eine Stufe höher, auf eigentlich ästhetisches Gebiet.

Der meßbare Ton und das geordnete Tonsystem sind erst womit der Komponist schafft, nicht was er schafft. Wie Holz und Erz nur „Stoff" waren für den Ton, so ist der Ton nur „Stoff" (Material) für die Musik. Es gibt noch eine dritte und höhere Bedeutung von „Stoff," Stoff im Sinn des behandelten Gegenstandes, der dargestellten Idee, des Sujets. Woher nimmt der Komponist diesen Stoff? Woher erwächst ihm einer bestimmten Tondichtung der Inhalt, der Gegenstand, welcher sie als Individuum hinstellt und von anderen unterscheidet?

Die Poesie, die Malerei, die Skulptur haben ihren unerschöpflichen Quell von Stoffen in der uns umgebenden Natur. Der Künstler findet sich

[***]) Unsere Ansicht stimmt mit den Forschungen Jakob Grimms, welcher u. A. andeutet: „Wer nun Ueberzeugung gewonnen hat, daß die Sprache freie Menschenerfindung war, wird auch nicht zweifeln über die Quelle der Poesie und Tonkunst." (Ursprung der Sprache, 1852.)

[*]) Johanna Kinkel, Acht Briefe über Klavierunterricht.

[**]) Beiträge für Leben und Wissenschaft der Tonkunst, S. 149, f.

durch irgend ein Naturschönes angeregt, es wird ihm Stoff zu eigener Hervorbringung.

In den bildenden Künsten ist das Vorschaffen der Natur am auffallendsten. Der Maler könnte keinen Baum, keine Blume zeichnen, wenn sie nicht schon in der äußern Natur vorgebildet wären; der Bildhauer keine Statue, ohne die wirkliche Menschengestalt zu kennen und zum Muster zu nehmen. Dasselbe gilt von erfundenen Stoffen. Sie können nie im strengen Sinn "erfunden" sein. Besteht nicht die "ideale" Landschaft aus Felsen, Bäumen, Wasser und Wolkenzügen, lauter Dingen die in der Natur vorgebildet sind? Der Maler kann nichts malen, was er nicht gesehen und genau beobachtet hat. Gleichviel ob er eine Landschaft malt, oder ein Genrebild, ein Historiengemälde erfindet. Wenn uns Zeitgenossen einen "Achilles" "Egmont" malen, so haben sie ihren Gegenstand nie wirklich gesehen, aber für jeden Bestandtheil desselben müssen sie das Vorbild genau der Natur entnommen haben. Der Maler muß nicht diesen Mann, aber er muß viele Männer gesehen haben, wie sie sich bewegen, geben, stehen, beleuchtet werden, Schatten werfen; der gröbste Vorwurf wäre gew.s die Unmöglichkeit oder Naturwidrigkeit seiner Figuren.

Dasselbe gilt von der Dichtkunst, welche ein noch weit größeres Feld naturschöner Vorbilder hat. Die Menschen und ihre Handlungen, Gefühle, Schicksale, wie sie uns durch eigene Wahrnehmung oder durch Tradition (— denn auch diese gehört zu dem Vorgefundenen, dem Dichter Dargebotenen —) gebracht werden, sind Stoff für das Gedicht, die Tragödie, den Roman. Der Dichter kann keinen Sonnenaufgang beschreiben, kein Schneefeld schildern, keinen Gefühlszustand schildern, keinen Bauer, Soldaten, Geizigen, Verliebten auf die Bühne bringen, wenn er nicht die Vorbilder dazu in der Natur gesehen und durch richtige Tradition so in seiner Phantasie erlebt hat, daß sie die unmittelbare Anschauung ersetzen.

Stellen wir nun diesen Künsten die Musik entgegen, so erkennen wir sofort, daß sie ein Vorbild, einen Stoff für ihre Werke nirgends vorfindet.
Es gibt kein Naturschönes für die Musik.
Dieser Unterschied zwischen der Musik und den übrigen Künsten (— nur die Baukunst findet gleichfalls kein Vorbild in der Natur —) ist tiefgehend und folgerungsreich.

Das Schauen des Malers, des Dichters ist ein stetes (inneres oder wirkliches) Nachzeichnen, Nachformen, — etwas Nachmusiziren gibt es in der Natur nicht. Die Natur kennt kein Rondo, keine Sonate, keine Ouverture. Wohl aber Landschaften, Genrebilder, Idyllen, Trauerspiele. Der Aristotelische Satz von der Naturnachahmung der Kunst, welcher noch bei den Philosophen des vorigen Jahrhunderts ganz und gäbe war, ist längst berichtigt, und bedarf, bis zum Ueberdruß abgedroschen, hier keiner weiteren Erörterung. Nicht classisch nachbilden soll die Kunst die Natur, sie hat sie umzubilden. Der Anblick zeigt schon, daß vor der Kunst etwas da sein mußte, was umgebildet wird. Dies ist eb.n das von der Natur dargebotene Vorbild, das Naturschöne. Der Maler findet sich von einer reizenden Landschaft, einer Gruppe, einem Gesicht, der Dichter von einer historischen Begebenheit, einem Erlebniß, zur künstlerischen Darstellung dieses Vorgefundenen veranlaßt. Bei welcher Naturbetrachtung könnte aber

der Tonsetzer jemals ausrufen: das ist ein prächtiges Vorbild für eine Ouverture, eine Symphonie! Der Komponist kann gar nicht umbilden, er muß alles neu erschaffen. Was der Maler, der Dichter in Betrachtung des Naturschönen findet, das muß der Komponist durch Konzentration seines Innern herausarbeiten. Er muß der guten Stunde warten, wo es in ihm anfängt zu singen und zu klingen: da wird er sich versenken und aus sich heraus etwas schaffen, was in der Natur seines Gleichen hat und daher auch, ungleich den andern Künsten, geradezu nicht von dieser Welt ist.

Es unterliegt keineswegs einer parteiischen Begriffsbestimmung, wenn wir zu dem "Naturschönen" für den Maler und Dichter den Menschen hinzu rechneten, für den Musiker hingegen den kunstlos aus der Menschenbrust quellenden Gesang verschwiegen. Der singende Hirte ist nicht Objekt sondern schon Subjekt der Kunst. Besteht sein Lied aus meßbaren, geordneten, wenn noch so einfachen Tonfolgen, so ist es ein Produkt des Menschengeistes, ob es nun ein Hirtenjunge erfunden hat, oder Beethoven.

Wenn daher ein Komponist wirkliche Nationalmelodien benützt, so ist dies kein Naturschönes, denn man muß bis zu Einem zurückgehen, der sie erfunden hat. Und hatte sie dieser? Fand er ein Vorbild dafür in der Natur? Dies ist die berechtigte Frage. Die Antwort kann nur verneinend lauten. Der Volksgesang ist kein Vorgefundenes, kein Naturschönes, sondern die erste Stufe wirklicher Kunst, naive Kunst. Er ist für die Tonkunst eben so wenig ein von der Natur erzeugtes Vorbild als die mit Kohle an Wachtstuben und Schüttböden geschmierten Blumen oder Soldaten natürliche Vorbilder für die Malerei sind. Beides ist menschliches Kunstprodukt. Für die Kohlenfiguren lassen die Vorbilder in der Natur sich nachweisen, für den Volksgesang nicht; man kann nicht hinter ihn zurückgehen.

Zu einer sehr gangbaren Verwirrung gelangt man, wenn man den Begriff des "Stoffs" für die Musik in einem angewandten höheren Sinn nimmt und darauf hinweist, daß Beethoven wirklich eine Ouverture zu Egmont oder — damit das Wörtchen "zu" nicht an dramatische Zwecke mahne — eine Musik "Egmont" geschrieben hat, Berlioz einen "König Lear," Mendelssohn eine "Melusina." Haben diese Erzählungen, fragt man, dem Tondichter nicht ebenso den Stoff geliefert, als dem Dichter? Keineswegs. Dem Dichter sind diese Gestalten wirkliches Vorbild, das er umbildet, dem Komponisten bieten sie bloß Anregung und zwar poetische Anregung. Das Naturschöne für den Tondichter müßte ein hörbares sein, wie es für den Maler ein sichtbares, für den Bildhauer ein greifbares ist. Nicht die Gestalt Egmont's, nicht seine Thaten, Erlebnisse, Gesinnungen sind Inhalt der Beethoven'schen Ouverture, wie dies im Bilde "Egmont" oder im Drama "Egmont" der Fall. Der Inhalt der Ouverture sind Tonreihen, welche der Komponist vollkommen frei nach musikalischen Denkgesetzen aus sich erschuf. Sie sind ganz unabhängig und selbstständig von der Vorstellung "Egmont", mit welcher sie lediglich die poetische Phantasie des Tondichters in Zusammenhang bringt. Dieser Zusammenhang aber ist so willkürlich, daß niemals ein Hörer der Musik auf deren angeblichen Gegenstand verfallen würde, wenn nicht der Autor durch die ausdrückliche Benennung unserer Phantasie im vorhinein die bestimmte aktroyirte. **Berlioz's** großartige Ouverture hängt mit der Vorstellung „König Lear" eben so wenig nothwendig zusammen, als ein Straußscher Walzer. Man kann dies nicht scharf genug aussprechen, da hierüber die irrigsten Anschauungen allgemein sind. Erst mit dem Augenblick erscheint der Strauß'sche Walzer der Vorstellung „König Lear" widersprechend, die Berlioz'sche Ouverture hingegen ihr entsprechend, wo wir diese Musiken mit jener Vorstellung vergleichen. Allein eben zu dieser Vergleichung existirt kein innerer Anlaß, sondern nur eine ausdrückliche Nöthigung vom Autor. Durch eine bestimmte Ueberschrift werden wir zur Vergleichung des Musikstückes mit einem außer ihm stehenden Objekt genöthigt, wir müssen es mit einem bestimmten Maßstab messen, welcher nicht der musikalische ist.

Man darf dann vielleicht sagen: Beethoven's Ouverture „Prometheus" sei zu wenig großartig für diesen Vorwurf. Allein nirgend kann man ihr von Innen her beikommen, nirgend ihr eine musikalische Lücke oder Mangelhaftigkeit nachweisen. Sie ist vollkommen, weil sie ihren musikalischen Inhalt vollständig ausführt; ihr dichterisches Thema analog auszuführen ist eine zweite, ganz verschiedene Forderung. Diese entsteht und verschwindet mit dem Titel. Ueberdies kann solcher Anspruch an ein Tonwerk mit bestimmter Ueberschrift nur auf gewisse charakteristische Eigenschaften lauten: daß die Musik erhaben, düster oder niedlich, froh klinge, von einfacher Exposition zu gewaltigem Ringen, endlich zu betrübtem oder freudigem Abschluß sich entwickle u. s. w. An die Dichtkunst oder Malerei stellt der Stoff der Forderung einer bestimmten, konkreten Individualität, nicht bloßer Eigenschaften. Darum wäre es recht wohl denkbar, daß Beethoven's Ouverture zu „Egmont" allenfalls „Wilhelm Tell" oder „Jeanne d'Arc" überschrieben sein könnte. Das Drama Egmont, das Bild Egmont lassen höchstens die Verwechslung zu, daß dies ein anderes Individuum in den gleichen Verhältnissen, nicht aber daß es ganz andere Verhältnisse sind *).

Man erräth, wie eng das Verhältniß der Musik zum Naturschönen mit der ganzen Frage von ihrem Inhalt zusammenhängt.

Noch einen Einwand wird man aus der musikalischen Literatur beiholen, um der Musik ein Naturschönes zu vindiciren. Beispiele nämlich, daß Tonsetzer aus der Natur nicht bloß den poetischen Anlaß geschöpft (wie in obgenannten Historien), sondern wirklich hörbare Aeußerungen ihres Tonlebens nachgebildet haben: der Hahnenruf in Haydn's Jahreszeiten, Kukuk, Nachtigall und Wachtelschlag in Spohr's „Weihe der Töne" und Beethoven's Pastoral-Symphonie. Allein wenn wir gleich diese Nachahmungen hören und in einem musikalischen Kunstwerk hören, so haben sie doch darin keine musikalische Bedeutung, sondern eine poetische. Es soll uns der Hahnenschrei nicht als schöne Musik oder überhaupt als Musik vorgeführt werden, sondern nur der Eindruck zurückgerufen, welcher mit jener Naturerscheinung zusammenhängt. Allgemein bekannte Stichwörter, Citate, sind es, welche uns erinnern: Es ist früher Morgen, laue Sommernacht, Frühling. Ohne diese beschreibende Tendenz hat nie ein Komponist Naturstimmen zu wirklich musikalischen Zwecken verwenden können. Ein Thema könnten alle Naturstimmen der Erde zusammen nicht hervorbringen, eben weil sie keine Musik sind, und sehr bedeutungsvoll erscheint es, daß die Tonkunst von der Natur nur Gebrauch machen kann, wenn sie in die Malerei pfuscht.

---

*) Man könnte einwenden, daß ja auch die bildenden Künste uns die bestimmte, historische Person nicht zu geben vermögen, und wir die gemalte oder gemeißelte Gestalt nicht als dieses Individuum erkennen würden, brächten wir nicht die Kenntniß des historisch Thatsächlichen hinzu. Ohne solche Vorkenntniß könnte Niemand aus jener klassischen Gruppe entnehmen, daß es gerade Laokoon und seine Söhne sind, welche sie darstellt. Diese bestimmten Individuen kann nur der Dichter vorführen, weil nur ihm das Mittel der Sprache zu Gebote steht. Der Maler oder Bildhauer aber zeigt uns doch unverkennbar einen Mann und zwei Jünglinge, von diesem Alter, diesem Aussehen, dieser Tracht, ihre Stellungen und schmerzverzogenen Mienen deuten unverkennbar auf körperliche Qual, die sie umwindenden Schlangen sind die zweifellose Ursache dieses Kampfes. Dies Alles ist klar, unzweifelhaft, sichtlich, erzählbar, — ob nun der Mann Laokoon heißt, oder anders. Was die Musik unter dem Titel „Laokoon" geben kann, sind nicht jener Laokoons Gefühle, oder überhaupt die Gefühle eines Mannes in dieser Situation, sondern: Moll-Themen, verminderte Septim-Akkorde, Tremolo u. dgl., kurz musikalische Elemente, welche eben so gut Wind als Kind, genügten wie Körperschmerz, Biß von Schlangen oder von Eifersucht, Rache oder Reue, kurz Alles Erdenkliche bedeuten können, wenn man schon das Tonstück etwas wolle bedeuten lassen. Wer erinnert sich nicht der entscheidenden Klarheit, mit welcher Lessing nachweist, was der Dichter und was der bildende Künstler aus der Geschichte des Laokoon machen vermag. Vom Musiker lesen wir Nichts. Ganz begreiflich, denn das ist es eben, was er aus dem Laokoon machen kann.

Wird jeden Montag Morgens
ausgegeben.

Oesterreichische

Blätter für Literatur und Kunst.

Beilage zur Oesterreichisch-Kaiserlichen Wiener Zeitung.

Montag, den 20. November 1854.

№ 47.

Inhalt. Dr. Eduard Hanslick: Vom Musikalisch-Schönen. — Kurze Anzeige. — Miszellen. — Allgemeine Bibliographie.

Zur Aesthetik der Tonkunst.

Vom Musikalisch-Schönen. Ein Beitrag zur Revision der Aesthetik der Tonkunst. Von Dr. Eduard Hanslick.

Leipzig. R. Weigl 1854. 8. 104.

Es gibt wenig Partien, die für den Aesthetiker dorniger wären als die Aesthetik der Tonkunst. In keiner andern Kunst scheint die Kenntniß des Technischen so unentbehrlich und ist doch zugleich nur von so Wenigen und zumeist nur von Solchen, die Musiker vom Fach sind, zu erlangen. In keiner andern zugleich scheint andererseits das Verständniß so nahe zu liegen und ist von Leuten gelesen zu werden, denen man sonst nur einen niederen Grad der Bildung zutrauen. Daher der seltsame Umstand, daß wir die Musik von den Aesthetikern bald als die höchste gepriesen, bald als die niederste aller Künste herabgesetzt sehen. Im Allgemeinen stellen sich auf jene Seite die Musiker vom Fach, die Dilettanten, die in keiner andern Kunst so zahlreich sind und der größte Theil der Laien; auf diese Seite der größere Theil der Aesthetiker vom Fach. Die Erscheinung ist zu auffallend, um nicht Aufmerksamkeit zu verdienen. Eine tief durchgreifende Vorstellung von der Natur der Musik muß Ursache daran sein und je nachdem diese von Verschiedenen hoch oder niedrig angeschlagen wird, die Werthschätzung der Tonkunst bestimmen.

Der Philosoph, der selbst nicht Tonkünstler ist, kann in solchem Streit nicht vorsichtig genug auftreten. Haben wir doch selbst Herbart, unter den neuen großen Denkern den einzigen musikalisch nicht bloß Gebildeten, sondern Gelehrten, sich über Musik bald nur mit Vorbehalt der Zurücknahme aussprechen hören. An Hegel hat es uns stets eine anziehenswerthe Leidenschaft geschienen, daß er von der Musik redend sein „geringes Bewandtsein" darin hervorhebt und „sich im Voraus entschuldigt, wenn er sich nur auf allgemeinere Gesichtspunkte und einzelne Bemerkungen beschränke," auch am Schluß des Abschnitts über die Musik seine Betrachtungen nur für aus der Musik „heraus gehört" und die allgemeinen Gesichtspunkte für „abstrahirt" ausgibt. In der That, wo selbst das „absolute Wesen" so gedrängt auftritt, darf das „nichtabsolute" ohne Zagen seine Schülerheit eingestehen.

Nur mit diesem Vorbehalt entschließen wir uns, Dr. Hanslick's sehr werthvoll dünkende Schrift vom Standpunkt eines nicht musikalischen Beurtheilers mit unsern Bemerkungen zu begleiten.

Der Verfasser, den Lesern dieser Blätter durch seine geistvollen Musikkritiken längst bekannt, hat auch Bruchstücke dieser Schrift in denselben bereits veröffentlicht. Sie haben nicht verfehlt, Aufmerksamkeit zu erregen. Man fand darin große Schärfe der Auffassung, entschiedenen Kampf gegen liebgewordene Vorurtheile, insbesondere gegen eine allgemein verbreitete Meinung, die das Wesen der Musik in den Ausdruck von Gefühlen setzt. Die Aufsätze hat der Verfasser in seinem Schriftchen gesammelt, durch neue vermehrt und ergänzt, so daß sie nun ein zusammenhängendes Ganzes bilden, das die wichtigsten Fragen der musikalischen Aesthetik bestreicht, ohne Anspruch zu machen eine Aesthetik der Tonkunst zu sein. Er nennt es bescheiden nur einen „Beitrag zur Revision der Aesthetik der Tonkunst", aber es ist kein Zweifel, daß, wenn seine Ansichten die richtigen sind, die ganze Aesthetik der Tonkunst sich umgestalten müßte.

Die Hauptfrage, die den Verfasser beschäftigt, ist die nach Zweck und Inhalt der Musik. Er beantwortet beide negativ: „Gefühle sind weder Zweck noch Inhalt der Musik." Das Schöne hat überhaupt keinen Zweck, denn es ist bloße Form, welche wohl mit beliebigem Inhalt erfüllt und dadurch zu den verschiedensten praktischen Zwecken verwandt werden kann, aber an sich keinen andern hat, als, wenn man so sagen soll, sich selbst. Wenn aus seiner Betrachtung angenehme Gefühle für den Betrachter entstehen, so geht dieß das Schöne als Solches nichts an. Ich kann wohl dem Betrachter Schönes vorführen in der bestimmten Absicht, daß er an seiner Betrachtung Vergnügen finden möge, aber diese Absicht hat mit der Schönheit des Vorgeführten selbst nichts zu thun. Das Schöne ist schön und bleibt schön, auch wenn es keine Gefühle erzeugt, ja auch wenn es weder geschaut noch betrachtet wird. Denn das Schöne beruht auf sich gleich bleibenden Verhältnissen. Wo gewisse Verhältnisse stattfinden, ist Schönheit, wo die entgegengesetzten, Häßlichkeit, wo disparate, weder jene noch diese vorhanden. Diese Verhältnisse sind unter allen Umständen dieselben. Ewig werden Farbenzusammenstellungen wie: Roth und Grün, Blau und Orange, Violett und Gelb gefallen; solche dagegen wie: Roth und Blau, Gelb und Orange u. s. w. mißfallen. Grundton und Terz werden immer ein gefälliger, Grundton und Sekunde, Grundton und Septime ein mißfälliges Verhältniß darstellen, jene schön, diese häßlich genannt werden. Diese Verhältnisse sind objektiv, wenn auch ihre Erkenntnißquelle zunächst subjektiv die allgemeine Wahrnehmung des unbedingten, d. i. weder durch die Rücksicht der Nützlichkeit, noch der Annehmlichkeit, noch der Sittlichkeit, sondern einzig und allein

derselbe wie Inhalt der Form entgegenstellen, ist aber selbst schon geformt. Einen musikalischen Inhalt ohne alle Form giebt es nicht." Der Verfasser sagt freilich, wie die Mufik sein inhaltlos, darum nicht gehaltlos sei. Ihr Gehalt liegt in der „bestimmten Tongestaltung als der freien Schöpfung des Geistes aus geistfähigem Material."
(S. 104.)

Gern möchten wir hier abschließen und dem Verfasser für den Genuß, den uns sein scharfsinniges, gedankenreiches und geistreich geschriebenes Buch gespendet hat, herzlich danken, wenn uns der Schluß nicht noch zu einer kleinen Rüge veranlaßte. Je entschiedener die Schrift auf gesonderte Geltung des rein Musikalisch-Schönen dringt, desto mehr hätte ihr Verfasser auch jeden Schein vermeiden sollen, sich selbst zu widersprechen. Warum sagt er doch schließlich: „Dem Hörer wirkt die Mufik nicht blos und zuletzt durch ihre eigene Schönheit, sondern zugleich als tönendes Abbild der großen Bewegungen im Weltall?" Durch tiefe und geheime Naturbeziehungen steigert sich die Bedeutung der Töne hoch über sie selbst hinaus und läßt uns in dem Werke menschlichen Talents immer zugleich das Unendliche fühlen." Ja wohl sind diese Naturbeziehungen „geheim", denn sind sie denn überhaupt? Welche Bewegungen im Weltall sollen denn wiederklingen in der Mufik? Etwa die der Himmelskörper? Wäre die Mufik eine tönende Astronomie? Und hätte denn nicht die Mufik in der That ein Vorbild in der Natur, was doch vorher geleugnet werden? Warum hebt der Verfasser den Hauptsatz seiner Schrift: das Musikalisch-Schöne gefällt durch sich selbst, diese goldene Wahrheit am Schluß dadurch auf, daß es als „tönendes Abbild der Bewegungen im Weltall" gefallen soll? Und läßt, hier hat der Verfasser sich unwillkürlich durch Reminiscenzen derselben Aesthetik überraschen lassen, die er jetzt so schlagend und siegreich bekämpft.

Doch genug der Fragen, wo wir fest überzeugt sind, daß sie der Verfasser in unserem Sinne beantworten würde. Wir scheiden von seinem Buch mit der innigen Ueberzeugung, daß es eine Lücke ausfüllt, in der Literatur der Aesthetik und weisen dem Verfasser nichts Besseres zu wünschen, als daß es ihm bald vergönnt sein möge, das Ideal der musikalischen Aesthetik, das er mit so sicheren Strichen zu zeichnen weiß, im Zusammenhang auszuführen. Fügen wir noch hinzu, daß die Ausstattung seiner Schrift eben so empfehlend ist, als sein Stil anmuthsvoll und lebendig, so dürfen wir zu den Lesern, Mufikern und Laien getrost sagen: Wir haben das Unsere gethan, thun Sie das Ihre!

Prag im October 1851.
Professor Dr. Robert Zimmermann.

Herrn Prof
Lott
zu Bericht
am 6. Jun. 1856

An
das hochlöbl. Professorencollegium
der
philosophischen Facultät
an der
Universität Wien!

Dr. Eduard Hanslick,
Beamtengehülfe im k. Ministerium
für Cultus u. Unterricht

bittet angebracht um die h. Bewilligung,
als Privatdozent über
Geschichte und Ästhetik der
Tonkunst lesen zu dürfen, —
mit Bezug auf einige
formellen Erfordernisse.

Mit eilf Beilagen.

Hochlöbliches Professorencollegium der philosophischen Facultät!

Seit früher Jugend habe ich der Tonkunst u. ihrer Wissenschaft meine besten Kräfte u. Mühe so beharrlich gewidmet, daß ich gegenwärtig hoffen darf und wünschen muß, mit den Resultaten dieses Studiums nun auch Anderen nützlich zu werden. Ich wage es daher, mich an das verehrliche Professorencollegium, welches noch keiner Belebung u. Erweiterung des wissenschaftlichen Verkehres seinen Schutz versagt hat, mit der Bitte zu wenden, meine Habilitation als Privatdozent für Geschichte u. Aesthetik der Tonkunst bewilligen zu wollen.

Rücksichtlich I.) der Eignung des Gegenstandes und II.) meiner persönlichen Befähigung erlaube ich mir, Nachstehendes anzuführen:

ad I. Den Nutzen einer systematischen Behandlung der Geschichte u. Aesthetik der Tonkunst zu beweisen, dürfte heutzutage selbst in jener Versammlung unnöthig sein, innerhalb welcher überhaupt über den Nutzen einer Wissenschaft diskutirt werden kann.

Die Musik, weder an Alter u. Ruhm noch an großen Genien u. monumentalen Werken einer andern Kunst nachstehend, ins Leben der Völker einflußreich wie keine zweite dringend, u. gegenwärtig die gepflegteste von allen, — die Tonkunst drängt, wie jede [illegible] bethätigte Kraft des Menschengeistes über die einseitige Ausübung u. den momentanen Genuß hinaus zur Begründung ihrer geschichtlichen Entwicklung u. ihrer philosophischen Grundlagen. Für die Gründung von Vorträgen /.

über Geschichte u. Aesthetik der Musik haben ganz dieselben Gründe, welche die Geschichte u. Aesthetik der bildenden Kunst untersuchen, einer Wissenschaft, welche bekanntlich an der Wiener Universität auch das Lehrfach weihte, einverleibt ist. — Das Bedürfniss nach einem wissenschaftlichen Studium der Tonkunst, u. die diesem Bedürfniss nachgehenden Schritte wurden auch längst an vielen deutschen u. ausländischen Universitäten anerkannt. Universitätsprofessoren der Musik (nicht bloss Lehrer oder Musikdirektoren) bestehen in Berlin (Prof. A. B. Marx) wie in Bonn (Professor Breidenstein.) In Halle war Türk, in Göttingen Forkel, in Leipzig W. Fink Professor der Musikwissenschaft. Ausserdem finde ich an jeder grösseren Universität einer (oder 2) Musikdozenten, welche neben praktischen Leistungen auch das Recht erhalten, Vorlesungen über Musik zu halten. Mit anerkanntem Erfolg wurde dies Recht ausgeübt: von Knecht (Franz) in Halle, von Mosewius in Breslau, von Kühnau in Königsberg u. A. — In Heidelberg u. Tübingen (das x keine Musikanstalten besitzt) wurden gleichfalls Vorlesungen über Musikwissenschaft gehalten. In Paris ist Fétis Professor an der Universität, in Edinburgh ist neuerdings eine Musikprofessur gegründet worden. — Ohne Zweifel würde die Zahl der musikalischen Professuren noch weit grösser sein, wenn sich reichende wissenschaftliche gebildete Dozenten leichter sich fänden.

Deshalb zunächst einen andern Grund, der im Allgemeinen für die Errichtung solcher Lehrkanzeln Geltung gemacht wird, wenn man die speziellen Verhältnisse Wiens ins Auge fasst.
Wien ist unbestritten die erste Musikstadt Deutschlands u. war es, solange es eine Geschichte deutscher Musik giebt. Die grössten Tondichter: Gluck, Haydn, Mozart, Beethoven
                                                            .)

138

II. Ueber meine persönlichen Aufsätzen kann ich zwar gegenwärtig nur geringe [...] beibringen u. muß hoffen, daß das hochlöbl. Professorencollegium in Erwägung der Neuheit des Gegenstandes einen billigen Maßstab daranlegen werde. — Den formellen Bedingungen entsprechend, erlaube ich mir gehorsamst vorzulegen:

(Beilagen:)

1.) einen biographischen Abriß (Curriculum vitae.) /1.

2.) Das Absolutorium der philologischen Studien. /2.

3.)
4.) die [...] zeugnisse aus der Geschichte. /3. /4.

5.) Das Absolutorium der juridischen Studien. /5.

6.) das [...] in [...] Abschrift. /6.

7.) und 8.) Zwei Zeugnisse des anerkannt vortrefflichen [...] u. Linguisten W. J. [...] in Prag /7. /8.
über den bei ihm vollständig gehörten [...] Curses über alle Theile der Linguistischen Lehre

9. u. 10.) Zwei [...] der J. [...] in Wien, als Beweis [...], welche die [...] in meiner musikalischen [...] [...], [...] ich [...] musikalische [...] [...]. Auch das k.k. Unterrichtsministerium fand [...] [...], musikalisches Gutachten mir abzuverlangen. /9. /10.

11.) Meine bei R. Weigel in Leipzig verschienenen Abhandlung » vom Musikalisch-Schönen.« /11.
In dieser Schrift versuche ich die [...] der [...] [...] [...] der Musik

... nachweisen u. die Grundzüge festzustellen, nach
welchen einer wahrhaft wissenschaftlichen Bearbeitung der
Tondichtung zu gewinnen wäre. —

Von der Unvollkommenheit dieser Arbeit ist niemand tiefer
überzeugt, als der Verfasser selbst, dem das Gebiet noch
mit jedem Tage fortschreitender Lernens unermesslicher
erscheint. Zwar hat die Schrift eine so überaus günstige
Aufnahme gefunden, dass ich wenigstens auf deren
Erfolg mir Hinzuweisen erlauben darf. In den
vorzüglichsten in- u. ausländischen Blättern wurde die Abhandlung sowohl von musikalischen als von philosophischen
Fachmännern eingehend und lobend besprochen, u. in
allen bisher erschienenen bedeutenderen Werken dieses
Faches zitiert. So berufen sich Prof. Lazarus in
Gießen in seinem Werk „Die Musik u. die musikalischen
Instrumente" (Gießen 1855, P.172) ferner Prof. Adolf Zeising
in Leipzig in seinem „Aesthetischen Forschungen" (Frankfurt,
1855, P.248) eher vorbehaltlich auf die von mir gewonnenen
Resultate für die musikalische Aesthetik. Sogar
in Julian Schmidt's „Geschichte der deutschen Nationalliteratur" (2. Auflage, Leipzig 1855, III Band, P.243) wird
meine Abhandlung genannt als ein Beweis für
„den ungeheuren Abstand der Bildung" zwischen der
gegenwärtigen musik-aesthetischen Arbeiten u. den
denen der beschränkten Kritiker der vorigen Epoche. —

Schon jetzt wird die 2te vermehrte u. verbesserte Auflage
meiner Schrift vorbereitet. Ich bitte um die Erlaubniß

141

dem […] Professorencollegium ein Exemplar […] […] […], als Beitrag zu dieser Eingabe gehorsamst überreichen zu dürfen.

Aus innerer Überzeugung dem historischen Princip zugethan, würde ich in nächsten Jahren eine **Geschichte** der Musik vortragen. Nachdem dieses ihrem materiellen Gehalt u. der äußeren Anordnung nach in Übereinstimmung mit dem […] Handbüchern bleibt, glaube ich ein […] Programm über diese Vorträge nicht beilegen zu müssen. —

Mein Princip, die ästhetischen […] […] aus […] […], […] Natur zu gewinnen, […] mich […] […] […] fast gänzlich […]. Im […] stehe ich […] dem philosophischen System **Herbarts**, das ich als […] Schüler Exners […] […] zu […] […] hatte. Als […] dieser meiner philosophischen […] […] ich die Kritik des Herbartianers Prof. Rob. Zimmermann in den österr. Literaturblättern v. 1854, Nr. 47, und den Ausspruch des […] Dr. Ambros […] in seiner Schrift "Die Grenzen der Musik u. Poesie" (Prag 1856, S. 10) auf die "große Beschränkung" hinweis, […] […] "Herbartischen Philosophie" […] meine Schrift […]. —

[…] die Gnade Sr. Exzellenz des Herrn Unterrichtsministers ist mir zur Vollendung u. […] der mir gegenwärtig obliegenden Histor. […] über Musik ein Urlaub […] die Sommermonate bewilligt worden. Da ich auf dringendes ärztliches […] diesen Urlaub leider zugleich zu einer […] u. […] benützen muß, […] mich von Wien […], — würde mir die Abhaltung eines Colloquiums u. einer Probevorlesung sehr […] fallen.

Ich […] es […], die […] Bitten zu […] das hochlöbliche Professorencollegium wolle mich als Privatdozenten der Geschichte u. Ästhetik der Tonkunst mit […] des Colloquiums u. der Probevorlesung zulassen, respective dieses Ansuchen dem hohen Unterrichtsministerium zur […] […] vorlegen.

Den Bescheid über dieses Gesuch bitte ich ergebenst, mir durch das […] Präsidium des h. Unterrichtsministeriums zustellen lassen zu wollen, wo die […]kanzlei […] Vincenz von Ehrhart die […] […] Weiterbeförderung an mich gefälligst übernehmen wird.

Des hochlöbl. Professorencollegiums
ehrfurchtsvoll ergebener Diener

Dr. Eduard Hanslick.

Wien am 27 April 1856.

142

Eduard Hanslick: Habilitationsgesuch [Übertragung]

Hochlöbliches Professorencollegium der philosophischen Facultät!

Seit früher Jugend habe ich der Tonkunst und ihrer Wissenschaft meine beste Kraft und Muße so beharrlich gewidmet, daß ich gegenwärtig hoffen darf und wünschen muß, mit den Resultaten dieses Studiums nun Andern nützlich zu werden. Ich wage es daher, mich an das verehrliche Professorencollegium, welches noch keiner Belebung und Erweiterung des wissenschaftlichen Verkehrs seinen Schutz versagt hat, mit der Bitte zu wenden, meine Habilitation als Privatdozent für Geschichte und Aesthetik der Tonkunst bewilligen zu wollen.

Rücksichtlich I.) der Eignung des Gegenstandes und II.) meiner persönlichen Befähigung, erlaube ich mir, Nachstehendes anzuführen:

ad I. den Nutzen einer systematischen Behandlung der Geschichte u. Aesthetik der Tonkunst zu beweisen, dürfte heutzutage selbst in jener Beschränkung unnöthig sein, innerhalb welcher überhaupt über den Nutzen einer Wissenschaft diskutirt werden kann.

Die Musik, weder an Alter u. Ruhm noch an großen Gewinn und monumentalen Werken einer anderen Kunst nachstehend, ins Leben der Völker einflußreich wie keine zweite dringend, u. gegenwärtig die gepflegteste von allen, – die Tonkunst drängt, wie jede jahrhundertlang bethätigte Kraft des Menschengeistes über die empirische Ausübung u. den momentanen Genuß hinaus zur Ergründung ihrer geschichtlichen Entwicklung u. ihrer philosophischen Grundlagen. Für die Gründung von Vorträgen über Geschichte u. Aesthetik der Musik sprechen ganz dieselben Gründe, welche die Geschichte u. Aesthetik der bildenden Kunst unterstützen, eine Wissenschaft, welche bekanntlich an der Wiener Universität auf das Erfolgreichste vertreten ist. – Das Bedürfniß nach einem wissenschaftlichen Studium der Tonkunst u. die diesem Bedürfniß entsprechende Pflicht wurde auch längst an vielen deutschen u. ausländischen Universitäten anerkannt. Universitätsprofessoren der Musik (nicht bloß Lehrer oder Musikdirectoren) bestehen in Berlin (Prof. A. B. Marx) und in Bonn (Professor Breidenstein). In Halle war Türk, in Göttingen Forkel in Leipzig W. Fink Professor der Musikwissenschaft. Außerdem giebt es an jeder preußischen Universität einen (oder 2) Musikdirectoren, welche neben praktischen Leistungen auch das Recht haben Vorlesungen über Musik zu halten. Mit anerkanntem Erfolg wird dies Recht ausgeübt: von Knaut (Franz) in Halle, von Mosewius in Breslau, von Küssmann in Königsberg u. A. – In Heidelberg u. Tübingen (das reiche Musikanstalten besitzt) werden gleichfalls Vorlesungen über Musikwissenschaft gehalten. In Paris ist Fétis Professor an der Universität, in Edinburgh ist neuerdings eine Musikprofessur gegründet worden. – Ohne Zweifel würde die Zahl der musikalischen Professuren noch viel größer sein, wenn hinreichende wissenschaftlich gebildete Bewerber dafür sich fänden.

Doppeltgewichtig wird jeder Grund, der im Allgemeinen für die Errichtung solcher Lehrkanzeln geltend gemacht wird, wenn man die speciellen Verhältnisse Wiens ins Auge faßt.

Wien ist unbestritten die erste Musikstadt Deutschlands u. war es, solange es eine Geschichte deutscher Musik giebt. Die größten Tondichter: Gluck, Haydn, Mozart, Beethoven, lebten und wirkten in Wien, vieler bedeutender Tonsetzer 2.ten Ranges nicht zu gedenken. Dieses Wirken mußte ebensowohl einen vorzüglichen musikalischen Boden hier vorgefunden als auch wieder auf die Befruchtung derselben kräftigen Einfluß geübt haben. – Dieser unvergänglichen historischen Bedeutung Wiens, welche an sich hinreichen würde die Vertretung der Musikwissenschaft an der Hochschule zur Ehrensache zu machen, steht eine nicht minder bedeutungsvolle Gegenwart zur Seite.

Die österr. Monarchie beherbergt in ihrem Complex die musikalischesten Nationen der Welt u. besitzt in dem tonkünstlerischen Talent derselben, in dem Schatz von Volksliedern, endlich in dem fortwährend regen Musikleben der Städte eine musikalische Grundmacht, wie sie kein europäischer Staat sein nennen kann. Aus allen diesen Nationalitäten strömen die befähigtesten Musiker in Wien zusammen. Leider fehlt dem größten Theil derselben jede andre als die rein technische Einsicht in ihre Kunst. Die ungleich höhere Bildung welche man bei norddeutschen Musikern findet, rührt zum grösten Theil von den Universitätsvorlesungen über Musik her u. wo solche fehlen von der höheren wissenschaftlichen Einrichtung der Conservatorien. – Das Wiener Conservatorium, (– eine ziemlich beschränkte Privatanstalt, die mit der k. k. Akademie der bildenden Künste auch nicht entfernt verglichen werden darf –) bietet den Schülern eine höhere wissenschaftliche Ausbildung nicht; Die gegenwärtige Direction hat sich sogar prinzipiell dafür erklärt, daß das Conservatorium eine Elementarschule für die practische Heranbildung von Musikern (namentlich Orchestermitgliedern) zu sein hat. Die Conservatoristen, meist Knaben ohne alle Vorbildung, haben auch das Bedürfniß noch nicht, über die geschichtliche Entwicklung und die Schönheitsgesetze ihrer Kunst systematisch belehrt zu werden. Später, bei einer reiferen Bildung bleibt das Bedürfniß selten aus, u. nur die Universität wäre dann in der Lage, es zu befriedigen.

II. Ueber meine persönliche Befähigung kann ich zwar gegenwärtig nur geringe Beweise beibringen u. muß hoffen, daß das hochlöbl. Professorencollegium in Erwägung der Neuheit des Gegenstandes einen billigen Maßstab daranlegen werde. – Den formellen Bedingungen entsprechend, erlaube ich mir gehorsamst vorzulegen:

		(Beilagen)
1.)	*Einen biographischen Abriß (Curriculum vitae)*	*1*
2.)	*Das Absolutorium der philosophischen Studien*	*2*
3.)	*Die Prüfungszeugnisse aus der Geschichte*	*3*
4.)		*4*
5.)	*Das Absolutorium der juridischen Studien*	*5*
6.)	*Das Doktordiplom in vidim. Abschrift*	*6*
7.) u. 8.)	*Zwei Zeugniße des anerkannt vortrefflichen Theoretikers u. Componisten*	*7*
	W. J. Tomaschek in Prag über den bei ihm vollständig gehörten dreijährigen Cursus	*8*
	über alle Theile der Compositionslehre.	
9.) u. 10.)	*Zwei Dekrete der 1. Statthalterei in Wien als Beweis des ehrenden Vertrauen*	*9*
	welches die Behörden in meine musikalische Spruchfähigkeit setzen, obgleich ich	*10*
	keinerlei musikalische Stellung bekleide. Auch das k. k. Unterrichtsministerium fand	
	sich wiederholt bewogen, musikalische Gutachten mir abzuverlangen.	
11.)	*Meine bei B. Weigel in Leipzig erschienene Abhandlung „Vom Musikalisch-Schönen".*	

In dieser Schrift versuche ich die Unhaltbarkeit der bisherigen ästhetischen Behandlungsweise der Musik kritisch nachzuweisen u. die Grundzüge festzuhalten, nach welchen eine wahrhaft wissenschaftliche Aesthetik der Tonkunst zu gewinnen wäre. –
Von der Unvollkommenheit dieser Arbeit ist Niemand tiefer überzeugt, als der Verfasser selbst, dem das Geleistete mit jedem Tage fortschreitenden Lernens ungenügender erscheint. Indeß hat die Schrift eine so überaus günstige Aufnahme gefunden, daß ich wenigstens auf diesen Erfolg mir hinzuweisen erlauben darf. In den vorzüglichsten in- u. ausländischen Blättern wurde die Abhandlung sowohl von musikalischen als von philosophischen Fachmännern eingehend und lobend besprochen u. in allen seither erschienenen bedeutenderen Werken dieses Fachs zitirt. So berufen sich Prof. Zamminer in Gießen in seinem Werk „Die Musik u. die musikalischen Instrumente" (Gießen 1855, S. 172), ferner Prof. Adolf Zeising in Leipzig in seinen „Aesthetischen Forschungen" (Frankfurt, 1855, S. 248) ohne Vorbehalt auf die von mir gewonnenen Resultate für die Aesthetik. Sogar in Julian Schmidt's „Geschichte der deutschen Nationalliteratur" (2. Auflage, Leipzig 1855, III. Band, S. 243) wird meine Abhandlung genannt als ein Beweis für „den ungeheuren Abstand der Bildung" zwischen den gegenwärtigen musik-aesthetischen Arbeiten u. jenen der berühmtesten Kritiker der vorigen Epoche. –
Schon jetzt wird die 2te vermehrte u. verbessere Auflage meiner Schrift vorbereitet. Ich bitte um die Erlaubniß, dem hochlöbl. Professorencollegium ein Exemplar dieser neuen Bearbeitung sogleich nach deren Erscheinen als Nachtrag zu dieser Eingabe gehorsamst überreichen zu dürfen.
Aus innigster Überzeugung dem historischen Prinzip zugethan, würde ich im ersten Jahre nur Geschichte der Musik vortragen. Nachdem diese ihrem materiellen Inhalt u. der äußeren Anwendung

nach in Übereinstimmung mit den bewährtesten Handbüchern bleibt, glaube ich ein eigenes Programm über diese Vorträge nicht beilegen zu müssen. Mein Prinzip, die aesthetischen Grundsätze einer Kunst aus deren eigenster, spezifischer Natur zu gewinnen, hält mich von rein metaphysischen Erörterungen fast gänzlich fern. Am nächsten stehe ich jedoch dem philosophischen System Herbarts, das ich als bevorzugter Schüler Exners genau kennen zu lernen Gelegenheit hatte. Als Beweis dieser meiner philosophischen Grundrichtung zitire ich die Kritik des Herbartianers Prof. Rob. Zimmermann in den österr. Literaturblättern 1854, Nr. 47 und den Ausspruch des Aesthetikers Dr. Ambros der in seiner Schrift „Die Grenzen der Musik u. Poesie" (Prag 1856, S. 10) auf die „große Befriedigung" hinweist, welche „die Herbartische Philosophie" über meine Schrift empfand. –

Durch die Gnade Sr. Exzellenz des Herrn Unterrichts-Ministers ist mir zur Vollendung u. Sichtung der mir gegenwärtig obliegenden histor. Studien über Musik ein Urlaub für die Sommermonate bewilligt worden. Da ich auf dringendes ärztliches Geheiß diesen Urlaub leider zugleich zu einer Brunnen- und Wasserkur benutzen muß, welche mich von Wien abruft, – würde mir die Abhaltung eines Colloquiums u. einer Probevorlesung sehr mühsam fallen. Ich wage es daher, die ergebenste Bitte zu stellen: das hochlöbliche Professorencollegium wolle mich als Privatdozenten der Geschichte u. Aesthetik der Tonkunst mit Nachsicht des Colloquiums u. der Probevorlesung zulassen, respective dieses Ansuchen dem hohen Unterrichtsministerium zur günstigen Entscheidung vorlegen.

Den Bescheid über diesen Antrag bitte ich ergebenst, mir durch das h. Präsidium des kk. Unterrichts Ministeriums zustellen lassen zu wollen, wo der Präsidialconzipist H. Vincenz von Ehrhart die allsogleiche Weiterbeförderung an mich gefälligst übernehmen wird.

Des hochlöbl. Professorencollegiums
ehrfurchtsvoll ergebener Diener
Dr. Eduard Hanslick

Wien am 27. April 1856

Biographische Skizze (Curriculum vitae)
(als Beilage zu dem Gesuch des
Dr. Eduard Hanslick um Habilitierung als
Privatdozent für Geschichte u. Aesthetik
der Tonkunst.)

Der Bittsteller ist geboren zu Prag im Jahr 1825
und erhielt eine sehr sorgfältige Erziehung von
seinem Vater, dem kk. Universitäts-Bibliotheks-Scriptor
Joseph Ad. Hanslick, welcher durch seine „Geschichte
der Prager Bibliothek" (herausgegeben von der
kk. Akademie der Wissenschaften) und auch seinen
Vorlesungen als einst Hochschüler „Aesthetik
der Anstalt von Prof. Dambeck" sich den Ruf
eines tüchtigen Gelehrten erworben hat.

In seiner Vaterstadt Prag absolvierte der
Bittsteller das Gymnasium, die philosophischen
Studien und die 3 ersten juridischen Jahrgänge
mit vorzüglichem Erfolge. Zugleich widmete
er sich mit Vorliebe u. Eifer der Musik,
zunächst unter der Anleitung J. F. Kittl's (gegenw.
nämlich Direktors des Conservatoriums) später
unter dem berühmten Theoretiker u. Tonsetzer
W. J. Tomaschek. Bei letzterem studierte
über 4 Jahre die Musik, wovon 3 Jahre allein
für die Compositionslehre in ihrem ganzen
Umfang verwendet wurden.
                                        J.

Ein Jahr lang (nach dem philol. Jahrgange —) unterbrach derselbe seine Universitätsstudien um äußerst die musikalischen Studien bei Sechter zu vollenden.

Im Jahre 184 6/7 vollendete der Schriftsteller seine juridischen Studien an der Wiener Hochschule, erlangte daselbst das Doctorat u. trat als Conceptspraktikant bei der Hof- u. nö. Kammerprocuratur ein. Zur selben Zeit erschienen von seiner Feder musikalische Aufsätze in den „Sonntagsblättern" u. der A. Schmid'schen „Wiener Musikzeitung", — welche zur Folge hatten, daß die HH. Professoren Sechter und Heysler daselbst unverweilt für die offizielle Wiener Zeitung engagirten, deren Redaction sie damals übernahmen.

Im Jahre 1850 wurde der Schriftsteller als Aushilfsreferent zum Schulamte nach Klagenfurt gesandt, im J. 1852 als Conceptsadjunct zum Unterrichtsministerium einberufen, endlich im J. 1854 zum Conceptsadjuncten beim h. Ministerium des Unterrichts ernannt, in welcher Anstellung er sich derzeit noch befindet. Die bei R. Weigel in Leipzig verlegte Schrift „über MusikalischSchönes" erschien 1854 und

/.

Jene solchen Anlage, daß gegenwärtig ihnen eine etwaige Anstalt verbreitet wird.

Für die musikalische Ausbildung des Schaffens war auch eine Reihe durch Anstellung von zahlreichen Fragen, die er im Sommer 1855 aus Anlaß einer ehrenvollen Einladung zum internationalen Musikfest unternahm u. dazu benutzte, die ausgezeichnetsten musik. Anstalten u. die hervorragendsten Notabilitäten der musikal. Theorie u. Aesthetik kennen zu lernen.

Da die ersten Aufsätze über Musik aus der Feder des Schaffens bereits im Jahre <u>1844</u> (in der Zeitschrift Ost u. West) gedruckt erschienen, darf derselben wohl behaupten, daß er zum <u>mindesten</u> durch zwölf volle Jahre dem Studium der musik. Anstalt <del>coblingst</del> bereits. —

Dr Eduard Hanslick

Wien 27. April 1856.

Eduard Hanslick: Biographische Skizze (Curriculum vitae) [Übertragung]

Biographische Skizze (Curriculum vitae)
(als Beilage zu dem Gesuch des <u>Dr. E. Hanslick</u> um Habilitirung als Privatdozent für Geschichte und Aesthetik der Tonkunst)

Der Bittsteller ist geboren zu Prag im Jahr 1825 und erhielt eine sehr sorgfältige Erziehung von seinem Vater, dem k. k. Universitäts-Bibliotheksskriptor Joseph Ad. Hanslick, welcher durch seine „Geschichte der Prager Bibliothek" (– herausgegeben von der k. k. Akademie der Wissenschaften –) und durch seine Edition des einst hochgeschätzten „Lehrbuchs der Aesthetik von Prof. Dambeck" sich den Ruf eines tüchtigen Gelehrten erworben hat. In seiner Vaterstadt Prag absolvirte der Bittsteller das Gymnasium, die philosophischen Studien und die 3 ersten juridischen Jahrgänge mit vorzüglichem Erfolge. Zugleich widmete er sich mit Vorliebe u. Eifer der Musik, zuerst unter der Anleitung J. F. <u>Kittl's</u> (gegenwärtig Director des Conservatoriums) später unter dem bewährten Theoretiker und Tonsetzer W. J. <u>Tomaschek</u>. Bei letzterem studirte über 4 Jahre die Musik, wovon 3 Jahre allein für die Compositionslehre in ihrem ganzen Umfang verwendet wurden.

Ein Jahr lang (– nach den philos. Jahrgängen –) unterbrach derselbe seine Universitätsstudien um ungestört die musikalischen Studien bei Tomaschek zu vollenden.

Im Jahr 1846/7 vollendete der Bittsteller seine juridischen Studien an der <u>Wiener</u> Hochschule, erlangte daselbst das Doctorat u. trat als Conceptspraktikant bei der Hof- und nö. Kammerprokuratur ein. Zur selben Zeit erschienen von seiner Feder musikalische Aufsätze in den „Sonntagsblättern" u. der A. Schmied'schen „Wiener Musikzeitung", – welche zur Folge hatten, daß die k. k. Professoren Stubenrauch und Heyßler denselben unverweilt für die offizielle Wiener Zeitung engagirten, deren Redaction sie damals übernahmen. Im Jahr 1850 wurde der Bittsteller als AushilfsReferent zum Fiskalamt nach <u>Klagenfurt</u> gesendet, im J. 1852 zum Conceptsadjunct beim k. k. Finanzministerium einberufen, endlich im J. 1854 zum Conceptsadjuncten beim h. Ministerium des <u>Unterrichts</u> ernannt, in welcher Anstellung er sich derzeit noch befindet. Die bei B. Weigel in Leipzig verlegte Schrift „Vom Musikalisch-Schönen" erschien 1854 und fand solchen Anklang, daß gegenwärtig schon eine 2te Auflage vorbereitet wird.

Für die musikalische Ausbildung des Bittstellers war auch eine Reise durch Deutschland von günstigem Einfluß, die er im Sommer 1855 aus Anlaß einer ehrenvollen Einladung zum Niederrheinischen Musikfest unternahm u. dazu benützte, die ausgezeichnetsten mus. Anstalten u. die hervorragendsten Notabilitäten der musikal. Theorie u. Aesthetik kennen zu lernen.

Da die ersten Aufsätze über Musik aus der Feder des Bittstellers bereits im Jahr <u>1844</u> (in der Zeitschrift Ost u. West) gedruckt erschienen, darf derselbe wohl behaupten, daß er zum <u>mindesten</u> durch zwölf volle Jahre dem Studium der mus. Aesthetik bereits obliegt.

Dr. Eduard Hanslick

Wien 27. April 1856.

Literaturverzeichnis

Verwendete Abkürzungen

AfMw	*Archiv für Musikwissenschaft*
Biogr. Jb.	*Biographisches Jahrbuch und deutscher Nekrolog*
u. Dt. Nekrolog	
Fs.	*Festschrift*
Lili	*Zeitschrift für Literaturwissenschaft und Linguistik*
Mf	*Die Musikforschung*
MGG	*Die Musik in Geschichte und Gegenwart*
MuB	*Musik und Bildung*
NZfM	*Neue Zeitschrift für Musik*
NA	*Neuausgabe*
ÖMZ	*Österreichische Musikzeitung*
PMA	*Proceedings of the Musical Association*
Vjschr. f. Mw.	*Vierteljahresschrift für Musikwissenschaft*
Zs.	*Zeitschrift*

Abegg, W.: *Musikästhetik und Musikkritik bei Eduard Hanslick*. Regensburg 1974

Adler, G.: Rede zur Enthüllung der Hanslickbüste. Wien 1913. Separatdruck Neue Freie Presse

ders.: *Eduard Hanslick*. In: *Biogr. Jb. u. Dt. Nekrolog 1904*, Berlin 1906

Adorno, Th. W.: *Ästhetische Theorie*. Frankfurt/Main 1970

ders.: *Einleitung in die Musiksoziologie*. Frankfurt/Main 1975

Altenburg, D.: *Vom poetisch Schönen. Franz Liszts Auseinandersetzung mit der Musikästhetik Eduard Hanslicks*. In: Fs. Hüschen, Kassel 1980, S. 1

Ambros, A. W.: *Die Gränzen der Poesie und Musik. Eine Studie zur Aesthetik der Tonkunst*. Prag 1856

d'Armond, F. P. L.: *Eduard Hanslicks Lehre vom Musikalisch-Schönen. Eine Abwehr*. Leipzig 1859

Besseler, H.: *Das musikalische Hören der Neuzeit*. In: ders., *Aufsätze zur Musikästhetik und Musikgeschichte*. Leipzig 1978, S. 104–173

Bensey, R.: *Die Mittel des Tonreiches nach Inhalt und Form*. In: *NZfM* Bd. 63, 1867, S. 241

Bimberg, S./Kaden, W./Lippold, E./Mehner, K./S. Schultze, W. (Hg.): *Handbuch der Musikästhetik*. Leipzig 1979

Blume, Fr.: Artikel *Hanslick*. In: *MGG* V, Sp. 1482-93

Böhmer, H.: *Musik als tönend bewegte Form. Von Hanslick zu Strawinsky*. In: *Melos* XVII, 1950, S. 337–340

Boetius, H.: *Textkritik und Editionstechnik*. In: *Grundzüge der Literatur- und Sprachwissenschaft. Band I, Literaturwissenschaft*. München ⁵1978, S. 73–88

Borchmeyer, D.: *Das Theater Richard Wagners*. Stuttgart 1982

Braun, W.: *Musikkritik*. Köln 1972

Breakspeare, E. J.: *On Musical Aesthetics*. In: *PMA* VI 1879/80, S. 59

Breitkreuz, D.: *Die musikästhetischen Anschauungen Eduard Hanslicks und ihre Gültigkeit in der Gegenwart*. Diss. Halle 1969

Brendel, F.: *Zur musikalischen Ästhetik*. In: *NZfM* Bd. 42, 1855, S. 77

Bruchhagen, P.: *Hanslick und die spekulative Ästhetik*. In: *Zs. f. Ästhetik und allg. Kunstwissenschaft*, hg. v. M. Dessoir, Bd. 30, Stuttgart 1936, S. 270

Croce, B.: *Ästhetik als Wissenschaft vom Ausdruck und allgemeine Sprachwissenschaft. Theorie und Geschichte*. Tübingen 1930

Dahlhaus, C.: *Eduard Hanslick und der musikalische Formbegriff.* In: *Mf* XX 1967, S. 145–153

ders.: *Musikästhetik.* Köln 1967

ders.: *Die Idee der absoluten Musik.* Kassel 1978

Dahlhaus, C./Zimmermann, M. (Hg.): *Musik zur Sprache gebracht.* München und Kassel 1984

Danz, E.-J.: *Die objektlose Kunst. Untersuchungen zur Musikästhetik Friedrich von Hauseggers.* Regensburg 1981

Deas, S.: *In Defence of Hanslick.* London 1940

Eckhardt, L.: *Vorschule der Aesthetik.* Band II. Karlsruhe 1865

Ehrlich, H.: *Die Musik – Aesthetik in ihrer Entwicklung von Kant bis auf die Gegenwart.* Leipzig 1882

Elßner, M.: *Zum Problem des Verhältnisses von Musik und Wirklichkeit in den musikästhetischen Anschauungen der Schumannzeit.* Diss. Halle 1964

Engel, G.: *Ästhetik der Tonkunst.* Berlin 1884

Fuchs, C.: *Präliminarien zu einer Kritik der Tonkunst.* Leipzig 1871

Gervinus, G. G.: *Händel und Shakespeare. Zur Ästhetik der Tonkunst.* Leipzig 1868

Glatt, D.: *Zur geschichtlichen Bedeutung der Musikästhetik Eduard Hanslicks.* München 1972

Grimm, H.: *Zwischen Klassik und Positivismus – Zum Formbegriff Eduard Hanslicks.* Diss. Berlin 1982

ders.: *Die Musikanschauungen Fr. Grillparzers und E. Hanslicks.* In: *Beiträge z. Mw.* 24 1982, S. 17–30

Haas, R.: *Eduard Hanslick.* In: *Sudetendeutsche Lebensbilder,* hg. v. E. Gierach, Bd. I, Reichenberg 1926, S. 205–209

Hall, R. W.: *On Hanslick's supposed Formalism in Music.* In: *Journal of Aesthetics* XXV, 1967, S. 453

Hanslick, E.: *Musik. Spontinis Vestalin.* In: *Wiener Zeitung* 28.3.1854

ders.: *Für Musik. Dr. A. J. Becher.* In: *Frankls Sonntagsblätter* Nr. 15, 1847

ders.: *Censur und Kunst-Kritik.* In: *Wiener Zeitung* 24.3.1848

ders.: *Concert. Concerte des Herrn Litolff.* In: *Wiener Zeitung* 12.3.1848 (*Renatus*)

ders.: *Die Wiener Konzertsaison 1853–54.* In: *Österr. Blätter für Literatur und Kunst,* 15.5.1854

ders.: *Ästhetische Reflexionen über Hovens Komposition der Heine'schen Heimkehr.* In: *Beilage zum Morgenblatte der Wiener Zeitung* 51, 1851

ders.: *Kärnthische Volkslieder.* In: *Beilage zum Morgenblatte der Wiener Zeitung* 62, 6.8.1851

ders.: *Musik. Classische Studien für das Pianoforte.* In: *Beilage zum Morgenblatte der Wiener Zeitung* 16.6.1849

ders.: *Erstes Concert spirituel.* In: *Wiener Zeitung* 14.3.1848

ders.: *Zur Biographie Mozarts und Beethovens.* In: *Beilage zum Morgenblatte der Wiener Zeitung* 28.2.1853

ders.: *Kritik des Wiener Musikverlages.* In: *Österreichische Blätter für Literatur und Kunst.* 5.12.1853

ders.: *Christoph Willibald Ritter v. Gluck. Dessen Leben und Wirken von Anton Schmid.* In: *Österreichische Blätter für Literatur und Kunst.* 3.7.1854

ders.: *Ueber den subjektiven Eindruck der Musik und seine Stellung in der Aesthetik.* In: *Oesterreichische Blätter für Literatur und Kunst.* 25.7., 1.8. und 15.8.1853

ders.: *Die Tonkunst in ihren Beziehungen zur Natur.* In: *Oesterreichische Blätter für Literatur und Kunst.* 13.3.1854

ders.: *Vom Musikalisch-Schönen. Ein Beitrag zur Revision der Aesthetik der Tonkunst.* Leipzig [1]1854, [2]1858, [3]1865, [4]1874, [5]1876, [6]1881, [7]1885, [8]1891, [9]1896, [10]1902

ders.: *Aus meinem Leben.* Berlin 1894. NA 1971

ders.: *Geschichte des Concertwesens in Wien.* Wien 1869

ders.: *Aus dem Concertsaal. Kritiken und Schilderungen aus den letzten 20 Jahren des Wiener Musiklebens.* Wien 1870

ders.: *Concerte, Componisten und Virtuosen der letzten fünfzehn Jahre. 1870–1885.* Berlin [2]1886

ders.: *Die moderne Oper. Kritiken und Studien.* Berlin 1875

ders.: *Musikalische Stationen. Neue Folge der „Modernen Oper".* Berlin 1880 ders.: *Aus dem Opernleben der Gegenwart. Der „Modernen Oper" III. Teil. Neue Kritiken und Studien.* Berlin 1884

ders.: *Musikalisches Skizzenbuch. Der „Modernen Oper" IV. Teil. Neue Kritiken und Schilderungen.* Berlin ²1888

ders.: *Musikalisches und Literarisches. Der „Modernen Oper" V. Teil. Kritiken und Schilderungen.* Berlin 1889

ders.: *Aus dem Tagebuch eines Musikers. Der „Modernen Oper" VI. Teil.* Berlin 1892

ders.: *Fünf Jahre Musik (1891–1895). Der „Modernen Oper" VII. Teil.* Berlin ²1896

ders.: *Am Ende des Jahrhunderts (1895–1899). Der „Modernen Oper" VIII. Teil.* Berlin ³1899

ders.: *Aus neuer und neuester Zeit. Der „Modernen Oper" IX. Teil. Musikalische Kritiken und Schilderungen.* Berlin ³1900

ders.: *Suite.* Wien 1884

Haubrichs, W.: *Einleitung.* In: *LiLi* 1975 Heft 19/20: *Edition und Wirkung*, S. 7–12

Hegel, G. W. F.: *Vorlesungen über die Ästhetik.* In: ders.,Werke in 20 Bänden, hg. v. E. Moldenhauer u. K. M. Michel, Bd. 13–15. Frankfurt/Main 1970

Helmholtz, H.: *Die Lehre von den Tonempfindungen als physiologische Grundlage für die Theorie der Musik.* Braunschweig 1863, ³1870

Heuß, A.: *Hanslick und die Gegenwart. Aus Anlaß v. Hanslicks 100. Geburtstag am 11. September.* In: *Zs. f. Musik* Heft 9, 1925

Hirschfeld, R.: *Das kritische Verfahren Eduard Hanslicks.* Wien 1885

ders.: *Musikalische Kritik in der Wiener Zeitung.* In: *Zur Geschichte der Kaiserlichen Wiener Zeitung.* Wien 1903, S. 197–235

Höpker-Herberg, E.: *Überlegungen zum synoptischen Verfahren der Variantenverzeichnung. Mit einem Beispiel aus Klopstocks „Messias".* In: *Texte und Varianten. Probleme ihrer Edition und Interpretation,* hg. v. G. Martens u. H. Zeller. München 1971, S. 219–232

Höslinger, C.: *Einige Anmerkungen zum Thema Hanslick.* In: *ÖMZ XXI,* 1966, S. 535

Hostinsky, O.: *Das Musikalisch-Schöne und das Gesamtkunstwerk vom Standpunkt der formalen Ästhetik.* Leipzig 1877

Ibl, H.: *Studien zu Johann Vesque von Püttlingens Leben und Opernschaffen.* Wien 1949

Jungmann, J.: *Aesthetik.* Freiburg 1884

Kant, I.: *Kritik der Urteilskraft.* Berlin 1790, ³1799

ders.: *Kritik der reinen Vernunft.* Riga 1781, ²1787 Kritische Ausgabe in: *Kants Werke in drei Bänden. Unter Zugrundelegung der Ausgabe der Preußischen Akademie der Wissenschaften,* herausgegeben und eingeleitet v. A. Messer, Bd. II, Berlin o. J.

Kirchmann, J. H. v.: *Aesthetik auf realistischer Grundlage.* Berlin 1868

König, W.: *dtv-Atlas zur deutschen Sprache. Tafeln und Texte.* München 1978

Kneif, T.: *Ideen zu einer dualistischen Musikästhetik.* In: *MuB IX* 1970, S. 357

Koch, Chr.: *Musik-Lexikon.* Frankfurt/Main 1802, NA Hildesheim 1969

Köstlin, H. A.: *Die Tonkunst. Einführung in die Ästhetik der Musik.* Stuttgart 1879

Köstlin, K.: *Aesthetik.* Tübingen 1869

Komorzynsky, E. v.: *Die literarischen Beiträge der Wiener Zeitung 1849–1880.* In: *Zur Geschichte der Kaiserlichen Wiener Zeitung.* Wien 1903, S. 253–320

Kullak, A.: *Das Musikalisch-Schöne. Ein Beitrag zur Aesthetik der Tonkunst.* Leipzig 1858

Lazarus, M.: *Das Leben der Seele.* Bd. II. Berlin 1857

Lobe, J. Chr.: *Gegen Dr. Eduard Hanslick's „Vom Musikalisch-Schönen".* In: *Fliegende Blätter für Musik.* Bd. II, Leipzig 1857, S. 65–106

ders.: *Noch einmal gegen Dr. Hanslick – in Noten.* In: *Fliegende Blätter für Musik.* Bd. II, Leipzig 1857, S. 183–189

Lotze, H.: *Recension von Eduard Hanslick „Vom Musikalisch-Schönen".* In: *Göttinger gelehrte Anzeigen* 1855. Wiederabdruck in: *Kleine Schriften* Bd. III, Leipzig 1891, S. 200–214

Markus, St.: *Musikästhetik*. I. Teil. Moskau 1959, Leipzig o. J.

ders.: *Musikästhetik*. II. Teil. *Die Romantik und der Kampf ästhetischer Richtungen*. Leipzig 1977

Martens, G./H. Zeller (Hg.): *Texte und Varianten. Probleme ihrer Edition und Interpretation*. München 1971

Mehner, Kl. (Hg.): *Eduard Hanslick. Vom Musikalisch-Schönen. Aufsätze. Musikkritiken*. Leipzig 1982

Metzger, H.-K.: *Musik wozu. Literatur zu Noten*. Hg. v. R. Riehn. Frankfurt/Main 1980

Misch, L.: *Eduard Hanslick*. In: *Allg. Musikzeitung. Wochenblatt für das Musikleben der Gegenwart*, 52/37, Leipzig 1925

Moos, P.: *Die Philosophie der Musik von Kant bis Eduard von Hartmann*. Berlin [1]1902, [2]1922

ders.: Rezension v. R. Schäfkes Dissertation. In: *Zs. f. Mw.* V 1923, 11. Heft

Printz, F.: *Zur Würdigung des musikästhetischen Formalismus Eduard Hanslicks*. München 1918

Riemer, O.: *Musikästhetik – nicht gefragt: Zur Zentenar-Erinnerung an Hanslicks Buch „Vom Musikalisch-Schönen" (1854)*. In: *Musica* 5 1954

Riethmüller, A.: *Aspekte des musikalisch Erhabenen im 19. Jahrhundert*. In: *AfMw* XL 1983, S. 38

Sams, E.: *Eduard Hanslick, 1825–1904, the Perfect Anti-Wagnerite*. In: *The Musical Times* CXVI 1975, S. 867

Schäfke, R.: *Eduard Hanslick und die Musikästhetik*. Diss. Leipzig 1922

Schelling, Fr. W. J. v.: *Philosophie der Kunst. Aus dem handschriftlichen Nachlaß*. In: ders., *Werke*, hg. v. O. Weiß. Auswahl in drei Bänden, Leipzig 1907

Schierse, F. J.: *Patmos-Synopse. Übersetzung der wichtigsten synoptischen Texte mit Parallelen aus dem Johannesevangelium, den apokryphen Evangelien und der frühchristlichen Literatur*. Düsseldorf [12]1979

Schmidt, M.: *Zur Theorie des musikalischen Charakters*. München-Salzburg 1981

Schneider, P.: *Über das Darstellungsvermögen der Musik. Eine Untersuchung von Eduard Hanslicks Buch „Vom Musikalisch-Schönen"*. Leipzig 1892

Schultz, H.: *Johann Vesque von Püttlingen. 1803–83*. Diss. Leipzig 1928

Seidl, A.: *Vom Musikalisch-Erhabenen*. Regensburg 1887

Spitzer, H.: Art. *R. Zimmermann*. In: *Biogr. Jb. u. dt. Nekrolog*, hg. v. A. Bettelheim, Bd. III, Berlin 1900, S. 202

Sponheuer, B.: *Zur ästhetischen Dichotomie als Denkform in der ersten Hälfte des 19. Jahrhunderts. Eine historische Skizze am Beispiel Schumanns, Brendels und Hanslicks*. In: *AfMw* 37, 1980, S. 1

Stade, Fr.: *Vom Musikalisch-Schönen. Mit Bezug auf Dr. E. Hanslicks gleichnamige Schrift*. Diss. Freiburg 1871

ders.: *Vom Musikalisch-Schönen*. In: *NZfM* 1870, Bd. 66, S. 241

Stange, E.: *Die Musikanschauung Eduard Hanslicks in seinen Kritiken und Aufsätzen. Eine Studie zur musikalisch-geistigen Situation des 19. Jahrhunderts*. Diss. Münster 1954

Tschulik, N.: *Neues zur Ästhetik und Kritik von Eduard Hanslick*. In: *ÖMZ* 34 1979, S. 601

Vischer, Fr. Th.: *Aesthetik oder Wissenschaft des Schönen*. Bd. V: *Kunstlehre. Die Musik. (1846-58)*. München [2]1923

Wagner, R.: *Beethoven* (1870). In: *R. Wagners Gesammelte Schriften*, hg. v. J. Kapp, Bd. VIII, Leipzig o. J., S. 143–211

ders.: *Das Judentum in der Musik.* ([2]1869). In: *R. Wagners gesammelte Schriften*, hg. v. J. Kapp, Bd. XIII, Leipzig o. J., S. 7–28

Wallaschek, R.: *Ästhetik der Tonkunst*. Stuttgart 1886

Weidel, E.: *Das Elend der Editionstechnik*. In: *Lili* 1975 Heft 19/20: *Edition und Wirkung*, S. 191–199

Wiener, I.: *Eduard Hanslicks Musikästhetik in ihrer inneren Beziehung zur Kunstauffassung Lessings*. Diss. Prag 1927

Wilhelmer, A.: *Der junge Hanslick*. Klagenfurt 1959

Wittgenstein, L.: *Philosophische Untersuchungen*. Oxford 1953. Frankfurt/Main 1977

Zelinsky, H.: *Richard Wagner – ein deutsches Thema.* Frankfurt/Main 1976

Zeitschrift für Literaturwissenschaft und Linguistik (Lili), 1975, Heft 19/20: *Edition und Wirkung*

Zimmermann, R.: *Die naturwissenschaftliche Methode in der Philosophie. Mit Rücksicht auf deren neueste Erscheinungen.* In: *Österreichische Blätter für Literatur und Kunst* 4/1853

ders.: *Die spekulative Aesthetik und die Kritik.* In: *Österr. Blätter für Literatur und Kunst* 6/1854

ders.: *Zur Aesthetik der Tonkunst. Vom Musikalisch-Schönen.* In: *Österr. Blätter f. Literatur und Kunst* 47/1854, 20.11.1854. Wiederabdruck in: ders., *Kritiken und Studien zur Philosophie und Ästhetik,* Bd. II, Wien 1870, S. 239–253

ders.: *Ein musikalischer Laokoon.* In: *Österr. Blätter f. Literatur und Kunst* 49/1855. Wiederabdruck in: ders., *Kritiken und Studien zur Philosophie und Ästhetik,* Bd. II, Wien 1870

ders.: *Ueber ästhetische Proportionslehren:* In: *Österr. Blätter f. Literatur und Kunst* 3/1856

ders.: *Zur Reform der Aesthetik als exacter Wissenschaft.* In: *Zs. f. exacte Philosophie,* Bd. II, H. 4. Wiederabdruck in: ders., *Kritiken und Studien zur Philosophie und Ästhetik,* Bd. II, Wien 1870

ders.: *Geschichte der Ästhetik als philosophischer Wissenschaft.* Wien 1858

ders.: *Die ethischen Richtungen der Gegenwart.* In: *Beilage zum Morgenblatt der Wiener Zeitung* 5, 18.1.1851

ders.: *Vom Musikalisch-Schönen.* In: *Vjschr. f. Mw.* 1885, S. 251

Zur Geschichte der Kaiserlichen Wiener Zeitung. Wien 1903